零售企业竞争优势

汪旭晖 著

中国财政经济出版社

图书在版编目（CIP）数据

零售企业竞争优势/汪旭晖著．—北京：中国财政经济出版社，2009.4
ISBN 978－7－5095－1306－4

Ⅰ．零…　Ⅱ．汪…　Ⅲ．零售商业－商业企业－企业管理　Ⅳ．F713.32

中国版本图书馆 CIP 数据核字(2009)第 031989 号

责任编辑：杨东星　　　　责任校对：胡永立
封面设计：陈　瑶　　　　版式设计：汤广才

中国财政经济出版社出版

URL：http：//www.cfeph.cn

E－mail：cfeph@cfeph.cn

（版权所有　翻印必究）

社址：北京市海淀区阜成路甲 28 号　邮政编码：100142

发行处电话：88190406　财经书店电话：64033436

北京财经印刷厂印刷　　各地新华书店经销

787×1092 毫米　16 开　12.25 印张　280 000 字

2009 年 4 月第 1 版　2009 年 4 月北京第 1 次印刷

定价：25.00 元

ISBN 978－7－5095－1306－4/F·1105

（图书出现印装问题，本社负责调换）

本社质量投诉电话：010－88190744

国家自然科学基金项目（项目编号：70702001）
教育部新世纪优秀人才支持计划（项目编号：NCET－08－0862）
辽宁省高等学校优秀人才支持计划（项目编号：2008RC17）

本书由
辽宁省教育厅资助出版
The published book is sponsored by the Education Department of Liaoning Province

序言

xuyan

竞争优势是竞争性市场中企业绩效的核心，但是企业在快速扩张过程中常常把竞争优势抛至脑后。在理论方面，虽然国内外关于企业竞争优势方面的研究取得了很多有价值的成果，但是绝大部分研究是以制造业为对象的，对于零售业这一特殊领域的研究成果非常有限。

随着时间的流逝与中国市场环境的剧烈变幻，中国本土零售企业在既缺乏资金又缺乏先进技术的前提下，在面临综合实力超群的跨国零售巨头挤压与国内众多同业者撕杀的“双重困境”中，如何脱颖而出，取得领先的市场地位？只有一个恒定的法则，那就是要打造竞争优势。然而究竟如何打造竞争优势，对于本土零售企业而言确是一个全新的课题。很多零售企业盲目复制国外零售业态模式，忽视了不同零售业态的地区适应性；还有很多零售企业盲目采取了快速扩张的战略和降价促销的战术，但是规模快速增长带来的是管理的粗放，降价促销的结果反而导致利润率的降低。竞争优势缺失已经成为制约本土零售企业可持续发展的最大桎梏。在这样的背景下，本专著对零售企业竞争优势的若干重要理论问题进行探讨，试图为中国各类零售企业打造竞争优势提供全新的思路和指导借鉴，同时为政府部门零售商业相关政策的设计提供理论依据。

本书除了第 1 章绪论以外，核心内容由第 2 章到第 8 章七个在形式上相互独立的专题研究组成，虽然形式上独立，但是内容上确又密切相关，紧密围绕零售企业竞争优势的培育，使相互独立的研究“形散而神不散”。第 2 章从店铺环境优化的视角，提供了零售企业竞争优势培育的新途径；第 3 章探讨了自有品牌战略与零售企业竞争优势的关系，并对如何培育自有品牌提供了新的思路；第 4 章从零供关系优化角度对零售企业竞争优势打造进行了探析；第 5 章从零售系统创新视角，分析了零售企业如何获取可持续竞争优势；第 6 章从零售专业技能跨国转移视角出发，对零售竞争优势跨国扩展进行了分析；第 7 章对网上零售竞争优势问题进行了探讨；第 8 章对国际化背景下中国本土零售企业竞争优势打造提供了系统对策建议。

从学术思想和内容范围看，本专著每一部分内容都以创新性的视角提出了作者自己的观点，研究内容贯穿零售企业竞争优势形成的关键路径，系统而全面地搭建起零售企业竞争优势培育的理论体系。从结构体系与写作特点看，本专著结构设计严谨，逻辑严密，对问题的剖析阐述层层深入，理论与实践应用环节紧密相扣，资料丰富，采用了大量的最新数据信息。从专著采用的研究方法看，综合运用了文献比较分析、典型调查法、问卷调查法、总结归纳法、案例分析法等多种研究方法，较好地实现了实证研究与规范研究的结合、理论推理与实地调查的结合，使得有关结论与对策建议更符合客观实际。

本书的主要读者对象包括高校经济管理类专业的本科生、研究生（含 MBA、EMBA 及博士生），商业经济领域的专家学者及理论工作者，商业企业各级管理者以及政府商业主管部门的人士。

汪旭晖

2009 年 2 月

目录

mulu

第 1 章 绪 论

随着经济体制改革的不断深入，中国零售业发生了翻天覆地的变化：过去街边的副食小店变成了现代化的超市；过去需要凭票供应的家电商品，今天随时可以购买；过去平淡无奇的购物场所，如今却融入了更多的休闲娱乐元素，给人营造一种独特的购物体验；过去需要出国方可买到的高档化妆品，今天在家中点击鼠标就有人将其送到手中……所有这些变化都源于中国 20 世纪 90 年代中期以来爆发的一场前所未有的零售革命。伴随着这场零售革命，中国零售业得到了快速发展，但是与此同时，中国零售市场结构也发生了变化：零售业成为了典型的微利行业，零售市场的竞争变得愈发激烈，这在大量外资零售企业抢滩中国大陆市场以后表现得尤为明显。

如今，在激烈的市场竞争面前，很多零售企业为了寻求快速扩张，而将竞争优势抛至脑后，盲目采取了很多不当的竞争策略，如普遍将降价促销作为保持市场占有率的最为重要的手段，结果往往导致企业核心竞争力和长期竞争优势没有形成，恶性竞争加剧，利润率持续下降，并且引发了一系列社会问题，如重庆家乐福 2007 年发生的因争抢特价食用油造成的踩踏伤亡事件。当前，培育零售企业竞争优势已经成为一个关系到零售企业生存与发展的战略性问题，但目前无论是理论界还是实业界对于零售竞争优势的理解还不够深入，相关研究文献非常少，很多零售企业对于如何培育自身的竞争优势也无从下手。

零售企业竞争优势一般是指两个零售企业处在同一市场中，面对相似目标市场，其中一个企业能够赢得更高的现实或潜在的利润或市场占有率时，这个零售企业就拥有某种竞争优势。换句话说，所谓零售企业竞争优势其实就是一个零售企业独具的、支撑其可持续竞争的各种优势的总和，是零售企业超越其竞争对手的能力表现。

1.1 零售企业竞争优势的来源

1.1.1 基于成本领先的零售企业竞争优势

成本领先是指企业通过在内部加强成本控制，在研究开发、生产、销售、服务和广告等领域内把成本降到最低限度，成为产业中成本领先者。成本控制绝对不仅仅是单纯的压缩成本，需要建立起科学合理的成本分析与控制系统。同时，企业的管理者要在明确把握公司的成本构架、盈利情况基础上确保正确的决策方向，为从根本上改善企业成本状况制定正确的内部决策，从而真正实现有效的成本控制。成本优势对零售业而言有更重要的意义。美国哈佛商学院零售学权威马克奈尔（McNair, M. P.）教授提出的“零售论假说”很有利地说明了这一点。一个创新型零售商开始总是通过使用各种新技术或提供较少的零售服务来降低其经营成本，并以较低的姿态和较低的毛利率，大量而低价格地销售商品来进入零售领域的。由于这种经营方式获得了消费者的支持，从而便取得了经营上的成功。于是，便出现了与这个零售商所采取的经营方式相类似的模仿者的出现，并开始发生激烈的价格竞争。这个“创新型”零售商为了使自己与其竞争对手相区别，便开始提高服务和商品的档次，并改善经营设施和环境，以扩大毛利，这必然导致成本上升，结果这个“创新型”零售商逐渐丧失了当初的低价定位的特征，从而又促使市场上其他低价格、低成本新型业态模式的出现。超级市场、折扣商店等业态最初都是以追求低价格销售而出现的，而低价格的背后往往都是低成本的支撑。所以成本领先驱使着新型零售业态在竞争中不断替代旧零售业态，而当这一业态失去了成本领先优势时，则马上又会被另一种以成本领先为竞争武器的零售业态所替代，于是，零售轮子就是这样在成本领先的推动下向前发展着。也就是说成本领先战略往往是新兴零售业后来居上的有力武器。那么如何才能达到成本领先呢？要获得成本领先优势，注重采购成本控制、物流成本控制与运营成本控制是关键。

1.1.1.1　采购成本控制

采购是企业成本控制的重点，尤其是零售业成本控制的关键。采购成本的高低会直接影响到企业最终产品的定价情况和整个供应链的最终获利情况。企业应通过建立严格完善的采购制度和流程，规范企业的采购活动、提高采购效率并杜绝暗箱操作，通过集中采购，发挥规模效应，享受价格上的批量折扣优惠，降低平均进货成本，进一步将其转化为相对较低的价格竞争优势，从而形成对消费者的购买欲的有效刺激，并使零售企业在激烈的竞争中占有主动权，形成企业经营的良性循环。

以沃尔玛的采购成本控制为例，沃尔玛在采购流程的每一个环节，都为其“天天低价”做出了贡献。首先，在确定供应商环节，沃尔玛对供应商规模、实力、技术、产品质量、信用等有一系列的资质认证，要求厂商只提供自己最好的10种产品即可，沃尔玛则用4个标准（提高沃尔玛已有商品质量、降低沃尔玛价格水平、增加沃尔玛的价值和丰富沃尔玛商品品种）对其进行评价，最后由采购经理确定大致的产品数量、质量和价格水平。其次，在谈判环节，由采办人员（非采购经理）具体负责，他们不能接受宴请，不能接受礼品，谈判在沃尔玛公司进行，公司要求每一个采购人员绝对站在消费者采购代理的立场上，苛刻地挑选产品，顽强地讨价还价，迫使供应商提供最好的产品，给出最低的底价（吕一林，2000）。再次，在采购实施环节，沃尔玛的直接采购、集中采购、买断采购、根据店铺订货采购，都大大降低了成本。在直接采购方面，沃尔玛自20世纪80年代早期开始就取消中间商制度，直接向厂家采购，使采购价格降低2%～6%。在集中采购方面，从20世纪90年代初开始，沃尔玛统一采购的比例已超过85%，在美国拥有10%的市场占有率，这种集中采购规模使宝洁、可口可乐、卡夫等巨型公司超过10%的商品都是在沃尔玛店铺销售的，他们愿意按照批量给予沃尔玛大幅度回扣；至于规模不大的数以百计的消费品生产商，几乎

100%的商品是通过沃尔玛销售的，因此不得不接受沃尔玛的低廉采购价格。在买断采购方面，通过买断可以取得比代销制更低的进货价格。同时沃尔玛要求供应商提供佣金和免费商品支持：年度佣金为销售额的1.5%，仓库佣金为销售额的1.5%~3%，新品进场首单免费（胡松评，2006）。在根据店铺订货采购方面，沃尔玛各个店铺根据销售和库存情况向配送中心提出订货计划，配送中心汇总订单，向厂家发出订货单，这一切在几个小时内完成。这一系列措施在保证采购优质产品的同时，至少可使沃尔玛商品进价低于竞争对手10%（李飞、汪旭晖，2006）。

1.1.1.2　物流成本控制

物流成本控制，是衡量零售企业经营管理水平的重要标志，也是影响零售企业经营成果的重要因素，包括建立物流中心统一配送、利用第三方物流、采用各种先进的物流技术等。快捷的信息反馈和高效的物流管理系统，可以使商品存量大大降低，资金周转速度加快，企业成本自然降低。沃尔玛的物流成本控制是其获取成本领先优势的关键。早在1996年，沃尔玛就已经拥有30个配送中心、2000多辆运货卡车，相对于其他同业商店平均两周补货一次，沃尔玛平均一周补货两次。它还采用全球卫星定位等高新技术形成了独特高效的供应链管理体系，沃尔玛可以在1小时内查看到全球数千家店的库存情况，可以在任何时候指挥物流车队选择最便捷的运输路线，保证进货从仓库到任何一家商店的时间不超过48小时。高效快速的配送系统，使沃尔玛各分店能做到既不缺货也不压货，大大节省了存货成本。

1.1.1.3　运营成本控制

运营成本的控制，体现在任何细小的环节上。包括使用品类管理的手段，简化店内运作流程，提高店内营运效率，减少营运人员，采用各种先进的零售运营技术等。在沃尔玛的各级管理人员办公室里，看不到昂贵的办公用品、家具和地毯，也没有豪华的装饰，公司还经常鼓励员工尽力为节省开支出谋划策，并不断奖励和提拔那些在损耗控制、货品陈列和商品促销有创意的员工。沃尔玛的店铺装修简洁，商品多采用大包装，同时店址绝不会选在租金昂贵的商业繁华地带（中国市场除外）。此外，沃尔玛还尽量减少广告费，在零售业同行业中，沃尔玛的广告费最低，但销售额最大。沃尔玛的成功在于始终如一地坚持了山姆·沃尔顿的立业原则之一："比竞争对手更节约开支。"这使沃尔玛能长期把商品价格保持在最低水平线上。

1.1.2　基于差异化的零售企业竞争优势

差异化是指通过提供与众不同的产品或服务，通过满足顾客特殊需求而形成竞争优势。差异化做的好，可以产生和垄断一样的效果。差异化战略特别强调市场营销所关注的顾客价值，如果一个企业能够提供给顾客某种具有独特性的东西，那么它就具有了有别于其他竞争对手的差异化竞争优势。产品、价格、服务、店址、环境、沟通等任何一种零售营销组合要素，都有可能成为企业实现差异化竞争优势的关键要素。这里我们对几个主要的差异化关键要素进行说明。

1.1.2.1　商品差异化

零售商店归根结底是为消费者提供购物的场所，任何一项零售经营策略的实施，无非是吸引顾客以满意的方式购买到称心如意的商品。商品差异化是零售企业实现差异化竞争优势的首要途径。这种差异化体现在商品品类组合的差异化、产品品牌组合的差异化（包括制造商品牌差异化，零售自有品牌组合的差异化）、商品利益与附加值的差异化、商品价格差异化、商品展示差异化等。有时零售商需要根据当地人们的特殊需求及品味来安排商品组合，即采取定制化的商品来实现差异化竞争优势。

1.1.2.2 服务差异化

对零售业来说，改善服务是实现差异化优势的最佳途径。零售企业在服务上追求差别化竞争优势的时候，往往需要注意以下几点：（1）加强服务人员培训。顾客服务最先通过服务人员与顾客的接触反映出来，加强服务人员培训是企业营造良好服务形象的基础。一个训练有素的服务人员必须表现出以下良好的特征：具备所必须的知识与技能；有友善、礼貌体贴的态度；诚实、可靠使顾客感到值得信赖；能提供标准职业服务；对顾客的问题能够快速反应；能努力了解顾客，并能与他们及时沟通等。（2）降低顾客的风险感。与产品的有形部分相比，顾客认为服务的风险更大，可进入性低。可进入性是指顾客对某项服务的熟悉程度的大小和对其消费过程的控制程度的高低而产生的风险感和距离感。因此，企业如果能在消费过程的可进入性上实现差异化，降低消费前的风险感，就可有效吸引顾客，获得竞争优势。如首先提出免费试用、不满意就退货等经营口号的零售商就在降低顾客风险感方面实现了差异化。（3）注重服务方式的多样化。常见的服务组合要素包括：咨询服务（提供有关商品信息和资料，帮助顾客决策参考和掌握商品知识）、导购服务、信贷服务（信用卡、支票、分期付款）、送货服务、处理投诉、培训顾客使之正常使用商品、安装维修、退换商品、包装、定制、休息室、购物车、幼儿游乐室、存包、购物袋、婴儿车、赊销、停车场、现场演示、餐饮、电话、取款机等等。进行服务方式的合理组合和创新是打造服务差异化竞争优势的关键。

1.1.2.3 店址差异化

零售业区别于制造业的显著特点之一在于其是一个选址产业，好的店址对于零售商业经营绩效的提高有着重要的作用，这是因为顾客在选择商店进行购物时，店铺的位置是其所考虑的一个重要因素。同时，店铺的空间位置也是形成差别化甚至垄断经营的重要条件。零售经营者可以随时改变他们的价格、商品组合、服务内容与促销手段等营销组合要素，但是店铺的位置一旦决定就很难改变了。因此，占据优越的店铺位置是一笔无形资产，将源源不断地为企业带来可观的赢利，是零售企业获得其他竞争者不易模仿的差别化竞争优势的重要途径。零售企业进行差异化店址选择时，既要充分考虑选址的一般原则，即选择商业活动频度高、人口密度高、客流量大、交通便利、接近集客地（剧院、电影院、公园、车站、码头、机场、写字楼、机关、学校、医院、体育场、博物馆等场所）、同类商店集聚地等地方（夏春玉，2008），又要考虑当地的零售商业设施的饱和度，在综合考察全社会利益、消费者利益、零售商利益、竞争者利益的基础上，进行店址开发。

1.1.2.4 店铺设计差异化

店铺设计水平的高低，直接体现出零售企业的服务形象和经营风貌，影响着顾客的满意程度，关系到企业的经济效益和社会效益。首先，零售店铺的设计要体现人本主题，时时刻刻为顾客着想，要充分考虑顾客与营业员、顾客与商品的和谐、沟通与“对话”，充分重视顾客购物、审视商品路线的流畅，认真设计商场内声、光、热等物理环境和风、水、电等现代设施的设置。其次，还要重视商店规划的整体艺术造型和创新意识。现代商业建筑很重视内外环境的设计，特别重视从外到内、从局部到全局的整体艺术造型效果。对此，美国商店规划设计师协会（ISP）提出了商店规划、造型艺术、视觉推销功能、照明设计和创新意识等五种对商业建筑室内设计质量的评价标准，可见店铺设计对形成竞争优势的重要性。差异化的店铺设计能够给消费者营造与众不同的购物体验，提升顾客价值，增强企业竞争优势。例如，美国拉斯维加斯的论坛购物中心是一家以古罗马集市为主题的购物中心，地面铺着大理石地板，有白色罗马列柱、仿露天咖啡座、绿树、喷泉，天花板是个大银幕，蓝天白云的画面栩栩如生，偶尔还有闪电雷鸣，模拟暴风雨的情形，在集市大门和各入口处，每个小时有模仿的凯撒大帝与其他古罗马士兵行军通过，使人感觉仿佛重新回到古罗马时代。就是因为独特的店铺设计，使论坛购物中心每平方米创造的营业额远高于一般购物中心的水平（肖怡，2003）。

1.1.3　小结

总之，成本领先和差异化是零售企业获取竞争优势的两种重要战略。采取何种战略往往取决于企业在自身资源约束条件下的准确定位。对于那些拥有强大渠道势力，规模经济显著，拥有高效物流系统和现代化信息技术的大型零售企业，最有条件实现低成本的竞争优势，并可以将其转化为一种低价定位的优势。但并非所有企业都能具备成本领先优势所必需的资源基础，如果在没有明显成本优势的情况下，则也可以考虑在产品（包括品牌）、服务、环境、便利或体验等某一方面形成自己的差别化竞争优势。在美国进行的一项实证研究结果证明：在每一笔交易当中，消费者关注的有5种利益：价格（price）、产品（product）、易接近性（access）、服务（service）和体验（experience）。世界上最为成功的零售店铺仅仅把其中一个方面做得出色（5分），另一个方面做得优秀（4分），其他三个方面不过达到行业平均水平（3分）（弗雷德等，2002），这说明了零售企业完全可以在非成本、非价格方面建立竞争优势，且可以保持理想的利润率。而这种差异化优势对于大多数零售企业而言，可能显得更加重要。这里需要特别强调的是，差异化优势与低成本优势并不是一个一维连续统一体的两端，而是两种不同的维度，也就是说并非要得到成本领先，就得牺牲差异化；而要得到差异化，就必须牺牲成本。企业也完全可以同时实施差异化战略和成本领先战略，以较低的价格满足顾客的根本需求，同时通过差异化吸引更多的客流，从而产生更强的竞争优势。低成本与差异化的动态关系可以从图1－1中得到反映。

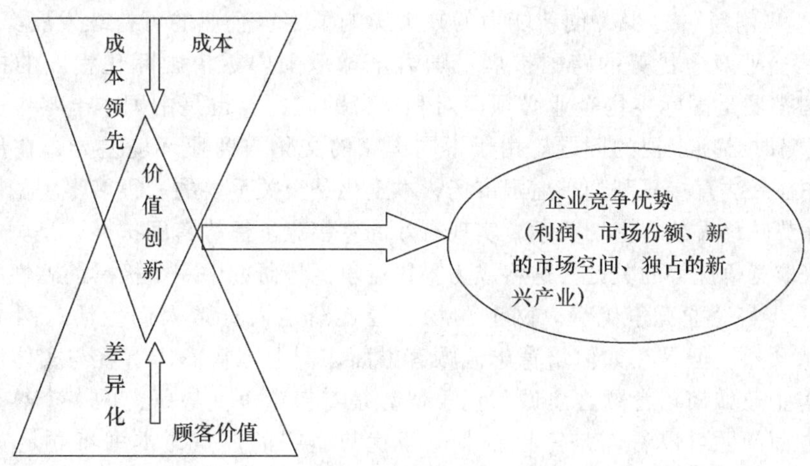

图1－1　差异化和低成本之间的动态关系

资料来源：芮明杰、李想：“差异化、成本领先和价值创新——企业竞争优势的一个经济学解释”，《财经问题研究》，2007年第1期，第37～44页。

1.2 研究线索——零售企业竞争优势研究的热点

零售企业可以从多个维度打造自己的竞争优势。但是从国内外零售企业经营实践看，在零售竞争优势培育方面，以下几个问题特别值得重视：

（1）店铺环境与零售企业竞争优势。并非所有企业都有实力拥有类似沃尔玛那样先进的信息技术和供应链管理技术来实现成本优势，而且压缩成本的空间在未来会越来越小，在这种情况下，通过店铺环境优化为消费者营造一种独特的购物体验，将成为未来零售企业竞争优势培育的一个重点。但是目前国内关于零售店铺环境优化的研究并不多见，这使零售企业在通过店铺环境优化提升竞争优势方面存在很大困惑与迷茫。

（2）自有品牌与零售企业竞争优势。通过自有品牌的开发，零售商可以在与供应商的交易中占据有利地位，获得更大的渠道支配力量，而且经营自有品牌可以比经营制造商品牌获得更多利润，可以树立零售商的差别化优势，成为参与市场竞争的有利武器。开发自有品牌将成为未来零售企业打造竞争优势的一个重要途径。但是目前国内零售企业在自有品牌开发上存在很多误区，严重制约了通过自有品牌打造竞争优势的效果。

（3）零供关系与零售企业竞争优势。随着流通渠道主导权由制造商向零售商的转移，越来越多的大型零售商凭借渠道势力大肆盘剥供应商，导致零供矛盾不断激化。这种态势从长远看，不利于零售企业可持续竞争优势的培育，所以运用供应链协作思想改善零供关系，将为零售企业打造竞争优势提供一个崭新思路。

（4）零售创新与零售企业竞争优势。在竞争与激变的市场上驰骋的关键在于创新。不创新就等于死亡。零售企业只有在业态、战略管理、信息技术、物流模式等方面进行全方位创新，才能在急剧变革环境中获得生存与发展。然而我国零售企业面临的最大问题就是“复制”过多，“创新”过少，创新能力的缺失影响了零售企业的可持续发展。

（5）零售企业竞争优势的跨国扩展。随着全球范围内零售国际化程度的提高，零售竞争优势的跨国扩展是国际零售企业必须面对和思考的问题，也是中国本土零售企业未来实施“走出去”战略时必须正视的问题。由于不同国家的文化与商业环境差异，在母国市场形成的竞争优势往往无法直接复制到东道国市场，本土化是至关重要的。很多零售国际化失败的案例都与竞争优势转移失效有密切关系，实现有效的零售竞争优势跨国扩展，是国际零售企业在东道国市场获取竞争优势的关键。这将成为零售竞争优势研究中一个极具前瞻性的研究课题。

（6）网上零售企业竞争优势。网上购物已经逐渐走入日常人们生活，网上零售企业的竞争也越来越激烈。但是在如何培育忠诚顾客方面，网上零售商店有着与实体店铺本质的差别。网上零售企业如何培育顾客忠诚与竞争优势是零售竞争优势研究的一个热点。

以上六方面问题可以看作是零售企业竞争优势研究的热点，本书将立足于这些前沿问题，从不同角度和侧面对零售企业竞争优势的培育进行理论与实证探索，并结合中国零售市场现实，对国际化背景下中国本土零售企业竞争优势的构建与相关政策取向进行全方位探讨。

第2章 店铺环境与零售企业竞争优势

2.1 店铺环境问题讨论的缘起

过去零售商多通过价格、商品及促销等方式作为竞争的手段，以创造差别化优势来吸引顾客，然而随着竞争过程中的相互模仿和学习，零售商之间的商品与价格渐渐趋同，而消费者也发觉不同零售商提供的商品和价格并没有本质性差别。此外利用价格促销来吸引消费者的效力也正在逐渐变弱，原因在于零售商们选择的价格促销档期相当接近（比如皆在特定节日或者换季时节），且零售商们并无法提供特别低的折扣来吸引顾客。Reichheld（1996）曾更认为，像优惠券及促销这类行销工具不但只有最低的效果，而且还可能吸引到错误的顾客。

近年来，越来越多的零售商渐渐跳脱了以商品、价格和促销等方式作为竞争的手段，而逐渐开始重视消费者在购物过程中的体验，这主要是因为零售商发现，凭借商品、价格、促销等方法已无法再为企业带来差别化优势。此外，越来越多的消费者已经将购物视为一种休闲活动，因此消费者除了在购物过程中希望得到良好的商品交易，更渴望在店铺购物时获得良好的体验。所以有学者认为现代企业不是在销售物质和提供服务，而是在销售氛围和提供情感体验，但是企业不能决定体验的价值，体验创造的价值来自消费者个人的内心反应，客户的主观感受高于产品和服务的客观存在。企业要想赚取利润，就必须把物质的东西转换成具有精神的东西（李海舰、冯丽，2004）。而在零售商创造顾客体验的过程中，店铺环境扮演了重要的角色。很多研究表明，良好的店铺环境，可以在已有的经济手段和地理位置条件下，加强店铺的吸引力，有助于增加顾客对店铺的忠诚和重复惠顾。因此，店铺环境优化越来越成为当代零售企业提升绩效、获取竞争优势的重要途径。本部分将通过店铺环境对消费者惠顾行为影响机理的探究，寻求零售企业通过店铺环境优化来创造竞争优势的路径选择。

2.2 店铺环境的文献回顾

店铺环境指的是由音乐、灯光、布局、标识以及人的元素等多重要素构成的实体物理环境。环境心理学的很多文献都探讨了物理环境与行为之间的关系，比较有代表性的是 Mehrabian and Russell（1974）提出的“刺激—机体—反应”（Stimulus - Organism - Response，S - O - R）模型，该模型认为环境中的各种刺激会使得有机体产生相应的行为结果，表现出接纳反应或者规避反应。在刺激与行为结果之间代表了三种不同的情绪状态：愉悦、激昂与支配（pleasure，arousal and dominance，PAD）。这三种不同的情绪组合导致了不同的行为结果，使得某人是否愿意呆在某个特定的环境中，也就是决定了他采取的是接纳行为还是规避行为（见图 2 - 1）。在 Mehrabian and Russell（1974）看来，对于环境的所有反应，均可视为接纳行为或者规避行为，这种行为可以通过多个层面来考虑：（1）身体想要留下（接纳）或者离开（规避）特定环境的想法或行为；（2）想要浏览（接纳）或倾向在特定环境下没有活力（规避）的想法或行为；（3）想在特定环境中与他人沟通（接纳）或避免（规避）的想法或行为；（4）以满意度之强化程度（接纳）或妨碍程度（规避）的想法或行为。Mehrabian（1976）进一步提出了环境负荷（Environmental Load）的概念，环境负荷是指环境可以用其所传达给个人的讯息率加以描述。不论是视觉、听觉、嗅觉、味觉或是触觉，任何环境都会引起感官的刺激，使得神经系统处在激昂的情绪状态，也就是说个人接受到的讯息率，与其落在激昂构面的感受有关。环境负荷的高低是指环境传达讯息的多寡，环境负荷高时，比较容易产生激昂的情绪，也就是会使个人在环境中有较高的活力。Mehrabian 认为与环境负荷有关的包括：（1）强度，即感受到刺激的程度，例如音乐音量 90 分贝比 50 分贝强烈，表示前者的环境负荷较后者高；（2）新奇度，这是基于个人对环境中讯息熟悉程度而定；（3）复杂度，是说明环境中讯息种类的多少，如果种类越多越复杂，则个人需要付出更多的心力去感知讯息。

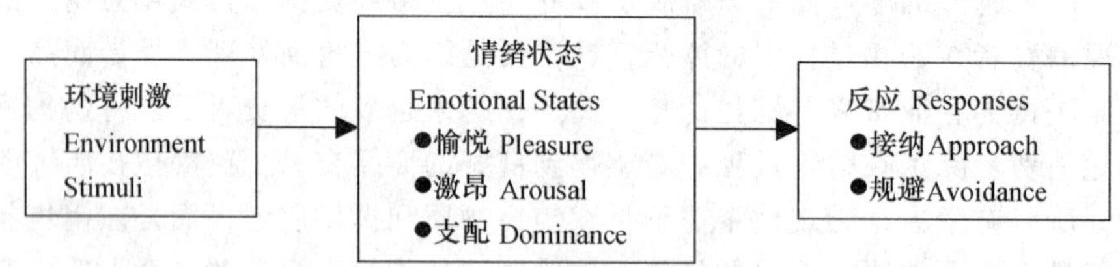

图 2 - 1　Mehrabian - Russell 模型

M - R 模型对于适当的环境刺激的分类却没有提及，但是对于刺激的因子有所考量，由于讯息负荷的差异，行为在环境之中被唤起的激昂程度自然不同，讯息的负荷被个人的特征所左右，会影响其激昂的程度，进而影响消费者规避行为。

Donovan 和 Rossiter（1982）通过对店铺气氛的考察检验了 M - R 模型，结果发现，环境刺激所激发的愉悦情绪，会使消费者在店铺中停留更久的时间，增加 12% ~ 50% 的购物意图与行为，并提高与销售人员交谈互动的意图。Donovan 和 Rossiter（1982）指出，诸如照明、音乐及色彩等感性的气氛对消费者情绪的影响，在零售店铺研究时经常被忽略掉，反而理性的感知被强调了，例如价格、选址、商品多样化及商品品质等。Donovan 和 Rossiter（1982）研究的焦点在于理性的感知因子可能是消费者店铺选择以及大部分在店内计划性购买的主要原因，然而消费者在店内的非计划性购买，可能是受店铺气氛刺激而产生的感性的情绪，导致容易发生冲动购买，这是零售商店研究的重要课题。Engel 等（1986）的研究曾指出，至少有一半超级市场消费者的购买行为是冲动购买，Ahtola（1985）也认为估计约50%的消费者购物是无计划的，因而容易产生冲动性购买，主要是因为消费者到达零售店铺以后，受到店铺环境的影响，而提高感性的知觉价值所致，因为店铺环境能引起消费者的互动，引起消费者的注意，使购物变成一种愉悦的享受。Bellenger 等（1978）针对百货公司的研究，发现全部销售的27%～62%是属于冲动性购买，同时也发觉，消费者到一家店铺的次数越多，购买的可能性越大，这说明了店铺环境有助于激发感性的消费者情绪，使更多的冲动性购买成为可能。Darden 等（1983）进一步验证了零售店铺实体环境的吸引力与消费者惠顾意向之间存在显著的正相关关系，其关系强度比商品品质、一般价格水平等其他非环境因素的影响都要大。Engel 等（1986）着重研究了店铺气氛的影响，研究发现音乐、陈列、店内位置、颜色、P. O. P、销售人员及人潮等环境因素都会影响消费者的购物行为。如果消费者暴露在嘈杂的环境中，将花费较少的时间采购相同的商品，而当商店的背景音乐是属于慢节奏时，可以使消费者增加消费金额与滞留时间；另一方面，店铺灯光的颜色对消费者的知觉与行为，具有潜在的影响力；过多的拥挤人潮也会使消费者减少滞留时间，因而造成不满的情绪反应。Wakefield 和 Baker（1998）认为，购物中心租户的多样性、购物中心的实体环境及消费者本身的购物涉入程度会对购物中心内的刺激以及停留在购物中心内的渴望有正面的影响，并进而影响顾客的重复惠顾意向。Milliman（1982）研究了店铺环境中的音乐节奏对消费者购物行为的影响，与快节奏或没有音乐相比，慢音乐将会降低店铺中顾客流动速度，同时慢音乐将会对销量的增加有最好的效果。Yalch and Spangenberg（2000）发现购物者在不熟悉的音乐背景下，会花更长的时间购物，但在熟悉的音乐背景下，他们会觉得自己的购物时间很长。Spangenberg 等（1996）着重对店铺环境中的气味进行了研究，他们通过归纳气味的影响发现，气味的存在比它的强度和性质更为重要。许多与愉悦性气味相关的利益都是与这种气味不让人讨厌的特点相联系的。中立和一致性的气味，由于能增加消费者的购物体验，因此为零售商提供了最大的利益。Backstrom 和 Johansson（2006）对零售业中体验式经济和体验式消费的本质进行了研究，结果发现店铺环境的优化能为消费者带来更好的购物体验，增加消费者的购买意愿，但是同时也发现消费者传统价值观对购买行为也存在必然的影响。Kaltcheva 和 Weitz（2006）的研究表明消费者的购物动机很大程度上来源于店铺环境的影响，特别是一个舒适的购物环境对娱乐休闲型消费者会产生很大的激励效果，增强他们的购买意愿。

可见，店铺环境可以通过影响消费者情绪，进而影响消费者的购买行为。那么零售企业究竟应该如何运用店铺环境激发消费者的购买欲望呢？这需要对店铺环境维度及其对消费者惠顾行为的作用机理进行更加深入的剖析。

2.3 理论框架构建

一些学者对店铺环境要素进行了划分，Bitner（1992）提出店铺环境的三个维度：周围条件、空间设计与功能性、符号与标识。Everett等（1994）按照消费者进入店铺的路径将店铺环境划分为宏观环境、中观环境和微观环境三个部分，外部环境是指店铺外观的环境变量（如建筑物的颜色、店铺外周边环境、标识与招牌等）；中观环境也叫内部环境，是指决定店铺内部结构的各种布局和设计变量（如空间设计与分配、出入口设计、通道设计等）；微观环境是指在店铺内部某个地理范围内距离消费者最近的一些变量（如音乐、温度、拥挤程度、价格标签，商品陈列等）。Wakefield和Baker（1998）研究了购物中心的环境，将购物中心的环境划分为实体环境和店内的租户的多样性，其中实体环境又包括周遭因素、设计因素及布局，购物中心租户多样性分为商店、饮食服务及娱乐物的多样性。Baker等（2002）在多重店铺环境线索的研究中认为，店铺环境由社会因子、设计因子、氛围因子三大因子构成，成为店铺环境维度划分中最具有代表性的研究。我们的研究将以Baker等（2002）对店铺环境维度的划分为基础，构建起零售店铺环境对消费者惠顾行为作用机理的理论框架（见图2-2）。

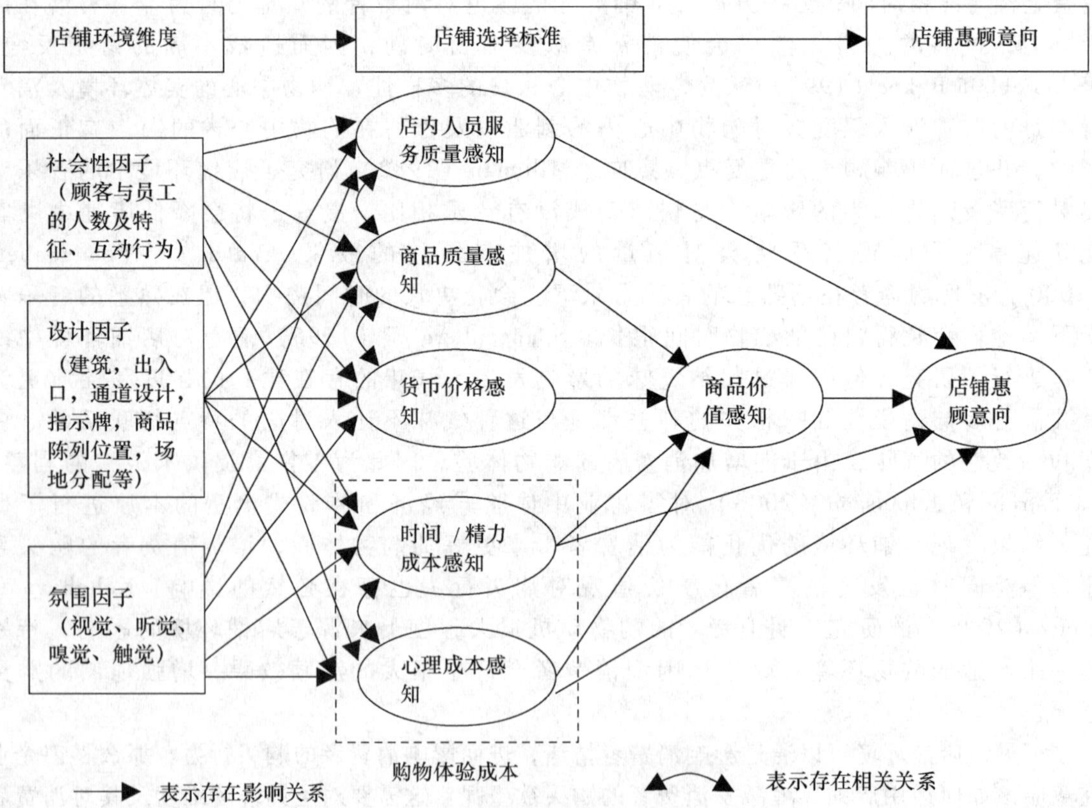

图2-2 店铺环境对消费者惠顾行为的作用机理

我们的研究框架综合了 Zeithaml（1988）关于认知心理学和环境心理学的理论，其核心是感知价值决定购买意向，而感知价值依据商品质量的感知和商品价格的感知等。图 2－2 的框架描述了店铺环境对消费者惠顾行为的作用机理。模型的整体机理是店铺环境维度影响着消费者对店铺选择标准的感知，这些标准包括人员服务质量、购物体验成本和商品价值（商品价值通过感知质量、感知价格和购物体验成本调节），而消费者对店铺选择标准的感知又会影响消费者的店铺惠顾意向。在我们的模型中，消费者感知主要指消费者依据店铺环境线索而做出的关于质量水平、价格水平、店内期望价值等的推断。

为了更好地理解我们的模型，需要进一步明确几个关键性概念：（1）购物体验成本。这里主要指时间/精力成本和心理成本。时间/精力成本是消费者在店铺购物过程中时间与体力的消耗，会影响消费者的惠顾行为；而心理成本代表着消费者在购物体验过程中的心理压力与情感付出，是消费者对店铺环境负面的情感反应。环境心理学和营销学的一些研究验证了环境因素的情感影响（如可以增加消费者的愉悦），进而指出可以将心理成本理解为环境因素对消费者情感上的负面影响（Mehrabian and Russell，1974）。尽管时间/精力成本和心理成本在概念上相互关联（比如店铺的拥挤产生了较高的精力成本，同时也产生了负面的情感反应，使得消费者心理成本增加），但是经济学和营销学的专家依然将它们视为两个独立的概念分别对待（Zeithaml，1988）。所以在图 2－2 中我们虽然也承认两个概念之间存在关联，但是同样将其作为两个独立变量反映消费者非货币成本的理性方面和感性方面。（2）货币价格感知与商品价值。大多数价格—质量研究检验了消费者对特定产品—价格组合的价值判断。但是本部分研究中，我们关心的是消费者依据店铺环境线索而做出的对商品一般价格的感知。而我们提出的“商品价值”其实是一个感知商品价格、感知商品质量与购物体验成本的综合函数。（3）人员服务质量感知。Zeithaml（1988）的价值模型强调的是对产品质量的评价，但是在零售领域，消费者评价服务质量与评价商品质量类似。因此我们的模型将两类质量结合起来。尤其是在零售店铺中，消费者的一个重要的体验来自于店内服务人员与消费者的互动质量，可称之为“人员服务质量”，人员服务质量是整体服务质量的一个重要组成部分。Parasuraman 等（1988）对其进行了测量，它包括来自店内服务人员的快速反应和注意及对顾客的优越对待。

消费者进入店铺之后，店铺环境中的设计因子、社会性因子以及氛围因子都会影响着消费者店铺选择的标准，进而影响消费者的店铺惠顾意向。（1）店铺环境中设计因子的影响。设计因子是环境中可视的元素，指有关于美学的一切因素，是能意识到在我们面前存在的各种刺激，亦即视觉肉眼上可察觉到的环境设计部分，例如：建筑、通道设计、出入口设计、商店服务设施、商品陈列位置、场地分配等，其中通道设计是环境心理学中空间设计的最重要角色，直接影响消费者在商店中有效率的移动，增加消费者购物的时间与精力成本，同时也会影响消费者对拥挤的知觉（Titus and Everett，1995）。很多研究表明：差的店内设计（如混乱的店铺布局）还会使消费者的心理成本上升，Mehrabian and Russell（1974）的“刺激—机体—反应”模型就说明了这一点。店铺环境设计因子匮乏或效果不佳，会导致消费者购物时愉悦的减少和心情的变坏。所以店铺设计因子的优化与创新，包括建筑式样的吸引力、出入口设计和通道设计的方便、服务设施的齐全、商品陈列位置的便利、场地分配的科学，都将有助于降低消费者购物体验成本。一些研究还发现店铺环境的设计线索可以影响消费者的价格期望，比如 Thaler（1985）发现消费者认为在高档设计的店铺中销售的啤酒价格高于一般的大众化超市。Grewal and Baker（1994）的研究发现良好的店铺设计环境感知增加了高价格的可接受性，因此店铺设计因子的创新，可以提高消费者感知的货币价格，也就是说通过创新使消费者对店内设计因子的感知越好，感知的货币价格也就越高。此外店铺环境的设计因子与感知质量（包括商品感知质量和人员服务感知质量）也有着密切的关系。如 Greenland and McGoldrick（1994）的研究发现顾客认为在现代布局设计的银行中的服务人员比传统布局设计的银行中的服务人员更容易接近，即消费者对店内设计因子的感知越好，感知的人员服务质量就越高；Gardner and Siomkos（1985）的研究发现，消费者在体现出一种“高形象”属性（如宽敞的通道、舒适的地毯铺设地面）的店铺设计中对同一个品牌香水的评价，比在一种“低形象”属性（如狭窄通道、地砖铺设地面）的店铺设计环境中要高很多。在餐饮领域，Heath（1995）研究发现卫生间的整洁干净是影响顾客对食物质量感知的重要因素。这说明消费者对店内设计因子的感知越好，感知的商品质量就越高。可见，店铺设计因子的优化与创新还有助于提高消费者的商品质量感知和人员服务质量感知。（2）店铺环境中社会性因子的影响。社会因子与其他在店铺的人们有关，服务人员与顾客皆包括在内，指的是顾客与员工的人数、顾客类型及买卖双方的行为。Turley & Milliman（2000）认为人的变量包括拥挤或密集程度、隐私、顾客的特征、个人/员工特征、员工制服。Eroglu and Machleit（1990）认为店铺环境的社会性因子（比如太多的人在太小的空间）会影响消费者对拥挤的感知，进而影响消费者对精力成本的感知，销售人员的数量也会影响到消费者的时间/精力成本感知，比如较多的销售人员意味着消费者可花费更少的时间寻找商品。但是当店铺服务人员数量过少（相对于顾客密度而言），顾客会感到沮丧，影响感知的心理成本。因此消费者对店铺社会性因子感知越好，感知的购物体验成本也越低。由于店铺服务人员的性别、人数、仪态仪表及与顾客的互动是构成店铺环境中社会性因子的重要组成部分，所以消费者对店铺人员服务质量的感知与社会性因子是密不可分的，如零售店铺中服务人员的数量就是服务质量的一种有形的信号。有研究表明服务人员与顾客的互动影响着顾客对服务质量的评价（Hartline and Ferrell，1996）。因此消费者对店铺社会性因子感知越好，感知的人员服务质量就越高。同时 Gardner and Siomkos（1985）的研究还发现店铺服务人员良好的形象（如着装的整洁、态度的友好）会对消费者商品质量感知产生正面积极的影响，感知的货币价格也相应较高，这说明消费者对店铺社会性因子感知越好，感知的商品质量和感知的货币价格越高。可见，店铺环境中社会性因子的创新就是要提高消费者对社会性因子的感知，而社会性因子感知的提高，有可能降低购物体验成本，提高商品感知质量和人员服务质量，同时也有可能提高货币价格感知。（3）店铺环境中氛围因子的影响。氛围因子往往被视为背景和外部刺激，即它们倾向于在潜意识水平上影响购物者，具体包括视觉、听觉、嗅觉、触觉几个方面。有研究表明悦耳的背景音乐能影响消费者对在店铺等待时间的感知（Hui 等，1997），因此可以减少消费者时间/精力成本的感知，同时由于氛围因子往往与情感反应联系比较密切（Donovan and Rossiter，1982），会影响消费者的心理成本。一些研究表明音乐会影响消费者的情感，有助于舒缓消费者在店铺等待时的压力与不悦。所以氛围因子的创新有助于降低购物体验成本。此外消费者对店铺氛围因子感知越好，感知的商品质量、感知的人员服务质量和感知的货币价格都有可能提高（Kotler，1973）。（4）店铺选择标准对惠顾意向的影响。前文探讨的是店铺环境不同维度对店铺选择标准的影响，为了更深入探究店铺环境维度的作用机理，还要对店铺选择标准与惠顾意向之间的关系作进一步的说明。营销学的很多文献都验证了感知的商品质量、感知的货币价格、感知的购物体验成本与商品感知价值之间的关系（Grewal 等，1998）。这些研究表明，消费者商品质量感知越高，感知的商品价值也越高；货币价格感知越高，感知的商品价值越低；购物体验成本越高，感知的商品价值越低。人员服务质量感知对店铺惠顾意向存在显著的正向影响已经被证实（Zeithaml 等，1996）。Dodds 等（1991）发现感知的商品价值越高，店铺惠顾意向越显著。Hui 等（1997）验证了感知的时间/精力成本越高，店铺惠顾意向越低的结论；Eroglu and Harrell（1986）对感知的心理成本与店铺惠顾意向的负相关关系进行了检验。

通过前面的分析，我们购建了零售店铺环境对消费者惠顾行为作用机理的一个理论模型，应该说店铺环境每一个维度都会影响到消费者对店铺选择标准的变化，从而影响消费者最终的店铺惠顾意向。对于零售企业而言，通过店铺环境的优化，努力提高顾客对商品的感知价值，提高顾客的人员服务质量感知，并努力减少购物体验成本是至关重要的。

2.4 通过店铺环境优化创造竞争优势的策略

店铺环境的优化可以创造消费者购物过程中的独特体验，这种购物体验的创造过程又具体通过消费者对商品感知价值和人员服务质量感知的提高，以及购物体验成本的减少来达成。零售企业应该注重通过店铺环境中设计因子、社会性因子以及氛围因子的全面优化创新来创造独特的竞争优势，具体的对策建议表现在以下方面。

2.4.1 店铺设计因子的优化

零售店铺设计因子优化创新应从外观设计、指示牌设计、卖场划分与布局、通道设计、商品陈列与展示等多个方面着手，最为关键的是要抓住三个环节。

2.4.1.1 外观设计

店铺的外观所传达的内容能够影响消费者对惠顾这家店铺能获得多少利益的判断，在店铺选址和建筑整体风格已经确定的条件下，通过门面设计、招牌设计、橱窗设计、出入口设计的优化创新，可以最大限度的发挥设计因子的效用，起到吸引消费者的目的。

（1）门面设计。门面即店铺的外观，传达给消费者一种店铺整体印象，能体现出店铺的档次和个性。从整体风格来看，店铺门面可以体现为现代风格与传统风格两种形式。现代风格的门面给人以时代的气息和现代化的感觉，体现了一种流行的风潮。而传统风格的门面给人以古朴典雅、传统丰厚的感觉，很多百年老店、经营民族特色商品的店铺（旗袍、民族工艺品）都适宜采取传统风格的门面。

从店铺门面的开放看，通常有以下三种形式的店铺门面：①封闭型。店内店外用门隔开，出入口尽可能小些，面向大街的一面用橱窗或有色玻璃遮挡起来。顾客进入商店，可以安静地挑选商品，不受外界的干扰。经营珠宝首饰、工艺制品、音响器材等高档商品的商店多采用这种门面设计。②半开放型。商店入口适中，并配有橱窗陈列，使外面的行人能够较方便地看清商店内部，经营化妆品、服装等中高档商品的商店多采用这种形式。③开放型。商店正对大街的一面全部开放，没有橱窗，顾客出入方便，没有任何障碍。经营水果、蔬菜和水产品等大众化商品的商店多采用该种形式。在我国南方，大多数商店都采用开放型的门面（王超，2000）。

（2）招牌设计。招牌是指用来展示店名的标记，可以分为屋顶招牌、矗立卖场门前的标识杆招牌、安置在卖场所在建筑物正面的栏架招牌、在卖场门前人行道上摆放的路边标志牌等多种形式。鲜明醒目的招牌能吸引行人的注意，提高能见度。招牌的功能主要表现在：引导与方便顾客来店；反映经营与服务特色；引起顾客的兴趣；便于记忆、传播。因此，具有高度概括力和强烈吸引力的招牌，可以对顾客的视觉产生强烈的冲击，从而吸引顾客来店。为了使招牌充分发挥其应有的功能，应在招牌材料的选择、招牌的文字设计、招牌的命名、招牌的装饰渲染上多下功夫。

招牌所使用的材料要反应时代的变化，除木质材料外，还可使用大理石、花岗岩、金属不锈钢板、铝合金等材料。石材招牌显得厚重、高贵、庄严；金属材料招牌显得明亮、轻快，富有时代感。有时，随着季节的变化，还可以在门面上安装各种遮阳篷架，这会使门面清新、活泼。

招牌文字使用的材料因店而异，店铺规模较大，且要求考究的店面，可使用铜质、凸出的空心字，令其闪闪发光，有富丽豪华之感。此外，瓷质字永不生锈，且反光性好；塑料字有华丽的光泽，且制作方便，但容易老化、变形；木质字也有特殊的效果，但容易变形、断裂。

招牌的文字设计日益为零售经营者所重视，一些以标语口号、隶属关系和数目字组合而成的艺术化、立体化和广告化的招牌不断涌现。招牌的文字设计应注意以下几点：①店铺的字形、凸凹、色彩、位置应相互协调。②文字应尽可能精简，内容立意要深，同时又要上口、易记易认，使消费者一目了然。③文字内容必须与本店所销售的商品相吻合。④字体要注意大众化，中文和外文美术字的变形要容易辨认。具有不同经营属性的零售卖场，在实践中形成了一些关于招牌文字设计的约定俗成的法则。比如，经营化妆品的专卖店，店名字体多用纤细、秀丽的字体，以显示女性的柔美秀气；经营五金工具的商店，其店名字体多用方头、粗壮的字体，以表示金属工具的刚劲坚韧。

招牌的命名要力求言简意赅、清新不俗、易读易记，并富有美感，使之具有较强的吸引力。命名的方法主要有：①与经营特色或主营商品属性相联系的命名法。这种方法可以反映经营者的经营特长，或反映主营商品的优良品质，使消费者易于识别店铺的经营范围与特点，从而产生购买欲望。②与服务精神或经营理念相联系的命名法。这种方法可以反映经营者的信誉，使顾客产生信任感。③与历史名人或文化典故相联系的命名法。这种方法能反映经营者的经营历史、经验和学识，从而使顾客产生浓厚的兴趣和敬重感。④与享受意境和美好愿望相联系的命名法。这种方法可反映经营者愿意为顾客的生活增添乐趣与实惠，同时包含对顾客的良好祝愿，从而使顾客产生有益的联想，对经营者产生亲切感（夏春玉，2002）。

为了使招牌引人注目，增强招牌吸引顾客的效果，应使用各种装饰方法对招牌进行渲染。具体方法很多，如用霓虹灯、射灯、彩灯、反光板、灯箱等进行渲染，或使用彩带、彩旗、鲜花等来衬托。总之，格调高雅、清新，手法独特的渲染，可以增强招牌的吸引力。

（3）橱窗设计。橱窗是店铺临街的玻璃窗，是店铺的眼睛，是店铺展示商品、介绍商品、传递信息、刺激购买的重要手段。橱窗设计与店铺的类型有很大关系，不同类型的店铺，其橱窗设计也是不同的。一般来说，小型日用品商店、超级市场对橱窗设计的要求比较简单，甚至不用橱窗，而百货店和专业商店的橱窗设计则比较讲究。百货店橱窗一般采取封闭式，即橱窗内侧四周要与卖场隔离，橱窗底座的高度以成人顾客平视商品的高度为宜，小件商品的陈列高度可高些，大件商品的陈列可低些，并注意橱窗的照明与艺术性；专业商店的橱窗设计则更为讲究，一般也是封闭式的，但是，专业商店的橱窗设计更要高雅、别致并注意动感与立体感，起到渲染所售商品的作用。总之，橱窗设计是相当有学问的，应遵循以下原则：①反映经营特色。橱窗中陈列的商品要反映出商店的特点，与卖场实际经营相一致，卖什么布置什么，不能把现在不经营的商品摆上，让顾客感觉橱窗只是做做样子而已。季节性商品要适时陈列，相关联的商品要进行配套或组合陈列。②表现诉求主题。橱窗中的陈列商品要有主题，并按主题合理陈列，不能杂乱无章，同时要标明陈列商品的价格。③高度要适宜。橱窗的高度一般以一般人的身高差不多为宜，使橱窗的中心线最好能与顾客视平线相当，这样，整个橱窗陈列的商品都能在顾客视野之内。一般橱窗底部的高度，以离地面 80 厘米～130 厘米，成人眼睛能看见的高度为宜，大部分商品可以放在离地面 60 厘米的地方，小型商品以 100 厘米以上的高度陈列。如果用模型，则可以直接放在地上，不用增加高度（祝文欣，2008）。④注意橱窗卫生。橱窗应该经常清洁打扫，特别是陈列的商品要保持清洁、干净，布满灰尘污垢的橱窗会给顾客带来不好的印象，引起顾客对商品的反感，从而失去购买兴趣。保持卫生一是经常打扫；二是设计橱窗时必须考虑防尘、防热、防水、防晒、防风、防盗等。⑤陈列要有艺术感。橱窗其实是艺术品陈列室，通过对商品合理组配来展示商品的美感。要适应消费者审美心理需要，运用多种艺术处理手法，一般运用对称与不对称、重复与均衡、主次对比、虚实对比、大小对比、远近对比等艺术手法，把各种商品有机生动的结合起来，能较好再现商品的外观形象与内在品质。⑥要注重橱窗灯光与色彩的搭配。光和色是密不可分的，按舞台灯光设计的方法，为橱窗配上适当的顶灯和角灯，不仅能起到一定的照明作用，而且还能使橱窗原有的色彩产生戏剧性的变化，给人以新鲜感。对灯光的一般要求是光源隐蔽、色彩柔和，避免使用过于鲜艳、复杂的色光。橱窗的色彩要清晰明朗、丰富柔和，能增强商品的美感，富有吸引力和感染力。在色彩的调配上，一般根据商品本身的色彩和季节的变化，以及题材的要求，合理灵活地运用单一色、邻近色、对比色等用色规律，处理好色彩上的对比关系、调和关系和冷暖色调的变化，从而给人以集中、深刻的印象，以及新美、舒服的心理感受。一般而言，灯光与颜色的选择应充分考虑商品的类型，对于食品橱窗，适宜用橙黄色的暖色光，有利于增强顾客的食欲；而对于高档家用电器的橱窗，则适宜用蓝、白色的冷色光，给人以一种科学、贵重的心理感觉。⑦更换要及时。消费者浏览橱窗的目的是想获得最新的商品信息和资料，因此橱窗陈列的商品要经常调整、更换，确保必须是最新产品或主营产品，必须能向消费者传达最新的市场信息，满意消费者求知求新的心理愿望。

橱窗陈列的类型通常有以下几种：①综合式陈列。将许多不相关的商品综合陈列在一个橱窗内，以组成一个完整的橱窗。这种陈列由于商品之间差异较大，设计时一定要谨慎，以免杂乱无章。②系统式陈列。系统式陈列就是按照商品的类别、性能、材料、用途等因素分别组合陈列在一个橱窗内。③专题式陈列。专题式陈列是指围绕某一个主题，组织不同商店或同一商店不同类别的商品进行陈列，如绿色食品陈列、丝绸之路陈列等。④特写式陈列。特写式陈列是指运用不同的艺术形式和处理方法，在一个橱窗内集中介绍某一零售店的产品。这种陈列适用于新产品和特色产品的广告宣传。具体包括两种：一是单一商品的特写陈列，即在一个橱窗内只陈列一件商品，以重点推销，如冰箱、钢琴的陈列；二是商品模型特写陈列，即用商品模型代替实物陈列，适用于体积过大或过小的商品，如汽车模型陈列、香烟模型陈列。此外某些易腐易烂商品也适应于模型特写陈列，如水果、海鲜的陈列。⑤季节性陈列。季节性陈列是指根据季节变化将应季商品进行集中陈列。这种陈列满足了顾客应季购物的需要，有利于扩大应季商品的销售。

（4）出入口设计。零售店铺出入口的设计具有非常重要的意义。如果店铺入口处寂静无声，毫无生气，招牌破败不堪、油漆脱落，很难想象消费者会愿意惠顾这样的店铺。对出入口的设计主要有三个方面的内容：①出入口的数量。每个店铺都希望既能吸引乘车而来的顾客，也希望吸引步行而来的顾客，因此，店铺的出入口最好有两个。其中一个在正面，以吸引步行而来的顾客，另一个则在后面或侧面邻近停车场，以吸引乘车而来的顾客。②出入口的类型。出入口的形式是多种多样的，有旋转式、电动式、自动开启式、推拉式等等，因此，可根据店铺的具体情况做出选择。③出入口的通道。零售商应该提供足够的出入口通道的面积，以提高店铺的形象，并使来店顾客感到出入商店方便、愉快和满意。④出入口的位置。将出入口设在店铺的中央、左边还是右边，要根据具体的客流情况而定。一般来说，大型店铺的出入口可设在中央，顾客进入店铺后可自由地向左右延伸，同时，左右两侧可以增设边侧门，以方便顾客走出商店。小型店铺的出入口则可设在两侧，否则，会浪费有限的店铺空间（夏春玉，2002）。

此外，出入口设计的优化还应该注重在入口处的摆放设施。比如，遇到下雨天，顾客雨伞上的水滴会降店内地板或地毯弄湿弄脏，所以下雨天要在入口处为顾客准备放雨伞的篮筐或套雨伞的塑料袋。店铺门口如果要进一步加强店铺热闹气氛，还可以在店铺入口处设置一个临时柜台，将一部分特价商品摆在这里销售。再比如在入口处附近张贴卖场内部布局图，以方便顾客购物。

最后，不论是什么类型的入口，都要令顾客觉得舒适，觉得他们受到欢迎。阻塞的入口，视觉上混乱和门上的“勿动”标志都会对第一印象产生负面作用，让顾客掉头而去。

2.4.1.2 场地分配与布局

要对店铺内部的有效空间进行分配，划分为出卖场与非卖场。卖场就是直接用来陈列商品进行商品销售的场所，而非卖场则指不能直接用来陈列商品和销售商品的场所，如楼梯、电梯、卫生间、休息室、办公室、卖场仓库等等。为了保证店铺的营业效率，要合理确定卖场与非卖场的比例。一般来说，一个店铺的卖场面积应占店铺使用面积的60%~70%。如果一个店铺的规模较大，经营的商品较多，特别是多层建筑的店铺，还要对卖场本身进行划分。其基本原则是，单位价值低，易于选择，所需存放空间较小的商品卖场应设在低层，而单位价值高，不易选择，所需存放空间较大的商品卖场应设在高层，特别是一层卖场所经营的商品必须保证客流的通畅。卖场内的布局一般可以分为格子模式、自由流动模式、精品店模式，可根据需要灵活的进行设计（沙利文、阿德科克，2004）。

表 2-1　三种常用店铺布局特征

因素	格子模式	精品店模式	自由流动模式
交通容量	最高	中等	最低
交通流量的控制	最高	中等	最低
商品分类暴光率	最高	可变	往往最低
空间利用	最有效率	中等	最低效率
成本	通常最低	可变	通常最高
商店体验	有限	较好	增强
提供服务和个性化销售	困难	较易	容易
典型的 POP 时间	低	较高	最高
典型用途	超市	百货店	服装店

资料来源：马尔科姆·沙利文、丹尼斯·阿德科克：《零售营销精要》，电子工业出版社 2004 年版。

当考虑卖场布局时，需要重视一些细节，如收银台的设置。收银台应设立在卖场中央区域，且有明显标志，同时收银台前要相对宽敞。大量调查表明，顾客等待付款的时间不宜超过 5 分钟，否则就会产生烦躁情绪。在购物高峰期间，由于顾客流量大，无形中增加了顾客的心理压力，此时收银台的合理布局对于缩短顾客等待付款时间有着重要的作用。收银台的色彩应与卖场整体风格一致，收银台本身不要做过于繁杂的装修，台上不要堆放过多的东西。

此外，为了增强卖场的亲切感，在卖场内增加一些休息、娱乐、摆设的场所是必要的。有些卖场借助于室内造园的手法，在卖场内布置奇山异石，种植花草树木、引进喷泉流水，满足了消费者回归自然的心理需求。还有一些卖场特别重视儿童游戏娱乐场所的布置，不仅配有专门的玩具和各种游戏，还派专人看护，方便带小孩的顾客惠顾，虽然占用了一些卖场面积，但是却给商家带来了不菲的收益。

2.4.1.3　通道设计

通道的设计要方便顾客的通行，能够让顾客将店内的每一个角落都转遍，并且具有循环型。卖场通道可以分为主通道和副通道。通道的宽度因客流量及卖场面积的大小而不同，但最低应保持两人并行时所需要的宽度，即在 0.8 米 ~0.9 米之间。主、副通道的宽度与店铺的业态有很大关系。一般来说，普通零售店的主通道可保持在 0.9 米 ~1.5 米之间，副通道可保持在 0.6 米 ~0.9 米之间；超级市场的主通道可保持在 2.1 米 ~3.5 米之间，副通道可保持在 1.5 米 ~1.8 米之间；百货店的主通道可保持在 2.7 米 ~3.5 米之间，副通道可保持在 1.8 米 ~2.1 米之间。当然，不仅要考虑通道的宽度，还要考虑通道的位置，以有效地利用建筑空间（山本久义，1989）。

通道设计优化要注意以下几点：①笔直。通道要尽可能避免迷宫式的，要尽量进行笔直单行设计，即依货架排列方式，将商品以不重复、顾客不回头走的方式设计。②平坦。通道地面应保持平坦，处于同一层面上。有些店铺由两个建筑物改造连接起来，通道途中要上或下几个楼梯，令顾客眼花缭乱，不知何去何从，显然是不利于商品销售的。③少拐角。事实上，一侧直线进入，沿同一直线从另一侧出来的店铺并不多见。这里的少拐角是指拐角尽可能少，即通道途中可拐弯的地方和拐的方向要少，有时需要借助于连续展开不间断的商品陈列线来调节。④要保证足够的照明度。通道的照明度要高于卖场的照明度，尤其是主通道更要保证足够的照明度。⑤没有障碍物。通道是用来诱导顾客多走、多看、多买商品的，因此，不能有死角。在通道内不能陈设、摆放与陈列商品或促销无关的器具或设备，以免使通道受阻。

通道设计时，应注意运用磁石点来吸引顾客沿着通道走向最深处。所谓磁石点就是顾客的注意点。以超市卖场为例，超市卖场磁石点分为五个，应按不同的磁石点来配置相应的商品：①第一磁石点位于卖场中主通道的两侧，是顾客必经之地，也是商品销售最主要的地方。此处配置的商品主要是：主力商品、购买频率高的商品、采购力强的商品。这类商品大多是消费者随时需要，又时常要购买的。例如，蔬莱、肉类、日配品（牛奶、面包、豆制品等），都应放在第一磁石点内，可以增加销售量。②第二磁石点穿插在第一磁石点中间，一段一段地引导顾客向前走，第二磁石点在第一磁石点的基础上摆放，主要配置流行商品、色泽鲜艳和引人注目的商品、季节性强的商品。第二磁石点需要超乎一般的照度和陈列装饰，以最显眼的方式突出表现，让顾客一眼就能辨别出其与众不同的特点。同时，第二磁石点上的商品应根据需要隔一定时间便进行调整，保持其基本特征。③第三磁石点指的是超市中央陈列货架两头的端架位置。端架是卖场中顾客接触频率最高的地方，因此配置在第三磁石点的商品，就要刺激顾客、留住顾客，主要是高利润商品、厂家促销商品。值得特别提出的是，我国目前有一些超市根本不重视端架商品的配置，失去了很多盈利机会。④第四磁石点，通常指的是卖场中副通道的两侧，是充实卖场各个有效空间的摆设商品的地点。这是个要让顾客在长长的陈列线中引起注意的位置，因此在商品的配置上必须以单项商品来规划，即以商品的单个类别来配置。为了使这些单项商品能引起顾客的注意，应在商品的陈列方法和促销方法上对顾客做刻意表达诉求，主要配置热门商品、有意大量陈列的商品、广告宣传的商品等。⑤第五磁石点位于收银处前的中间卖场。各门店可按总部安排，根据各种节日组织大型展销、特卖活动的非固定卖场。其目的在于通过采取单独一处多品种大量陈列方式，造成一定程度的顾客集中，从而烘托门店气氛。同时展销主题的不断变化，也给消费者带来新鲜感，从而达到促进销售的目的。

2.4.2 店铺社会性因子优化

店铺购物环境中的员工和顾客的情感与行为表现是零售店铺重要的“软”环境。服务人员与顾客直接接触，他们的服务行为和情感表现是影响顾客的消费情感、满意感和顾客重复惠顾意向的重要因素，因此社会因子作为店铺环境的一个重要维度不容忽视。如果店员关心顾客的利益、理解顾客的需要，及时地为顾客提供服务，顾客就会感到满意。反之，如果店员态度粗暴、服务技能低下，即使卖场硬件设施优良、装饰精美，顾客也会感到不满意。因此，从零售管理角度看，进行店铺环境的社会因子优化必须加强企业的服务流程管理，制定合理的服务规则、管理程序、现场事务处理办法，并通过管理措施和培训加强员工服务行为管理，以服务取胜，让顾客在购物的过程中不但体验到物质环境的优美，还体验到店铺服务人员的友好、真诚和关心，给顾客留下美好而又难忘的消费经历，从而提高顾客对店铺的信任感和满意感。

2.4.3　店铺氛围因子优化

店铺氛围因子创新是要在提供给顾客的视觉、听觉、嗅觉和触觉效果方面寻求改进，以增加氛围魅力。

2.4.3.1　视觉

视觉反应来自于色彩与光线的影响。店铺的照明是对光线的视觉知觉，人的视觉系统的构成，是个从眼球到大脑的复杂体系，外界的光线由瞳孔进入眼球，通过水晶体和眼球内的液体在网膜上结成映像，再利用从视网膜发出的视神经，传达到大脑而形成知觉。店铺照明的目的在于诱导顾客入店，突出商品以构成环境气氛，以促进顾客的购买意愿。零售企业应该针对不同的顾客或购买类型采用不同的灯光照明，进行特定空间范围内灯光照明效果的科学决策与评价是必要的。店铺的各种色彩更会对消费者的情绪与购买意愿产生影响，暖色调特别适用于商店橱窗、入口与冲动购物相关的地方，而对于顾客在需要时间或做出购物决定有困难的时候，强烈的暖色调的出现将会使购物变得不愉快，使购物过程很快中断，这时冷色调更为适宜。合理的进行色彩的设计，对于零售店铺绩效的优化起着重要的作用。在卖场色彩的安排上，既要考虑各种色彩的性质与特征，更要考虑卖场的空间特点及所经营的商品种类，使色彩安排与卖场及商品的特点相适应。一个卖场可以划分为若干个单元，每个单元可以进行不同的色彩安排，以避免单调，增加顾客的购物兴趣。同时，在不同的季节或时期，也要及时调整卖场的主色调，使顾客感到一定程度的新鲜感。

2.4.3.2　听觉

音乐是一种外在的声音活动，透过耳朵的听觉神经系统，传达到大脑而形成听觉知觉，听觉会影响情绪的变化。因此，播放音乐的内容和时间要精心安排。由于人的听觉差别很大，音乐与广告的播放音量必须根据店铺的主要顾客对象而控制。同时，还要考虑在不同的时间段应播放不同的音乐和广告。究竟播放什么音乐要根据店铺经营的商品及卖场风格来决定。一般来说，卖场播放的音乐应以优雅轻松的室内轻音乐为主，以创造一种轻松恬静的购物环境，解除顾客的紧张感，使顾客轻松购物。

2.4.3.3　嗅觉

与没有香气呈现的店铺相比较，当为大多数人所能接受的香气在店铺环境中呈现时，购物者对商店与产品的评价较为正面，愉悦性的气味有助于增加顾客在店铺的逗留时间。根据店铺与商品的特点，放置散发各种香味的花草盆景，或释放人工制造特别的香味，可以对顾客嗅觉的良好刺激，使他们在购物过程中精神愉快、心情舒畅，刺激购物欲望。为了确保店铺的气味正常，零售企业应对各种不正常的气味（如地毯的霉味、强烈的染料味、动物和昆虫的气味、燃烧物的气味、汽油、油漆和保管不善的清洁用品的气味、洗手间的气味）有效控制。为了控制这些气味，首先应该尽量控制或减少这些气味的发生，然后还要使用空气过滤设备来降低它的密度。除了对不正常的气味要进行严格控制外，对正常的气味也要适当控制，使它不致扰乱顾客，甚至使顾客厌恶。比如化妆品卖场周围，香水的香味会促进顾客对香水或其他化妆品的消费需求，但是，如果香水的香味过于强烈，也会使人厌恶，甚至引起反感，这样，反而不利于销售。因此对于店铺气味科学营造与控制是零售企业店铺环境创新过程中要密切关注的。需要特别说明的是，香气的选择要充分考虑目标顾客，不能盲目效仿，一种选择错误的香气，尽管令人愉快，却可能抑制顾客的消费支出。好莱坞经销女士内衣的零售商 Frederick 商店曾引进了一种浓郁的花香——类似于在 Victoria's Secret 商店成功运用的那种香气。然而，几乎就在同时，Frederick 商店的销售额就下降了，最后各连锁分店纷纷放弃了这种香气。专家认为，失败源于对目标顾客群的误解。Victoria's Secret 商店的销售目标是那些在闺房粉红色的轻柔灯光下，穿着讨人喜欢的睡衣的女性购买者，浓郁的花香在那里闻起来感觉很好。而招来麻烦的 Frederick 商店吸引的是为女性购物的男士，它的内衣带有一些男士对女士内衣的看法。在这种氛围中，浓郁的花香起到了相反的作用，这种气味令男性顾客不悦（利维、韦茨，2000）。

2.4.3.4 触觉

触觉是通过触摸得到的感觉。在店铺中，消费者的触觉感受来自于店铺环境中的各种物体，商场的地面、商品展示架、电梯各种功能按键、手推车、购物篮、电子导购触摸屏以及空气的湿度、温度都会给消费者带来触觉印象，比如地板铺设地毯和垫子将会增加顾客行走的舒适感，适宜的温度与湿度能让顾客的身体属于轻松舒适的状态。零售企业管理者应该仔细考察各种触觉元素，使它们与服务环境相匹配，并将它们与环境中的视觉因素结合起来使用，这样才能取得较高的效果。

综上所述，店铺环境的优化应立足于店铺环境各个维度，从每一个细节着手，这样才能通过给消费者营造一种良好的体验氛围，提高消费者的惠顾意向，进而增强企业竞争优势。

第3章
自有品牌与零售企业竞争优势

3.1 自有品牌及对零售企业竞争优势的影响

3.1.1 自有品牌的内涵及其发展

自有品牌（Private Brand）一般是指由零售企业或批发企业拥有的品牌，其一系列产品通过独家或有控制的渠道分销（夏春玉，2003）。但只有零售企业的自有品牌能够对制造商产生较大的对抗力，因此，学术界通常所说的自有品牌一般是指零售企业拥有的品牌。

零售商的自有品牌出现于20世纪60年代，在80年代得到迅速发展。在西方发达国家，自有品牌商品占有相当大的比重，且呈逐年上升之势。日本最大的零售商大荣连锁集团约有40%的商品使用自有品牌，世界著名的零售商J. C. Penney的自有品牌销售额已经达到总销售额的40%，西尔斯占55%，在Target的服装销售中，自有品牌占据80%的份额，玛莎百货所有商品都用自有品牌“圣米高”。拥有自有品牌商品已经成为西方业绩较好的零售商的普遍特征之一。根据AC尼尔森2005年对38个国家的超市零售业自有品牌的调查数据显示，2005年全球的自有品牌市场份额占比为17%，较2004年增长5%。其中欧洲是自有品牌发展最早也是发展最快的地区，2005年自有品牌占比为23%，增长率为4%；其次是北美自有品牌占比为16%，增长率为7%；亚洲的占比低，仅为4%，但增长率比较快，接近全球的水平为5%。具体数据见图3－1，图3－2。

根据AC尼尔森（2005）的数据，零售企业自有品牌市场份额占比的国家排名第一的是瑞士（45%），第二是德国（30%），第三是英国（28%），美国排名第十（16%）。可见自有品牌在欧洲等发达国家能够被广泛认同，并且有比较高占比，相比在亚洲的发展还处于起步阶段。

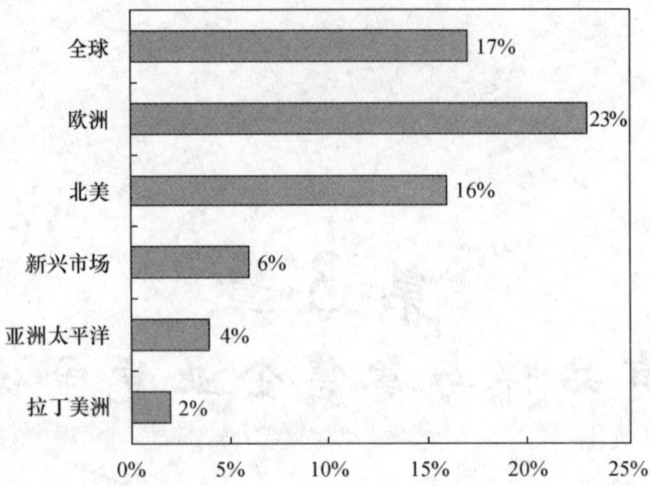

图 3-1　按地区划分 2005 年零售企业自有品牌的市场份额

资料来源：The Power of Private Label 2005：A Review of Growth Trends Around the World，Executive News Report from ACNielsen Global Services，2005，9：1～28。

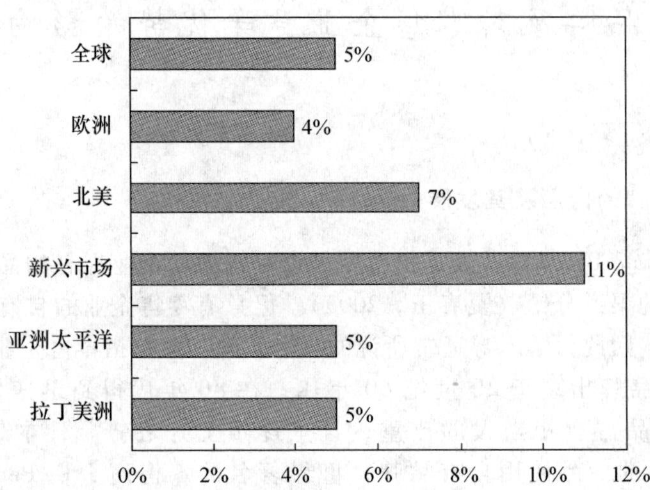

图 3-2　按地区划分 2005 年零售企业自有品牌的增长率

资料来源：The Power of Private Label 2005：A Review of Growth Trends Around the World，Executive News Report from ACNielsen Global Services，2005，9：1～28。

零售商自有品牌商品经过几十年的发展，从出现到现在已经发展到了第四代（朱瑞庭，2004）。表 3-1 从不同的角度对它们做了介绍。第一代是无名产品（No Names），主要特点是价格、质量和产品形象定位远低于市场主导产品，外观设计简单，往往用简单的技术就可以生产，市场进入成本低下，产品容易模仿。这一代的自有品牌产品主要集中在食品类上。第二代自有品牌产品的市场定位有了提高，单个商品的市场销售增加，价格依然低廉，虽然用成熟的技术就能生产，并开始跟随市场主导产品，但是以单一商品为主的自有品牌仍然没有自身的独特性和显著性。第三代自有品牌商品则延伸到一个或者几个产品类别，形成品牌家族，并具有一定程度的独特性，其市场定位已经可以和市场主导产品进行比较，零售商已经可以做出一定的质量保证和承诺，产品质量有了提高，生产技术有了突破，创新程度几乎可以和市场主导产品相提并论，其生产主要由制造商品牌的生产者来完成。第四代的自有品牌商品从质量到形象，其市场定位至少达到了市场主导产品的水平，在一个品牌家族中包括了很多为细分市场服务的产品类别和花色品种，它们独具品牌自身特色，产品质量优良，生产技术先进，通常由只生产零售商自有品牌的国际性的厂商来生产。目前在市场上存在着这四代自有品牌商品，但是由产品生命周期的变化而决定，第四代的自有品牌比例在增加。

表 3-1　自有品牌的发展阶段

	第一代	第二代	第三代	第四代
品牌	无名产品（no names）	准品牌	零售商品牌家族	细分品牌、形象品牌
产品	最基本的生活必需品	数量众多的单个产品	产品大类	企业形象产品
制造技术	基本技术、无制造障碍	落后市场领先者一代	接近市场领先者	创新技术
质量/形象	比制造商品牌产品低	中等，消费者感知低	齐平领先品牌，质量保证	相同或好于领先品牌
购买动机	价格	价格	产品性价比	产品更好
制造厂商	国内制造商、非专业	国内制造商，部分专业	国内制造商，大部分专业	国际制造商，大部分专业

资料来源：朱瑞庭："零售商自有品牌的功能和市场定位"，《北京工商大学学报（社会科学版）》，2004（2）：38~43。

3.1.2　自有品牌对零售企业竞争优势的影响

自有品牌可以为零售商带来更多利润，提高与制造商品牌的谈判筹码，还可以吸引顾客惠顾，增强顾客的店铺忠诚，而且自有品牌还能够成为零售商差异化的工具，成为零售商竞争优势的来源。王新新、杨德锋（2007）分析了自有品牌在零售商竞争优势提升过程中的作用机理。首先，自有品牌具有比制造商品牌更高的毛利。自有品牌供应商与制造商品牌中的领导品牌相比，其产品缺乏差异化，几乎是在完全竞争的市场中生存，与零售商讨价还价的力量较小。因此，自有品牌供应商给零售商的供给价格接近于自有品牌产品的生产成本，从而零售商在自有品牌产品上拥有较低的生产成本。在营销投入上，零售商很少对自有品牌做广告、促销，从而自有品牌的广告费、促销费等营销费用投入较低，自有品牌产品也不需要其他零售商进行分销，销售费用较低，而且由于自有品牌多采用简包装，包装费用大大降低。这样一来，与制造商品牌相比，生产自有品牌的各项成本支出都很低，毛利率较高，这成为零售企业获取竞争优势的重要原因之一。其次，自有品牌能够吸引价格敏感型消费者。零售商通过提供低价格的自有品牌产品，吸引那些对价格敏感的消费者，对价格敏感型消费者的细分市场也成为了零售商店的顾客。这样，零售商通过自有品牌吸引消费者，为商店带来了更多客流，从而为商店创造更多销售额提供了机会。再次，增加消费者的选择空间。自有品牌推出后，不同梯队的制造商品牌进行了不同反应。高溢价梯队（第一梯队）的制造商品牌的反击是增加产品创新，推出更多新产品，保持产品价格不变，甚至提高价格产品。但是，第二、第三梯队的制造商品牌，采用降低价格和增加促销等方式进行反击。例如，Srinivasan 等（2004）的研究发现，引入自有品牌后，会增加产品类别中各品牌之间的竞争，高溢价制造商品牌的价格保持不变或者提高，第二、第三梯队制造商品牌的价格降低了，其促销更加频繁。这样，产品类别中的价格档次拉开，消费者有了更大选择空间，为零售商更多的销售创造了条件。最后，通过塑造产品特色和经营特色增加消费者的商店忠诚。零售行业成为微利行业的一个重要原因在于企业定位相似、经营品种雷同、档次规模相差无几、促销手段竞相模仿，而走向以依靠价格竞争为主的恶性竞争，而自有品牌的出现使得零售商形成了自己的产品特色。而且零售商处于最接近消费者的环节，消费者的信息收集更加容易，更了解市场需求，能够根据市场的最新动态，提供最新的产品设计方案，并能够抓住细分市场的特点，根据目标消费群体的不同，生产定位准确的商品。所以有零售商主导的 PB 商品的发展使零售商摆脱一味价格竞争，实行错位经营，为企业创造了独特的竞争优势。而且因为制造商品牌能够在其他商店购买到，而自有品牌只能在该零售商店才能购买到，如果消费者是自有品牌的忠实顾客，那么他就可能成为商店的忠诚顾客，增加商店忠诚。

3.2 中国零售商自有品牌的实施难点及对策

3.2.1 中国零售商自有品牌的实施难点

在我国，零售商自有品牌是近年来引起企业界和学术界关注的一种商业现象。上海开开百货商店（现为开开集团股份有限公司）在 1987 年就开始实施自有品牌战略，“开开牌”已经成了中国名牌产品。“恒源祥”也是一个典型的例子，实施自有品牌战略后，由过去的仅 180 平方米的绒线商店，发展到今天在全国 30 多个省中建立了 2000 多个销售网点的企业。上海联华超市、北京燕莎友谊商城、南京中央商场等也已加入到该行列，自有品牌经营在这些企业已经取得了初步成效，如涉足自有品牌商品较早的华联超市于 1997 推出“勤俭”牌后，该品牌商品受到消费者的欢迎，当年的销售额超亿元，其自有品牌发展至今，已开发了 20 多个品种、150 多个项目，并注册了多个自有品牌商标。目前，在中国零售市场全面对外开放的宏观背景之下，越来越多的外资零售企业大举进军中国市场，给本土零售企业带来了巨大的压力，导致国内零售市场竞争加剧。越来越多的本土零售商为了节省成本，增强与供应商的议价能力，开始实施自有品牌战略，将其作为与外资零售商竞争的利器之一。但是由于缺乏对自有品牌的理论认识，盲目开发的情况经常出现，结果导致消费者对零售企业自有品牌商品评价不高、购买意愿不强烈，结果不但没有提高市场竞争力，反倒影响了零售企业绩效。应该说，中国零售商自有品牌在消费者心目中尚未形成品牌效应，还处于发展的较低阶段。那么究竟是什么原因制约了中国零售商自有品牌的发展，笔者认为可从以下几方面进行分析。

3.2.1.1 缺乏研发人才和质量控制体系

国外大型零售商都有一个专业的团队来开发自己的自有品牌商品，因为从研发到营销是一项非常复杂的工程。只有当零售商从研发做起，掌握了网点资源、市场信息、有效消费者等一系列资源之后，自有品牌商品才会畅销。而当前中国本土零售商要经营成千上万种商品，如何分配有限的资源到众多产品开发项目上去是非常困难的，由于在自有品牌研发上缺乏人才、实力和经验，导致自有品牌商品主要集中在一些简单的低端商品上。此外，尽管零售商的专长在于直接面对消费者，从而能根据掌握的第一手资料及时提出适销对路的商品设计思路，但由于生产能力和生产技术匮乏，常难以找到合适的生产商来委托加工自有品牌商品，即使找到了这样的生产商，也往往由于零售商对生产领域监控体制的不完善，导致生产出的自有品牌商品质量可能不符合零售商自身的定位标准，进而损害了自有品牌的声誉，这是制约中国零售商自有品牌发展的一个关键原因。

3.2.1.2　来自于制造商强势品牌的竞争压力

有些商品处于已建立强势制造商品牌的行业之中，零售商如果进入这些行业中的某些商品将会面临很高的进入壁垒，如竞争压力、商品促销费用等，再加上自己在消费者心目中的信誉和声望有限，很难与强势制造商品牌相抗衡。目前，许多大型制造商已建立起强大的品牌资产，拥有自己忠实的消费群体，这对于那些资金实力无明显优势、品牌营销经验缺乏的零售商来说，要想从制造商已牢牢控制的商品行列中开发类似的自有品牌，是很难获得成功的（赵丽华，2004）。

3.2.1.3　观念障碍

这里提到的观念障碍包括零售商的观念障碍和消费者的观念障碍两层含义。从零售商角度看，自有品牌观念的缺乏是制约零售商自有品牌发展的深层原因。很多零售企业高层认为自有品牌就是简单的在产品上面贴一张标签，标上自己的名称，然后利用自己众多的店铺销售就行了。他们认为自有品牌没有多少技术含量，所以不需要也没有必要太多投入。实际上，自有品牌并非想象的那么简单。仅仅是“简单的在产品上面贴一张标签”就算是自有品牌，一味追求“简易的包装，低廉的价格”就算是自有品牌的成功——这是极其肤浅的理解，很难使得企业的“自有品牌”战略取得长远的成功。如果按照高标准要求自己，那么，在确定市场机会，品牌的定位，品牌内涵，产品的包装设计，卖点的提炼，价格策略，推广手段，顾客心理研究，与顾客沟通，顾客评价等等方面都应该用专业的水准去运作。长期坚持，方可成功。从消费者角度看，中国消费者对自有品牌的认知度相对较低，很多消费者将自有品牌的低价格等同于“低品质”，甚至一些消费者对自有品牌商品产生排斥心理，这在零售商声誉不高、店铺规模较小的情况下，自有品牌受到消费者排斥的情况更加普遍。

3.2.1.4　企业规模障碍

自有品牌的开发和管理需要大量人、财、物等资源投入，只有较大规模的企业才有这样的能力。国外零售巨头的自有品牌之所以成功，关键在于他们庞大的销售网络和足够大的规模，如沃尔玛在全球拥有6000多个连锁店铺，年销售额约2000多亿美元。只有拥有了如此庞大的销售网络和雄厚的资金实力，才可以通过定单迫使生产商提供最低的进货价格，从而在销售过程中获得更多的毛利，自有品牌商品才会更具竞争力。而目前中国零售企业规模普遍较小，很难迫使生产商在进货价格上做出太大让步，结果导致自有品牌商品在价格上失去了竞争优势。

3.2.2　中国零售商自有品牌发展对策

在中国现实的零售市场环境下，零售企业应如何根据自身的业态特点和规模实力，开发出能够让消费者认可和接受的自有品牌商品，是当前众多零售企业迫切需要解决的问题，也是培育差异化竞争优势的重要途径。

3.2.2.1 注重自有品牌商品的选择和定位

目前中国零售商自有品牌销售情况看，一些大型超市中的快速消费品的销售情况比较理想，如纸巾、一次性纸杯、休闲食品以及一些节日糖果等。但是，不少服饰类自有品牌商品似乎还没有得到消费者认可。其实并非所有商品都适宜采用自有品牌。一般情况下适合做自有品牌的商品有以下几类：（1）品牌意识不强的商品。对于一些品牌意识不强的商品，如洗衣粉、香皂、卷纸等日常用品或食品，零售商采取一些促销手段很容易影响消费者的购买行为。而对品牌意识很强的商品，如胶卷、相机、化妆品等，消费者往往购买指定商品，零售商开发的自有品牌商品很难得到消费者的认可。（2）购买频率较高的商品。商品的购买频率高，对大型零售商而言，就可以实行大量地开发订货，降低生产成本，从而确保自有品牌低价的实现。此外，购买频率高的商品使得商店和消费者接触频繁，商品的品牌忠诚度较低，顾客很有可能在其他条件的影响下放弃原有品牌而选择接受新的品牌。（3）单价较低的商品。消费者一般对同一类但不同品牌的商品都会存在一个消费试探的过程，如果自有品牌的商品单价较低，就可以降低消费者的购买风险和机会成本，从而加速消费者对商品的了解，如果零售商能切实保证自有品牌商品质优价廉，那么企业很快就会增加销售额，占领市场（胡洪力，2006）。（4）技术含量不高的商品。技术含量不高的大众商品，不需要特别的专业知识，消费者容易识别其真假好坏，如食品、饮料、文具等。反之如电视机、电脑，消费者则需要更多地依赖商标和生产商的知名度、技术实力等间接地对商品进行判断。零售业自有品牌的发展本身也证明了这一点。在瑞士，食杂品占自有品牌商品的41.2%，在英国这一比例为37.1%，与家用电器等耐用消费品相比，这些商品实施自有品牌战略更容易获得成功。此外，零售商开发自有品牌商品，还应注重运用核心商品战略。因为每个零售商在实施自有品牌战略时，可以利用的优势资源是有限的，所以集中优势、重点突破，选择拥有优势资源的商品系列或品种作为自有品牌的开发对象，有效地实施核心商品战略是至关重要的，这也是优势资源在自有品牌商品定位上的一种集中体现。比如易初莲花的拥有者正大集团是一个以农牧业为优势产业和主导产业的企业。易初莲花超市的自有品牌战略就充分根据自身背景进行了准确定位，开发了诸如蜂蜜、牛奶等以农产品为主的一系列自有品牌商品，而不是洗衣粉、肥皂化工系列的产品或服装类商品。注重核心商品战略的运用，是零售商实施自有品牌战略、进行商品选择和定位的关键。

3.2.2.2 选择适当的生产厂商，缔结产销联盟

在中国现实的经济环境下，存在大量的具有闲置生产能力的中小生产厂商，这无疑为自有品牌的委托生产提供了便利的条件。但如何选择合适的生产厂商对实施有效的零售商自有品牌战略是非常关键的问题。零售商在评估潜在的生产厂商时，应注意考虑生产厂商是否有足够的生产能力和较高的质量管理体系来生产满足零售商数量和质量要求的产品，生产厂商能否保持充足的库存、拥有可靠的运输网络，以便能保证及时、可靠的交货，生产厂商能否对短期的市场波动作出灵活反应，并采取有效的营销手段把可能的损失降低到最低水平，以及生产厂商的资金实力和信誉等级等。在选择了合适的自有品牌委托生产对象以后，零售商应力求建立与贴牌生产商稳定、共赢的合作关系。如玛莎集团将其与供应商的关系视为同谋共事的伙伴关系，在对供应商严格要求的同时尽可能给供应商以帮助，并将成本节约的利益转让给供应商，从而确保了与供应商的长期稳定合作，奠定了玛莎自有品牌事业辉煌成功的重要基础。因此选择适当的生产厂商并缔结产销联盟，是零售商自有品牌战略实施的一大关键。

3.2.2.3　注重专业化人才队伍的培养

大量专业化、优秀人才的培养是自有品牌开发的关键。但中国零售企业正缺乏一定数量和质量的专业化人才，尤其是自有品牌研发人员和品质检验人员。因此，不能根据市场调查与预测所反馈的市场信息进行有效的自有品牌开发，也难以对委托生产自有品牌的生产厂商进行品质检验来保证自有品牌商品质量。所以，本土零售商在开发自有品牌过程中，要积极培养专业化的人才队伍，不断强化专业素质，才能为自有品牌的发展打下基础。

3.2.2.4　不断扩大零售商规模

目前本土零售商自有品牌的发展在一定程度上受到企业规模的瓶颈制约，因此通过资本重组，不断扩大企业规模，是自有品牌战略成功实施的基础之一。近年来，中国本土零售商并购重组频繁，规模不断壮大。随着零售商规模的扩大和实力的增强，将有助于自有品牌战略的实施。但在我国零售企业快速发展的同时也要注意不能盲目扩张，重“量”不重“质”。特别是企业间的重组与兼并，如果不能在企业文化、整体资源等方面进行优化整合，而单单只是企业间的直接捆绑，则不仅不能提升企业的整体竞争实力，反而会造成企业管理体制上的内耗，也不利于自有品牌的开发。

3.2.2.5　合理确定自有品牌商品价格和促销方式

自有品牌的价格策略比较简单，价位一般处于该品类商品的中下游水平。但是在一些没有制造商知名品牌的品类中，零售商自有品牌就成为了强势品牌，这时自有品牌的定价可以高一些。如家乐福的“harmony”拖鞋就属于同一品类中价格最高的商品之一。在有制造商强势品牌存在的品类里，自有品牌就要依靠明显低于制造商品牌的定价来吸引消费者，其价格差异程度往往与制造商品牌的强势程度成正比。自有品牌的促销方式也与制造商品牌的促销方式有所不同。制造商往往综合运用媒体广告、人员推销、公关宣传、营业推广等多种促销方法，以发挥其整体的促销作用。但零售商在经营自有品牌时，则应主要通过人员推销和营业推广来鼓励顾客尝试，进而建立品牌忠诚度，比如可采取系统陈列和联动促销来鼓励人们对自有品牌的试用，通过消费者的亲身体验，增强消费者的自有品牌情感。

3.2.2.6　注重通过店铺形象优化提升顾客自有品牌感知

对于一个已经达到基本质量标准的自有品牌商品而言，利用自有品牌声誉与零售商自身声誉紧密相连的特点，通过店铺形象的优化来提高顾客自有品牌感知，是零售企业自有品牌发展的有效途径。从店铺形象角度来研究零售商自有品牌发展问题，在国内可称为一个全新的研究思路。我们将在下节中通过实证研究方法对这一问题进行探索。

3.3 店铺形象对自有品牌感知与购买意向的影响：一个实证研究

实际上，自有品牌的成功依赖于消费者对自有品牌的感知和评价，Sprot and Shimp (2004) 指出，虽然从理论上讲，零售企业可以通过不断提高自有品牌质量，加强广告宣传来提高消费者对自有品牌的感知，但是这样做的结果会使企业成本增加，与自有品牌开发的初衷相背离。对于一个已经达到基本质量标准的自有品牌商品而言，利用自有品牌声誉与零售商自身声誉紧密相连的特点，通过店铺形象的优化来提高顾客自有品牌感知，是零售企业自有品牌发展的有效途径。但是，目前学术界对店铺形象与顾客自有品牌感知的关系问题并没有给予应有的重视，或者研究结论并不一致（江明华、郭磊，2003）。因此，针对店铺形象对自有品牌感知及购买意向影响的研究，不仅仅有助于进一步丰富自有品牌理论，而且对于零售企业通过店铺形象优化来提高顾客对自有品牌的感知，进而增强零售企业竞争优势都有着重要的现实意义。

3.3.1 相关文献回顾

3.3.1.1 顾客对零售商自有品牌感知的研究

许多学者先后将感知质量作为消费者评价自有品牌产品的重要标准进行研究，消费者购买自有品牌商品的可能性与对自有品牌的感知质量密切相关（Scattone，1995）。但是很多研究发现，消费者对零售商自有品牌质量的感知明显劣于对制造商品牌质量的感知，这说明了与制造商品牌相比，自有品牌在消费者心目中通常被定位为一种低品质的商品（Bushman，1993；Rosen，1984）。

Fugate（1979）和 Richardson 等（1994）的实验研究初步探讨了自有品牌感知质量偏低的原因，认为各种外在提示，如价格、包装等会影响消费者对自有品牌质量的评估。他们发现，当自有品牌被包装成制造商品牌，并呈现为制造商品牌的价格时，消费者对自有品牌的质量评估就高；而当制造商品牌被呈现为自有品牌时，消费者对其评价则大大降低。这说明消费者对自有品牌的评估在很大程度上取决于外在特性，而不是实际质量。Richardson 等（1994）还指出零售商通常把自有品牌的价格定得比制造商品牌的价格低 15%～37%，出发点是为了吸引消费者，结果这种低价位却降低了消费者对自有品牌质量的感知，并使他们不愿意购买自有品牌。Sinha and Batra（1999）分析了消费者的价格意识及与价格相关的认知（如价格—质量联想、对制造商品牌的感知价格不公平）对自有品牌感知质量和自有品牌购买行为的影响。Garretson 等（2002）通过分析消费者对零售店铺中自有品牌和制造商品牌商品促销态度的差异，说明了价格因素和非价格因素对自有品牌感知与制造商品牌感知的影响程度不同。Semeijn 等（2004）研究发现顾客购买某类自有品牌的一次不愉快经历会严重妨碍顾客对店铺其他类别自有品牌商品的购买，甚至会影响到顾客对店铺整体的信任程度。零售店铺自有品牌商品类别越多，或者说自有品牌延伸范围越大，这种负面的溢出效应就越明显（Sullivan，1990）。Guerrero 等（2000）却发现绝大多数消费者对自有品牌质量的感知直接取决于店铺的要素特征。零售企业开发自有品牌或进行自有品牌延伸时，必须考虑店铺本身的因素对顾客自有品牌感知的影响，以及这种影响作用是如何发生的（Richardson 等，1996；Batra and Sinha，2000；Raju 等，2001）。可见影响自有品牌感知的因素很多，但是在这些因素中，由零售店铺诸多要素集合而成的店铺形象的作用越来越受到重视（Semeijn 等，2004；Vahie and Paswan，2006）。

3.3.1.2 零售店铺形象及测量维度的研究

店铺形象的概念最早是由 Martineau（1958）提出来的，他认为店铺形象是顾客头脑中界定商店的方式，界定一方面基于店铺的功能性属性，一方面基于顾客的心理属性。但是迄今为止，关于店铺形象的定义以及测量维度在学术界一直没有达成共识。比如 Lindquist（1974～1975）认为店铺形象是消费者感知的多要素的复合体，并提出了构成店铺形象的 9

大类要素：商品、服务、顾客、硬件设施、便利性、促销、商场气氛、制度、售后满意；Doyle and Fenwick（1974）认为店铺形象就是消费者对商店的一种态度，从中传达了消费者对该商店的总体印象信息，测量维度包括商品、价格、品类、式样、选址五个方面；Bloemer and de Ruyter（1998）将零售店铺形象定义为消费者对店铺不同维度或属性感知的集合体，测量维度包括选址、商品、店铺气氛、顾客服务、价格、广告、人员销售、销售刺激；Chowdhury等（1998）在综合前人研究基础上归纳了店铺形象的六个主要维度，即服务、便利性、质量、选择范围、价格、气氛，并通过实证研究验证了六维度划分的可靠性和有效性；Thang and Tan（2003）将店铺形象分成商品、店铺气氛、店内服务、可达性、声誉、促销、设施和售后服务八个维度，并分析了不同维度对消费者店铺偏好的影响程度。可见不同学者对零售店铺形象的测量维度观点不一，这和不同学者研究的时代背景、立足的国家文化背景以及对样本消费者的选择有密切关系。

3.3.1.3　店铺形象与自有品牌感知关系的研究

店铺形象是消费者判断商品质量的一个重要因素，但一些关于店铺形象与自有品牌感知质量之间关系的研究结论并不一致。Rao and Monroe（1989）的研究表明，消费者对商店名称的态度与消费者对商店产品质量的感知关系不显著。然而，Dodds等（1991）的研究却表明，如果商店所传达的信息良好，则对消费者的质量感知有正面影响。Grewal等（1998）和Birtwistle等（1999）的研究都证明，零售店铺形象与自有品牌形象呈正相关关系。但是这些研究多把店铺形象作为一个整体来考察，忽视了不同的店铺形象维度对自有品牌感知的差异化影响。Vahie and Paswan（2006）虽然通过实证研究发现了店铺形象的商品质量要素和气氛要素对顾客自有品牌质量感知呈正向影响；店铺形象中的便利性要素、质量要素、价格要素对顾客自有品牌情感感知呈正向影响，但是由于该研究的样本局限在20多岁的青年人之中（以学生样本为主），并且只运用了相关分析和回归分析的方法，没有运用结构方程模型进行深入研究，使得该研究表现出较大的局限性。

3.3.1.4　品牌感知与购买意向关系的研究

关于顾客品牌感知与购买意向关系的研究已经积累了不少的文献。如Spears and Singh（2004）的研究证实了品牌态度（偏好）影响购买意向；Bou－Llusar等（2001）在对感知质量和满意度对购买意向影响的实证研究中，验证了感知质量与购买意向的正相关关系；Taylor and Baker（1994）证明了服务感知质量对顾客购买意向的正向影响。Fin and Suh（2005）分析了韩国折扣店中自有品牌感知与购买意向呈显著正相关关系。但是由于不同学者对品牌感知的内涵界定并不一致，针对品牌感知不同维度对购买意向影响程度的研究还有进一步拓展的空间。

3.3.2　研究假设及模型构建

本部分我们拟构建店铺形象不同维度对自有品牌感知与购买意向的理论模型。Vahie and Paswan（2006）曾指出店铺形象不同维度对自有品牌购买意向的影响往往是通过自有品牌感知为中介调节的，也就是说店铺形象不同维度对自有品牌购买意向并不存在直接的影响。所以我们将按照两个关系层次提出本部分的研究假设。

3.3.2.1　店铺形象不同维度对自有品牌感知的影响

零售店铺形象是消费者对店铺商品、服务、价格、环境等多维度的一种综合性评价。综合 Bloemer and de Ruyter（1998）、Chowdhury 等（1998）以及 Thang and Tan（2003）对店铺形象维度的划分，在本部分中，我们将零售店铺形象分为六个维度：店铺的商品整体形象、店铺服务形象、店铺价格形象、广告及促销形象、店铺环境形象以及便利性形象。

关于自有品牌感知的定义，学术界迄今并没有统一的说法。以往的研究中，关注最多的是自有品牌感知质量，但是感知质量高，并不意味着消费者会喜欢这种自有品牌商品，也并不意味着消费者会愿意购买自有品牌商品，而只有当消费者对自有品牌的感知质量高同时对自有品牌具有特定偏好的时候，消费者才有可能购买自有品牌商品，这时零售企业的自有品牌战略才可以算作成功的。因此本部分将借用 Keller（1993）将品牌形象联想分为情感维度和感知质量维度的观念，从自有品牌的感知质量和感知情感两方面来定义自有品牌感知。

店铺形象不同维度都会对自有品牌感知质量和感知情感产生影响，且影响程度可能存在差异。一些学者从不同角度已经做了一些相关研究，如 Vahie and Paswan（2006）以学生样本为基础，运用回归分析检验了店铺形象的商品质量要素和气氛要素对顾客自有品牌感知质量呈正向影响，便利性要素、质量要素、价格要素对顾客自有品牌感知情感呈正向影响；Baker 等（1994）等认为感知质量是建立在店铺有形展示的基础之上的，店铺环境对感知质量存在影响；Sherman 等（1997）分析了店铺环境能够激发消费者购买欲望；Gotlieb and Sarel（1992）对广告促销和商品价格对感知质量的影响进行了分析等。其实构成店铺形象的不同维度都会在不同程度上影响到顾客对自有品牌的感知（Thang and Tan，2003），为了全面研究店铺形象不同维度对自有品牌感知的影响程度，我们提出如下一系列假设：

H1 - 1　店铺服务形象对自有品牌感知质量存在显著的正向影响

H1 - 2　店铺价格形象对自有品牌感知质量存在显著的正向影响

H1 - 3　店铺环境形象对自有品牌感知质量存在显著的正向影响

H1 - 4　店铺商品整体形象对自有品牌感知质量存在显著的正向影响

H1 - 5　店铺广告促销形象对自有品牌感知质量存在显著的正向影响

H1 - 6　店铺便利性形象对自有品牌感知质量存在显著的正向影响

H2 - 1　店铺服务形象对自有品牌感知情感存在显著的正向影响

H2 - 2　店铺价格形象对自有品牌感知情感存在显著的正向影响

H2 - 3　店铺环境形象对自有品牌感知情感存在显著的正向影响

H2 - 4　店铺商品整体形象对自有品牌感知情感存在显著的正向影响

H2 - 5　店铺广告促销形象对自有品牌感知情感存在显著的正向影响

H2 - 6　店铺便利性形象对自有品牌感知情感存在显著的正向影响

3.3.2.2　*自有品牌感知对购买意向的影响研究*

在品牌感知与购买意向关系的一些文献中，很多学者从不同的角度验证了感知质量和感知态度都对购买意向存在正向影响（Spears and Singh，2004；Bou - Llusar 2001；Fin and Suh，2005）。但是在本部分研究中，我们强调的“自有品牌感知”是基于顾客对店铺形象评价而引发的自有品牌的质量感知和情感感知，我们试图发现这种感知是如何影响到消费者最终的购买决策，影响程度有多大。据此，我们提出如下假设：

H3　自有品牌感知质量对自有品牌购买意向存在显著的正向影响

H4　自有品牌感知情感对自有品牌购买意向存在显著的正向影响

上述假设构成了本部分的研究模型，如图 3－3。

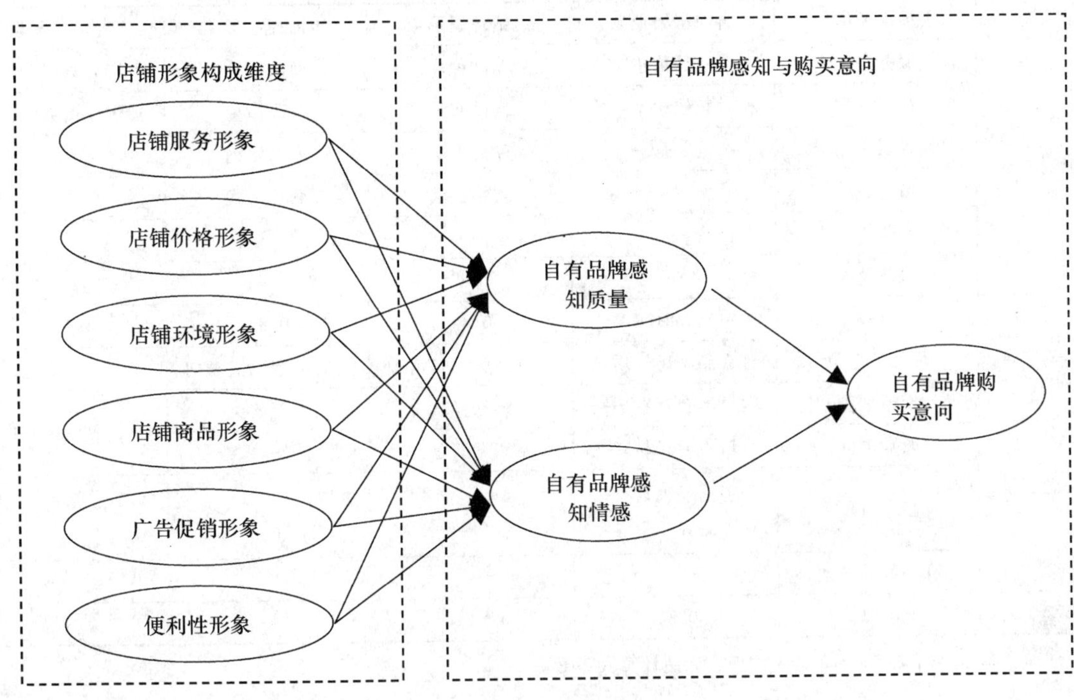

图 3－3　研究模型

3.3.3　实证分析

3.3.3.1　量表设计及数据采集

本研究在进行量表设计前进行了大量的文献资料收集、消费者小组座谈等前期研究工作。在这些工作的基础上，提出了一个初始量表。在初始量表中，店铺形象维度的测量主要参考 Chowdhury 等（1998）的题项，自有品牌感知质量和感知情感分别参考 Gaski and Etzel（1986）和 Raju and Hastak（1983）的测量题项，自有品牌购买意向的测量参照 Grewal 等（1998）的研究。为了便于被调查对象进行评价，我们将量表的项目调整为中国人容易了解和接受的表述方式，并且将所有分值统一为 7 分。采取正向和逆向叙述相结合的方式，每个问题都用了 7 级李克特（Likert）量表进行测定。确定初始量表之后，我们对部分消费者进行了试验预调查，同时访问了相关营销专家。在综合各方意见后，对初始量表做了进一步的改进，最终得到正式量表及问卷。正式问卷确定以后，我们便进入实证数据的采集阶段，考虑到研究条件限制和商店消费区域性因素，正式调查在北京范围内展开，我们通过在超市内随机拦截访问的方式，共发放问卷 600 份，淘汰无效问卷后有效问卷 558 份，有效率 93%。

3.3.3.2　数据分析结果

在进行模型评价及假设检验之前，首先使用内部一致性法来检验变量衡量的信度。本研究计算了衡量变量的 Cronbach'α 系数并以是否大于 0.70 作为判断信度是否合格的标准。表 3－2反映了信度检验的结果，所有结构变量的 Cronbach'α 系数都大于 0.7，并且大部分都在 0.8 以上，这表明本研究的量表具有非常好的内部一致性信度。

表 3-2　　　　变量衡量效果的信度检验结果

结构变量	店铺服务形象	店铺价格形象	店铺环境形象	店铺商品形象	广告促销形象
观测变量	服务态度	商品价格	宽敞程度	商品品种	广告吸引力
	信赖程度	相对其他超市价格	商品布局	商品质量	现场促销吸引力
	仪表举止	—	商店卫生	商品陈列	—
	服务主动	—	购物氛围	商品易找	—
	服务能力	—	—	—	—
	服务及时	—	—	—	—
信度（α）	0.93	0.81	0.84	0.83	0.79
结构变量	便利性形象	自有品牌感知质量	自有品牌感知情感	自有品牌购买意向	—
观测变量	交通便利	质量不会存在瑕疵	感觉喜欢	愿意购买	—
	营业时间	质量不会轻易蜕变	感觉满意	—	—
	停车方便	店铺重视自有品牌质量	—	—	—
	存放物品方便		—		—
信度（α）	0.71	0.80	0.82	—	—

注：自有品牌购买意向为单变量维度，无法计算 α 系数。

然后我们利用 LISREL8.5 软件，对各个观测变量的载荷情况、设定模型的拟合优度以及路径系数进行了分析。各个观测变量的载荷情况见表 3-3，结果表明，各个观测变量在相应的潜变量上的标准化载荷系数绝大部分超过了 0.7，且全部通过了 t 值检验，在 $p<0.001$ 的水平上显著，因子载荷的 t 值从 10.99 到 24.70，这说明本研究的各变量有充分的收敛效度。

拟合优度统计指标反映了结构方程模型整体的可接受程度，根据检验结果（见表 3-3），模型的卡方值 χ^2 为 798.6，自由度 df 为 391，绝对拟合指数 χ^2/df 为 2.04，为理想水平；近似误差均方根 RMSEA 为 0.053，接近理想水平 0.05；拟合优度指数 GFI、AGFI 超过 0.8，简约的拟合优度指数 PGFI 在 0.7 以上；相对拟合指数的两个指标 NFI、NNFI 均在 0.9 以上，达到了理想水平，而简约规范拟合指数 PNFI 也超过了 0.8；另外两个相对拟合指数 CFI 和 IFI 则远远超过了 0.9。从上述分析结果看，模型的拟合优度是比较理想的，表明模型的设定是可接受的。

反映各个潜变量之间结构关系的标准化路径系数及模型检验结果如表 3-4 所示。

从模型结果上看，有 3 条路径没有通过显著性检验（$P>0.05$），分别是店铺价格形象对自有品牌感知质量的影响，广告促销形象对自有品牌感知质量的影响，便利性形象对自有品牌感知质量的影响，路径系数也显示出这 3 条路径的关系强度很弱，同时与这 3 条路径对应的理论假设 H1-2，H1-5，H1-6 没有得到实证数据的支持。而其余的 11 条路径均通过了显著性检验（在 $p<0.001$ 统计水平上显著），其对应的理论假设均得到了实证数据的支持，这些假设路径的标准化路径系数在 0.11～0.42 之间。

从假设检验结果我们可以发现，对自有品牌感知质量影响最大的店铺形象维度是商品形象，路径系数为 0.37，其次为店铺环境形象和店铺服务形象，影响系数分别为 0.26 和 0.20，广告促销形象对自有品牌感知质量的影响非常小，而店铺价格形象与便利性形象对自有品牌

表 3-3　　观测变量载荷系数及模型拟合优度

潜变量	观测变量	标准化载荷系数	t 值	模型拟合优度
店铺服务形象	服务态度	0.83	22.30	χ^2 = 798.6 df = 391 RMSEA = 0.053 GFI = 0.83 AGFI = 0.82 PGFI = 0.72 NFI = 0.92 NNFI = 0.95 PNFI = 0.83 CFI = 0.95 IFI = 0.95
	信赖程度	0.84	23.25	
	仪表举止	0.83	22.83	
	服务主动	0.81	20.92	
	服务能力	0.80	20.01	
	服务及时	0.79	18.43	
店铺价格形象	商品价格	0.81	20.44	
	相对其他超市价格	0.83	21.55	
店铺环境形象	宽敞程度	0.71	16.44	
	商品布局	0.77	17.93	
	商店卫生	0.79	18.18	
	购物氛围	0.76	18.05	
店铺商品形象	商品品种	0.72	16.71	
	商品质量	0.75	17.11	
	商品陈列	0.80	20.13	
	商品易找	0.72	16.57	
广告促销形象	广告吸引力	0.78	18.11	
	现场促销吸引力	0.83	21.49	
便利性形象	交通便利	0.61	12.31	
	营业时间方便	0.57	11.56	
	停车方便	0.68	15.49	
	存放物品方便	0.56	10.99	
自有品牌感知质量	质量不会存在瑕疵	0.76	18.09	
	质量不会轻易蜕变	0.86	24.25	
	店铺重视自有品牌质量	0.81	20.25	
自有品牌感知情感	感觉喜欢	0.87	24.70	
	感觉满意	0.86	23.58	
自有品牌购买意向	愿意购买	1.00	—	

感知质量几乎没有影响。对自有品牌感知情感影响最大的店铺商品形象，路径系数为 0.32，其次为店铺环境形象和店铺价格形象，影响系数分别为 0.30 和 0.23，再次为店铺服务形象、广告促销形象和便利性形象，路径系数分别为 0.19、0.14 和 0.11。自有品牌感知质量与感知情感对自有品牌购买意向的影响系数分别为 0.42 和 0.29。

3.3.4 实证研究结论与局限性

3.3.4.1 结论

本部分研究为零售企业通过店铺形象的优化来提升自有品牌形象提供了思路。由于自有

表 3-4　　设定模型的标准化路径系数及检验结果

路径关系	标准化路径系数	P值
H1-1 店铺服务形象→自有品牌感知质量	0.20	0.000
H1-2 店铺价格形象→自有品牌感知质量	0.00	0.620
H1-3 店铺环境形象→自有品牌感知质量	0.26	0.000
H1-4 店铺商品形象→自有品牌感知质量	0.37	0.000
H1-5 广告促销形象→自有品牌感知质量	0.02	0.331
H1-6 便利性形象→自有品牌感知质量	0.00	0.910
H2-1 店铺服务形象→自有品牌感知情感	0.19	0.000
H2-2 店铺价格形象→自有品牌感知情感	0.23	0.000
H2-3 店铺环境形象→自有品牌感知情感	0.30	0.000
H2-4 店铺商品形象→自有品牌感知情感	0.32	0.000
H2-5 广告促销形象→自有品牌感知情感	0.14	0.000
H2-6 便利性形象→自有品牌感知情感	0.11	0.000
H3 自有品牌感知质量→自有品牌购买意向	0.42	0.000
H4 自有品牌感知情感→自有品牌购买意向	0.29	0.000

品牌声誉与零售店铺形象紧密相关，所以为提高自有品牌感知，零售企业应该重视店铺形象不同维度的作用。根据本部分的实证检验结果，我们可以从三个方面对研究发现及相关意义进行归纳：

（1）店铺商品形象、环境形象和服务形象三个店铺形象维度对自有品牌感知质量和感知情感都存在显著影响。其中，店铺商品形象对自有品牌感知质量和自有品牌感知情感的影响都是最大的，对自有品牌感知质量的影响程度（路径系数 0.37）大于对自有品牌感知情感的影响程度（路径系数 0.32）；店铺环境形象对自有品牌感知质量和自有品牌感知情感的影响都居于第 2 位，对自有品牌感知情感的影响程度（路径系数 0.30）大于对自有品牌感知质量的影响程度（路径系数 0.26）。这一研究发现说明了对于零售企业而言，尤其应该注重优化这几个对自有品牌感知质量和感知情感影响都较大的店铺形象维度。在商品形象优化方面，应努力营造一种商品质优、选择范围大、陈列美观的形象，这就要求企业应该对供应商的商品质量进行把关，注重进货渠道的多元化，店铺主力商品、战略商品、辅助商品和关联商品的比例协调等，同时应加强与供应商建立快速反应系统和自动补货系统，以确保商品配送的及时性和科学性，此外还要注意商品陈列的科学性，运用适当的陈列技巧给顾客营造一种美观的印象。在店铺环境形象方面，应注重店铺内部的通道设计、橱窗设计、照明设计、音乐和音响的设计、色彩设计以及对气味的控制，给消费者创造一种舒适的购物环境和气氛；在服务形象方面，应加强对各类服务人员的培训，及时处理顾客的抱怨和投诉，确保店铺人员服务的质量和效率。

（2）店铺价格形象、广告促销形象和便利性形象三个维度对自有品牌感知质量的影响不显著，但对自有品牌感知情感存在正向影响。其中广告促销形象和便利性形象对自有品牌感知情感的影响程度较之其他维度而言，显得相对较低（路径系数仅为 0.14 和 0.11）。这说明了店铺价格形象、广告促销形象和便利性形象的优化并不会改变顾客自有品牌感知质量，但是却在一定程度上有助于增强顾客的自有品牌感知情感，零售企业也应该对这几个维度的优化引起重视。

(3) 自有品牌感知质量和感知情感对自有品牌购买意向都存在显著的正向影响，其中自有品牌感知质量的影响程度更大（路径系数0.42，大于0.29）。这说明了消费者在进行自有品牌商品购买决策时，自有品牌感知质量的影响大于其感知情感的影响，这也从一个侧面反映出零售企业为了使自有品牌得到更多消费者的认可，应该在注重店铺形象各个维度优化的同时，着重优化影响自有品牌感知质量的店铺形象维度，即店铺商品形象、环境形象和服务形象。

3.3.4.2　局限性及未来研究方向

本部分研究探讨了店铺形象维度对自有品牌感知及购买意向影响的一般性规律，具有一定的理论与现实意义。但是店铺形象不同维度对自有品牌感知与购买意向的影响会随着自有品牌产品门类的不同以及零售业态的不同而存在差异，也就是说同一个店铺形象维度对不同产品门类的自有品牌感知与购买意向的影响程度可能是不同的，或者同一个店铺形象维度对同一类自有品牌产品感知与购买意向的影响程度会随着店铺业态形态的变化而有所不同。这也决定了零售企业在开发自有品牌时，应该考虑自有品牌产品门类、店铺形象以及零售业态类型的兼容性。该部分由于研究目的和时间的限制，并没有进一步挖掘自有品牌产品门类和零售业态类型这两个调节变量的调节作用，这是一个局限及不足，也是该领域继续深入研究的方向。

第4章 零供关系与零售企业竞争优势

4.1 国外关于零供关系的研究进展

对零供关系问题研究的重要理论基础来源于交易成本理论（Rindfleisch & Heide，1997）和博弈论（Moorthy，1993），为了节约交易成本，渠道成员会考虑纵向一体化的发展，而不同渠道成员间必然存在的博弈关系又导致渠道权力的重新分配（Weitz and Wensley，2002）。依据交易成本理论和博弈论，一些学者对零供关系进行了分类（Emiliani，2003）。但概括起来基于采购模式和相关决策的不同，零供关系可以分成两类："基于渠道权力的讨价还价"（power - based bargaining）和"协作解决问题"（collaborative problem solving）。"基于渠道权力的讨价还价"最为平常，也是零供纷争最主要的表现形式。相比支持"协作解决问题"关系所需的大量信息技术与决策工具，"基于渠道权力的讨价还价"管理手段与目标更为清晰，获取的利益也更为容易计算。但是大量的文献指出基于渠道权力压榨上下游的利润，对供应链零售环节进行局部优化是一种短视、不成熟、不可持续的初级竞争手段，不仅有损于供应链的整体利润（Spengler，1950），而且由零售商单方面行为所引起的"牛鞭效应"更加剧了供应链的波动性，使得供应商蒙受巨额损失（Lee 等，1997）。

Stern 及其同事开创性地研究了渠道权力（Power in channels）问题（Stern，1969）。一名渠道成员之所以获得影响其他渠道成员的权利，是因为其他渠道成员对其产生了依赖性（Gaski，1984）。沃尔玛的供应商依赖沃尔玛的销售网络，将产品分销到世界各地，促使其自身的发展。这些供应商处于谈判劣势，可能受到大型零售商的压榨。但是当供应商发展到拥有知名的品牌并享有很高的顾客忠诚度时，供应商与大型零售商的权利会更为平衡，也更有利于双方为长期利益进行协作。

20 世纪 80 年代末以来，许多学者提出渠道权力从供应商转向大型零售商，零售商要求供应商提供大量的促销补贴，低价的定制商品和收取货架费（slotting allowances）（Buzzell

等，1990）。但是渠道权力转移使得零售商相对于供应商获取了更多利润的观点并没有得到实证研究的支持（Farris & Ailawadi，1992；Messinger & Narasimhan，1995）。Ailawadi（2001）回顾了相关文献，认为备受争议的诸如贸易促进（Trade Promotion），货架费的收取有其内在的合理性，供应商虽然大声疾呼其不合理性，私下却心甘情愿的缴纳费用以提升自己的利润空间。Bloom（2001）则认为大型供应商选择传统上被认为侵害供应商利润的如沃尔玛这样的零售商能够获取更多的收益，但是小型供应商则确实有可能蒙受了财务上的损失。所以学界对零售商是否依靠自己的渠道权力侵害了供应商的利润这个观点并没有达成一致，且很难对所有供应商与零售商一概而论。

Erdem & Harrison – Walker（1997）和 Frazier & Lassar（1996）曾指出零售商与供应商可能就多个方面的问题产生矛盾，主要集中于以下几个方面：价格、质量、配送频率、延期交货的违约金、订单取消的补偿、何方持有库存等。提升存货周转率向来是衡量零售业运营效率的重要指标，“零库存”的概念使得一些零售商倾向于采用日订单的方式，要求供应商每日进行多次的补货，从而降低自身持有的库存（Messinger & Narasimhan，1995）。值得注意的是“基于渠道权力的讨价还价”关系与“协作解决问题”关系最大的不同是前者是“单方面”的，即零售商在不改变原有交易模式的情况下，将成本转移给供应商，仅仅是成本的归属发生了变化，而供应链的效率并没有得到实质性的提高。而在协作解决问题关系模式下，零售商同样希望提高库存周转率，但是通过“双方”优化零供间的交易流程，降低供应链成本来实现双赢，而不是简单的成本转移（Anderson & Narus，1991）。拥有渠道权力的零售商完全可以不利用权力进行价格压榨，相反可利用其权力建立供应链的协作机制（Kalwani and Narayandas，1995）。零售商不再只在价格一个维度上评价供应商，还在物流服务水平、产品研发能力、生产柔性等多个纬度上进行评价，大型零售商与供应商的合作为打造世界级的供应链奠定了基础。Lamming（1993）对两种关系进行了对比。可见，“协作解决问题”较之“基于渠道权力的讨价还价”更有利于供应链整体绩效的提高。

表 4 – 1　　零供关系的分类与对比

关系的因素	基于渠道权力的讨价还价	协作解决问题
供应商竞争的基点	基于价格，竞争关系	基于竞争的，协作关系
供应商选择机制	多家供应商进行价格竞争	基于长期合作的历史表现
信息交换机制	单向，封闭的	成本透明，多方向
产能规划的态度	独立，封闭	通过战略规划协作解决问题
配送	不确定，不稳定	JIT，根据协议小额配送
价格变化时的处理方式	传统的价格谈判，零和博弈	协作降低成本，双赢
研发	供应商独立研发	零售商参与研发，为试销提供帮助
压力水平	低，零售商不满意就会更换供应商	高，对物料和流程的持续改进寻找节约成本的方法

资料来源：根据 Lamming（1993）修改。

4.2 中国零供矛盾的现状及其主要原因

4.2.1 中国零供关系现状

在中国经济体制改革中，工业先于商业，快于商业，赢得了先发优势，加之在改革开放初期，商品市场还处于供不应求的状态，所以在1978年~1991年期间，制造商在渠道关系中处于支配领导地位。在这样的背景下，零售商在渠道中很少有发言权，基本都是采取先付货款，后从供应商提货的方式采购商品，渠道冲突并不严重。但是1992年后随着零售业的对外开放，零售市场集中度提高，导致零供渠道关系发生了变化。尤其是1998年以后，我国社会主义市场经济体制初步确立，并且全面转向买方市场，零售商获得极快发展，成为了渠道主导（牛全保，2006）。这时大型零售商凭借渠道势力，逐渐开始向供应商收取进场费①，延长与供应商的结算账期，通过对供应商的压榨来获取利润。在2001年末中国入世以后，零供矛盾冲突在不断升级激化，发生了诸如上海炒货协会与家乐福的激烈冲突，国美对三星的产品强行撤架的极端对抗案例。

2007年中秋节前夕，郑州蒙牛与家乐福的“流血冲突”又再度上演。2007年9月15日上午，郑州家乐福北环店收银处有些异常，前来购物的人特别多，收银处排起了长长的队伍，顾客结账速度非常缓慢。而且不少顾客手里只拿一些小件物品，有的是一根火腿肠，有的是一盒口香糖，有的是一个小面包，价值基本上都在一元左右，但结账的时候，他们都以没有零钱为由，坚持要用百元大钞付款。收银员说没有零钱找，让顾客等着，而顾客的持续催促引发了争吵，最终商场保安前来维持秩序，但言语不合与顾客扭打在一起，引致卖场混乱，发生了流血冲突，直到大批民警和数十名巡防队员到场才控制住局势。这次事件表面看只是卖场管理与服务不当引发的，但是事实并非如此简单。最终郑州蒙牛被牵扯其中，原来这场冲突归根结底是郑州蒙牛和家乐福超市的矛盾冲突所致。郑州蒙牛在家乐福超市拥有销售摊位。但中秋节来临的时候，家乐福却让郑州蒙牛购买价值3万元的月饼，并且每个促销员还摊派大约1000元的月饼销售任务。虽然家乐福表示，购买月饼是自愿的，但是供应商担心如果不照办，家乐福就会在供应商的商品价格上打主意。这就是所谓的“潜规则”，在这种情况下，郑州蒙牛和家乐福“结怨”。为发泄报复，郑州蒙牛动用了100多个人，甚至雇佣了部分民工，每个人发了100元钞票，让其在集中时间到家乐福购物，而且规定购买的东西不准超过1.3元钱，然后去收银处结账，想用这种办法换走超市所有的零钱，结果上演了这一闹剧。事件的结果以郑州蒙牛与家乐福方面进行和解而告终。事实上蒙牛属于乳制品行业的强势品牌企业，其在与家乐福交易过程中，仍然受尽了家乐福的“盘剥和压榨”，其他中小弱势供应商的境况更可想而知了。目前的零供矛盾就像积蓄的火山，星星之火就可能

① 业内公认最早在中国收取进场费的是法国零售商家乐福，这一行为引起了国内很多企业的效仿，如今进场费已经成为很多零售企业的主要赢利模式。

引起强烈的爆发。家乐福和蒙牛的冲突不过是又一次零供矛盾的集中爆发而已。

4.2.2　零供矛盾产生的原因

当前中国市场零供矛盾与冲突的主要原因可以归纳为以下方面：

4.2.2.1　高额进场费

进场费（Slotting allowance）指大型零售商在商品定价外，向供货商直接收取或从应付货款中扣除，或以其他方式要求供货商额外负担的各种费用。进场费成为当前零售商与供应商矛盾冲突的最主要原因。以家乐福为例，据称进场费等相关费用占到了家乐福整体收入的1/3 以上，包括开户费、条码费、店庆费、促销费、返点费、促销员管理费、丢损补偿费、赞助费、促销员服装费等各种费用，这是家乐福“盘剥”供应商最主要的手段。再加上压到最低点的供应价，家乐福极大地压缩了供应商的利润空间。但是，由于家乐福销售量大，可接纳的商品品种多，并向供应商提供许多的优惠条件及赞助，所以，供应商为了赚钱也只能忍气吞声。家乐福向供应商收取的进场费对其赢利贡献是非常大的，如果没有这一块收入，家乐福在目前要实现盈利是非常困难的。表 4－2 列举了家乐福的部分进场费明细，名目繁多的进场费往往压得供应商喘不过气来，导致了国内的供应商与家乐福一直争吵不断。但是恰恰是这种强硬的压榨供应商的做法，使得家乐福获取了很大的利润。

表 4－2　　家乐福的部分进场费

1	法国节日店庆费	每年 10 万元
2	中国节庆费	每年 30 万元
3	新店开张费	1 万～2 万元
4	老店翻新费	1 万～2 万元
5	海报费	每店 2340 元，一般每家门店每年要印 10 次海报
6	端头费	每家门店 2000 元
7	新品费	每家门店进一个新商品要 1000 元
8	人员管理费	每人每月 2000 元
9	堆头费	每家门店 3 万～10 万元
10	出厂价让利	销售额的 8%
11	服务费	占销售额的 1.5%～2%
12	咨询费	约占 2%，送货
13	排面管理费	2.5%
14	送货不及时扣款	每天 3‰
15	补损费	产品保管不善，无条件扣款
16	无条件退货	占销售额的 3%～5%
17	税差	占 5%～6%
18	补差价	在任何地方只要发现有一家商店炒货价格低于家乐福，就要向家乐福交纳相当数额的罚金。

资料来源：李飞：“沃尔玛和家乐福在华市场定位的比较研究”，《南开管理评论》，2005 年第 3 期，第 64 页。

国内很多零售企业也纷纷效仿家乐福的做法，向供应商收取各种名目繁多的进场费。除此之外，供应商经历千难万险终于进场之后，有时还要经历三个月左右的试销期，如果产品经三个月销售在卖场排行里名列倒数几名，进去的产品还是会被退场，而退场后当初所交的进场费则一律不予退还。这加大了供应商的抱怨。

在进场费项目中，很多突发性费用如商品补损费、店庆费、广告宣传分摊费、促销邮报费、促销补货费等等，本来是应当由零售商承担的，但是这些统统被转嫁给了供应商。在节日的礼尚往来上，外资零售企业早就入乡随俗了，但是一些外资零售企业竟连他们国家的国庆节也要中国的供应商赞助，还美其名曰“同喜同庆”。这无疑使供应商们怨声载道。

4.2.2.2 货款结算

供货商眼见出了血还是忍着痛往大型零售企业供货，究其原因在于舍不得大型零售企业超高的人气与旺盛的销售。但是盼星星盼月亮盼着多销点货，但货卖完了钱还欠着，大部分零售商给供应商的结款时间在30~90天左右，有的甚至长达半年之久，这是零售商渠道势力的表现，而拖欠供应商的货款则成为了零售商进一步快速扩张门店或进行其他形式投资的资本。这对于供应商来说变成了“两怕”：既怕货销不掉，又怕货销得太好。曾经有一家小型生产企业倒闭了，倒闭的原因令人啼笑皆非：因为货销售得太好而钱又拿不回来，最终因资金周转不灵而关门。

4.2.2.3 零售商价格被卖穿

一般供货商在每个市场都有一个价格体系，这个价格体系除了规定对不同客户的供货价外还规定了较一致的市场零售价。但零售商为了吸引顾客、与其他商家竞争，往往不遵守市场零售价，通过特价、惊爆价等形式击穿供货商的零售价格，甚至以低于供货价的价格销售商品，供货商的价格一旦被击穿，往往就会带来一系列的连锁反应。有人可能有疑问，零售商的销售价格低，损失的不是零售商吗？与供应商何干？不要忘记，现在零售商并不是在供应商货到后即时付款的，延迟付款已是一种普遍的现象，商品特价的损失最终都是要由供应商承担的。一般而言，零售商对供应商的“价格逼宫”方法可归纳为以下几种[①]：①先斩不奏。比如某零售卖场事先无任何通知就将娃哈哈纯净水的零售价由原来规定的1.20元/瓶调整至0.9元/瓶，使价格卖穿成为既成事实，而且调整价格后还不通知厂家，直到业务员发现情况上报后公司才知道。②边斩边奏。零售商一边调整价格，一边告知供应商因为竞争、店庆等原因产品价格已经调整，有时是作为“惊爆价”促销，通报的目的是希望供应商支持。虽然是通报，但是口气里来不得半点商量的余地，态度强硬。供应商最怕的就是接到零售商的电话，因为坏消息常常多过好消息。③邮报失误。大型零售商往往都有自己的宣传邮报，但是经常出现供应商的有些商品价格在邮报上比最低零售价还低的情况。当供应商业务员与零售商交涉时，零售商往往告知实乃印刷厂排版错误，并非商家所为，但是为了维护卖场信誉，只能将错就错，并希望供应商能理解。但是如果仔细观察并会发现，几乎所有的印刷失误一般都是印低价格，而没有价格被印高的现象。④特别日子。商家对节日的爱犹如“老鼠爱大米”，有了节日就会人潮滚滚，有了节日供应商就得“进贡”。所以当中国传统节日用完之后，零售商还会想方设法制造许多特别日子以资纪念，如店庆日、销售额突破庆祝日、饮料节、小食品节、文化节等等。在这些节日里，越有知名度的商品越容易成为商家“卖穿价格”的对象，因为知名商品为消费者所熟知，一旦出现所谓的“惊爆价”，容易形成轰动效应并造成迅速的人际间传播，从而为其他商品的销售带来帮助。

---

① 资料来源：诸强新：“在夹缝中生存的供货商”，《经理人》，2006年第3期，第83~85页。

压榨供应商能提升零售企业竞争优势吗?

事实上，零售商滥用渠道权力压榨供应商的现象已经引起政府有关部门的高度关注。2006年10月13日，商务部、发展改革委、公安部、税务总局、工商总局联合发布了《零售商供应商公平交易管理办法》。《办法》对零售商滥用在销售渠道方面的优势地位，迫使中小供应商接受不公正的格式条款，损害供应商的利益；零售商通过向供应商收取名目繁多、数额巨大的各种费用，将自身经营成本转嫁给供应商，或变相索要商业贿赂和零售商拖欠供货商货款等行为，作了全方位限制和规范，意在解决“店大欺客”所造成的不公平交易。但实施以来，《办法》所明令禁止的收费项目，已经被各大零售商改头换面后继续收取。如以前收费项目包括新供应商服务费、商品特殊陈列费、年度快讯促销费、店周年庆祝费、春节、劳动节、中秋节、国庆节以及促销员管理费等，而2007年、2008年的收费项目则变成了进店折扣、新品促销服务费、陈列促销服务费、宣传促销服务费、快讯促销费、促销员管理费以及元旦、五一和十一的促销费等，收费总额有增无减。和零售商的飞扬跋扈形成鲜明对照的是，供应商则表现出极为矛盾的神情。闲谈时，他们会历数零售商的霸道行为，表现出“怨气冲天”，甚至有点“摩拳擦掌”；但一说到具体事实，则表现出疑虑重重，谨小慎微。但真正敢站出来指名道姓说出那些违规的零售商店名或者名字的，却没有一个。他们不敢说出真相，更谈不到依据《办法》的规定，揭发零售商的违规行为，保护自己的合法权益。理由很简单，市场供大于求，得罪零售商无异于自取灭亡。一般而言，大多数供货商面对大型零售商提出的种种条件是敢怒不敢言的，敢怒又敢言甚至敢于采取行动往往都是具有相当市场势力的著名制造商，但是为数很少。

正是在这样背景下零售商对供应商的压榨愈演愈烈，收取进场费、盘剥供应商已经成为很多零售企业的主要赢利模式，许多企业都希望借此来获取竞争优势。但是这种竞争优势能持久吗？笔者认为，依靠对供应商的压榨来获取盈利的做法具有很大的风险，从长远来看，依靠这种途径获取的竞争优势也带有短期性、波动性，泡沫成分很大。这主要源于以下两方面原因：(1) 该模式可能会遭遇供应商联合抵制的风险。在智利、巴西等国家都曾出现过供应商联合起来撤柜，拒绝向零售商供货的事例。在我国华榕超市、大华都超市、北京红熊超市、城市之光超市、普尔斯马特等都是由于类似原因导致资金链断裂而遭遇了灭顶之灾。如华榕超市曾号称是福建省内规模最大、实力最强、管理最规范的连锁商业企业，1999年和2000年华榕曾连续两年进入“中国连锁业企业百强”，2000销售额达到3.05亿元，自诩到2003年门店总数500个，营业面积逾30万平方米，可没想到华榕总店数尚在100家左右徘徊时，已被年关讨债的供货商逼上绝路。由于华榕超市集团违约长期拖欠货款，近500家商品供货商完全失去对华榕超市集团信用的认同，联手全面停止对华榕在福州所有超市的供货，使华榕所有超市几乎在一夜间全部关门，从而引发了华榕超市集团的“破产危机”。所以名目繁杂的进场费、拖欠供应商货款以及各种形式变相压榨供应商的做法，隐藏着巨大的危机。(2) 该模式可能会因政府规制政策的完善而丧失效果。虽然2006年颁布的《零售商供应商公平交易管理办法》并没有很好的对零售商滥用渠道权力的现象进行约束，但是随着我国商业规制政策的逐渐完善，《反垄断法》的颁布实施，对大型零售商垄断倾向和损害供应商利益的行为必然会有越来越严格的制约，这将使零售企业依靠压榨供应商获利的模式逐渐失效，从而原先的所谓“竞争优势”也将丧失。

4.4 零供协作创造竞争优势

基于上述分析及国外零供关系的实践，我们认为“协作解决问题”（collaborative problem solving）才是未来真正有助于零售企业获取竞争优势的零供关系模式。

4.4.1 零供协作框架提出的背景

零售商本着与供应商应长期合作的态度，持续改进，通过协作提升运营效率才是最佳的选择。但协作远比价格谈判要复杂。零售供应链由众多拥有不同利益的参与者构成，既包括大型零售商、供应商，也包括其他渠道中介机构。图 4－1 描述了一个简单的由四个参与者构成的零售供应链结构模型。无论是零售商还是供应商使其维持盈利的根本是以较低的成本为最终顾客直接或者间接创造价值，所以消费者是否以较低的成本（交易成本与商品价格）取得所需的商品是评价零售供应链的整体效率的唯一标准。但是由于零售供应链的参与者不仅拥有独立的决策权，还拥有私有的信息，成本和收入结构的不同更是导致参与者利益无法根本性的统一。所以零售供应链往往被分割为彼此相连的组织，每一组织都尝试优化自身的运营效率，压榨上下游，获取最大的利润。这样每一成员都只关心与自己直接相连的组织，而顾客的顾客与供应商的供应商的利益则不是自己所考虑的范围，但另一方面自己的行为却又造成了这些组织的无谓损失，局部优化的弊端在此显露无遗。所以比起将零售供应链作为一个统一的整体而言，局部的优化并不能保证整体达到最佳的运营效率。而协调拥有不同资源、决策权、利益的组织是一项复杂的系统性工程，协作机制的建立涉及多方面的举措，缺少任何一个环节都将导致零售供应链协作的失败。因此，通过建立高效的零售供应链协作关系，来改进零供关系，是提高零售供应链整体绩效的关键所在。

4.4.2 零供协作框架的构建

Croxton（2001）认为供应链管理至少涉及以下八个方面相互联系的内容：客户关系管理、供应商关系管理、生产管理、需求管理、订单履行、产品研发与商业化和逆向物流管理。不同领域的学者，对成功建立协作机制提供了不同的见解。例如营销领域的学者关注诸如承诺、信任等社会因素（Ganesan，1994；Handfield and Bechtel，2002），运营管理领域的学者则将研究的焦点放在诸如库存控制和信息共享上（Srinivasan et al.，1994）。我们以 Simatupang 和 Sridharan（2005）提供的供应链协作机制为基础，建立起完整的零供协作框架，该框架由五个核心维度构成：协同绩效评价系统、信息共享、成员激励相容机制、协同决策、供应链流程整合，每一维度都与其他维度相联系。

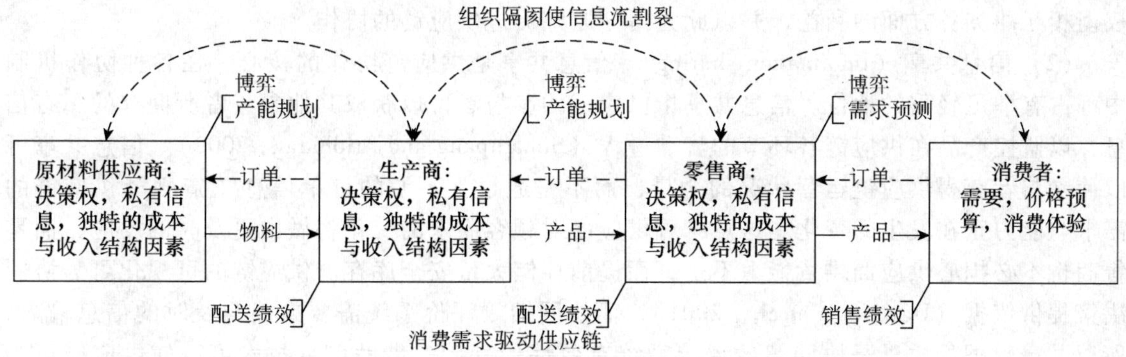

上游运作的低效率	下游运作的低效率
• 较高的库存持有水平 • 过多的商品退回 • 徒增的订单 • 大量生产计划变更 • 高缺货率 • 生产与订单履行周期过长 • 缺乏必要的沟通 　• 物料需求 　• 订单生成 • 较长的提前期 • 供应链缺乏透明性	• 较高的库存持有水平 • 缺乏沟通 　• 促销计划 　• 销售预测 　• 订单生成 • 徒增的订单 • 不精确的商品 • 高缺货率导致销售损失 • 对过季与易腐商品进行打折促销 • 补货不以消费者需求为基础

图 4－1　零售供应链与供应链当前运作的低效率

资料来源：根据 Simatupang & Sridharan（2005）和 ECR Europe（2001）修改。

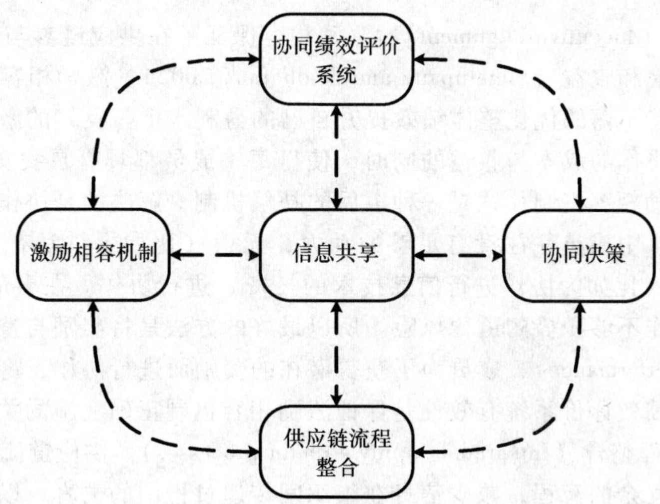

图 4－2　零供协作框架

资料来源：在 Simatupang & Sridharan（2005）研究基础上修改。

（1）协同绩效评价系统（Collaborative performance system，CPS）。协同绩效评价系统是用于指导零售供应链的参与者提升整体运营效率的绩效评价标准。不同的供应链依据产品特性的不同应该采取不同的运营策略（Fisher，1997）。该绩效尺度不仅定义了供应链参与者所追求的共同目标与目标的重要程度，同时还需根据该目标制定完整的绩效指标评价体系，以权衡相互冲突各方面的利益，并以此为指导原则促进供应链的协作。

（2）信息共享（Information sharing）。信息共享是供应链协作的核心，在各种协作机制中都占有举足轻重的地位。信息共享指供应链的参与者可以获取其他参与者所拥有的私有信息，以监控产品在供应链各环节的流动过程（Simatupang and Sridharan，2002）。信息共享可以使参与者获得供应链运营状况的全景，而不是通过上下游的订单信息“猜测”供应链的需求与能力正在发生的变化。这意味着供应商对顾客需求的变化将做出更及时的反应，而零售商也不必担心供应商供货能力不足，而提前存储大量安全库存。供应链的可视化可为协同决策提供依据（Davenport et al.，2001），而协同绩效评价系统需要准确与及时的信息输入，所以共享数据的质量是协同绩效评价系统有效性的基础。借助信息技术可以使供应链更为“透明”，从而减少因不确定性所导致的缺货状况，提升参与者预测的准确性。

（3）协同决策（Decision synchronization）。协同决策是供应链成员就影响整体计划与运营的关键问题达成一致，协调各方的行动以求供应链的需求与供应相匹配。参与者拥有不同的决策权以及独有的运营经验，并且追求不同的利益。所以自愿参与协同决策的各方必须在事前识别协同决策可能产生的利益（协同绩效评价系统），通过对供应链流程的整合执行协同决策，并最终通过协同绩效评价系统对最终绩效进行评价。以 VMI（供应商管理库存）为例，供应商可在一定的限度内决定补货的频率与数量，零售商只负责特殊情况的处置。供应商可以通过销售数据更加准确的预测需求的变化，通过对多家店铺进行高频率低数量补货作业，在保证运输经济性的同时，降低渠道内库存峰值，使渠道成员分享库存周转率提升所产生的利益。VMI 的实施就将原有的订购决策、生产决策、配送决策加以了整合，使得决策主体拥有更完整的信息，消除因分散决策所产生的信息失真和相互间猜疑所造成的额外成本。

（4）激励相容（Incentive alignment）。激励相容保证了在供应链参与者中合理分配协作所产生的成本、风险和收益（Simatupang and Sridharan，2002）。激励相容机制的建立保证了供应链成员通过坚持不懈的优化整体绩效提升自己的盈利水平。良好的激励相容机制在保证每一成员公平负担协作的成本与收益的同时，使得每一成员都具有自我实施（self－enforcement）的愿望。激励相容机制往往是一种事后的补偿机制，解决的是协作的实施与收益不同步的问题。事前与事中成员往往没有足够的动力，无偿（比如提供私有信息）甚至冒着牺牲自我利益的风险（比如为协作进行信息技术的投资）进行协作。在事前与事中进行奖励，又存在某些成员协作不够积极的道德风险。所以最好的方法是将奖励与整体绩效的提升的相联系（Pay－for－performance），成员为了获得潜在的奖励而进行协作，将自身利益与整体利益相统一，而协同绩效评价系统有效性是保证激励相容机制正确实施的关键。

（5）供应链流程整合（Integrated supply－chain processes）。供应链流程整合是供应链成员相互协作，消除冗余的流程，减少信息在组织间传递过程中的失真，以最有效率的方式向顾客传递产品的价值。组织间的隔阂使得供应链内存在大量冗余的流程。例如供应商倾向使用较大尺寸的托盘运送商品。而零售商在接到商品后，需进行拆包、整理，将商品放置到店铺内使用的较小尺寸的托盘上。而流程整合后，供应商直接按零售商的标准，将商品码放在零售商所指定的托盘上，零售商接到商品后可以直接上架，减少了额外的装卸搬运作业，也减少了供应链内托盘的流转量。但是这样虽提升了供应链整体绩效，但加重了供应商的作业负担，则要求零售商按照协同绩效评价标准对供应商进行补偿与激励。供应链成员通过对采购、配送、库存管理等流程的根本性重构，可减少渠道内的冗余作业，削减防范上下游风险的安全库存，将私有信息提供给上下游，协作为顾客创造价值。

Simatupang & Sridharan（2005）曾在对业界进行广泛调研的基础上，进一步指出识别影响供应链协同水平的主要因素，可将表 4－3 作为制定协同绩效评价系统的参考变量，并以此指导实践。

表 4－3　　零供协同绩效评价指标参考变量

信息共享机制	
1. 提供促销活动信息 2. 需求预测 3. 提供 POS 机数据 4. 提供价格变动信息 5. 提供库存持有成本	6. 提供现有库存持有水平 7. 明确库存管理规则（订货规则等） 8. 提早告知供应中断 9. 订单状态与订单追踪 10. 提供配送计划
协同决策	
1. 协同制定产品搭配策略 2. 协同制定促销计划 3. 协同发展需求预测技术 4. 协同解决预测偏差 5. 协定价格策略	6. 共同决定产品可得性水平 7. 共同制定库存持有水平 8. 共同协定与优化订单大小和频率 9. 协同解决订单执行偏差
激励相容机制	
1. 共同参与顾客激励计划 2. 分享库存成本的降低 3. 突发需求的配送保障承诺	4. 产品缺陷折让 5. 对零售降价提供补贴 6. 订单变更协议

资料来源：Simatupang & Sridharan（2005）。

4.4.3　零供协作创新实践及评价

20 世纪 90 年代以来，各行各业涌现出一系列零供协作的解决方案，这些方案在一定程度上反映了基于协作的零供关系创新框架的部分思想。

4.4.3.1　零供协作创新的早期实践

零供协作创新早期实践中，最具有代表性的是杂货业的“有效客户需求反应”（efficient consumer response，ECR）和服装业的快速反应（quick response，QR）。诸如宝洁、金伯利、惠普、沃尔玛等先行者率先将供应链管理的概念付诸于零供关系管理的实践中，根据自身所处行业的总体特征，优化零供交易的中间环节，建立了行业内的零供协作机制。

（1）有效客户需求反应（ECR）。1992 年一些杂货业的经理联合成立了志愿协作组织（Efficient Consumer Response Working Group），以便检视提升杂货业与快速消费品业运营效率可能的途径。1993 年初，Salmon（1993）发表报告称通过改进交易流程，杂货业可至少缩减 10% 的库存。ECR 从此受到广泛的关注，在美国、加拿大、印度、欧洲广泛的传播开来。ECR Europe（1998）① 称主要的大型零售商通过实施 ECR 不仅优化了供应链的效率，还缓解

① ECR Europe Assessing The Profit Impact of ECR，ECR Europe facilitated by ATKEARNEY，1998.

了零供间的敌对关系，并在90年代后半期取得了“数百亿的收益”。ECR主要是关注四个方面的效率：有效店铺商品组合管理、有效的补货、有效的促销、有效的新产品引入。①有效店铺商品组合管理（Efficient store assortment）。在保证顾客满意的前提下，供货商与零售商充分地协同合作，评估符合市场上需求的商品组合（品牌、包装尺寸、数量）策略，在合适的时间搭配不同的商品，以最佳的数量展示给消费者。通过提升货架空间的管理水平，促进零售商、供应商、配送企业三方利润的增长。为了优化商品组合管理的相关流程，零售商必须引入品类管理（category management）替代传统的品牌管理方式（Kurnia等，1998；Pramataris等，1997）。品类（category）是指消费者认为相关且可相互替代的一组特殊商品或服务。以品类的方式陈列商品不仅可以提供给供应商更有价值的信息，发现供应商未涉及的细分市场，通过多个供应商对某一品类的商品进行协作促销，更可最大化各方的利润，同时有利于减小引入新产品的风险，评价新产品的绩效。②有效的补货（Efficient product replenishment）。有效补货在ECR中占有举足轻重的地位，约有一半的成本节约源至有效补货的实施（Salmon，1993）。其中“持续补货计划”（Continuous replenishment program，CRP）是由供应商负责向零售商仓库进行补货，补货的数量取决于零售商提供的销售数据和事先议定的库存持有水平，彻底改变了零售商依据“经济批量订货模型”进行补货的方式。通过消除零供间的博弈环节，不仅减小了订单的波动性，使得供应商可以更有计划地安排生产，大幅降低了渠道内双方持有的库存数量（Cross，1993）。进一步的通过多个供应商与零售商实施“交叉转运”（cross－docking）与“牛奶送货方式”可以在增加送货频率的同时，降低运输成本。③有效的促销（Efficient promotion）。“有效促销”旨在优化供应商—零售商、零售商—消费者环节的促销机制，提升系统的总利润。供应商对零售商的价格促销（贸易促进，trade promotions）往往引起零售商的提前购买（forward buying）和渠道内的串货，并因此增强了“牛鞭效应”，导致供应链不必要的需求波动。为了剔出贸易促进对供应链绩效的危害，ECR引入两项基本措施，一是“基于销售数据的奖励”（pay for performance），即根据零售商的销售数据而不是零售商的购买数量实施价格补贴或者优惠（Washburn，1995）；二是“购买承诺”（forward commit），零售商可在促销时段承诺大量购买商品并享受价格优惠，但供应商分批交付订单，而无需零售商立即持有大量库存。而对顾客的促销则是与品类管理相结合，由供应商与零售商联合对顾客实施促销，并预先加以准备，以支持物流、生产运作。减少促销行为引起的需求量的波动也是实施CRP的基础。④有效的新产品引入（Efficient product introduction）。为了降低新产品的引入风险，实现收益的最大化，在产品开发早期供应商、零售商、配送商就通力合作，考虑诸如市场定位、市场推广、优化商品组合、降低物流成本等多方面的因素。零售企业配合新产品的试销，及早识别不成功的新产品。“品类管理”在其中扮演了重要的角色，不仅是发现未满足的细分市场的工具，还是评价新产品的基本尺度。

为了正确评价实施ECR的所取得的绩效，杂货业还引入了作业成本法（Activity－based costing，ABC）等会计手段，以正确评估产品生产、促销、物流等运作流程的成本（Miller，1996）。传统会计手段使用毛利润等指标评价整个系统的效率。而使用作业成本法可以更清晰的识别产品的价值增值环节，通过控制各环节的成本，增加产品价值，提升供应链总利润。此外诸如“电子数据交换”（Integrated electronic data interchange，EDI）等信息技术使得跨组织的电子数据交换成为可能，有力地支持了信息共享。而“计算机辅助订货系统”

(Computer - assisted ordering, CAO) 则自动收集 POS 机数据，完成常规的补货作业。ECR 的实施优化了组织间的交易流程，消除了冗余作业，从而顺畅了产品在组织间的流动过程。

(2) 快速反应 (QR)。快速反应 (QR) 除了在一些诸如信息共享等基本方面与 ECR 相同外，就其目标与运作侧重点与 ECR 有本质的区别。ECR 的运作侧重于降低产品流通环节的成本，而 QR 则关注对市场需求的反应速度 (speed - to - market)，又被称为零售业版本的 JIT。JIT 的观念很简单，即将原材料送至生产区域，其数量刚好是此刻生产所需要的。80 年代中期美国的服装业与鞋业受汽车业的影响，引进 JIT 的生产方式，并随后扩展到流通流域，即 QR (Sullivan, P. and Kang, J., 1999)。实施 QR 的服装业与杂货业和快速消费品业有很大的不同。对时装而言，消费者在他们准备购买之前并不知道他们想要什么。消费者只有在时装店里穿过试过，才会形成对某个款式自己的偏好。时尚总是容易变动，既然消费者不知道什么会成为时尚，自己将购买什么，谈预测只是设计师的一厢情愿。零售商所采取策略实际也很简单，零售商先小批量的推出一系列的服装，观察消费者的反应。如果某一款式、面料或颜色比另一些好卖得多，就迅速组织生产商大规模生产。所以降低提前期，加快产品从供应商生产到货架销售的速度成为运作的关键。过慢的反应速度，不仅不利于企业抢占市场，还可能导致库存积压，而在季末实施大减价。一些高级成衣的供应商甚至不惜承担空运的费用，采用可以直接上架的单件挂衣包装形式，以缩短提前期。相比对过季的成品库存的实施减价所造成的损失，物流成本的升高就显得微不足道。所以 QR 实施所需要解决的关键问题是利用信息技术将消费端与先进制造技术联系起来，诸如计算机辅助设计 (CAD)、计算机辅助生产 (CAM)、柔性生产 (flexible manufacturing systems) 等先进生产技术如果不能从零售端得到正确的需求信息，将会毫无用武之地。QR 所涉及的供应商与零售商的协作层面不及 ECR 丰富，但对双方间的信息共享机制要求更高，不是简单的涉及销售数据的交换，还需从数据中挖掘出流行趋势。而且诸如用户对服装颜色、面料不满意、期望的款式等非销售数据所能反映的信息，对供应商更为重要，所以这要求零售商与供应商有更深度的合作 (Fisher and Raman, 1996)。

(3) 对零供关系创新早期实践的评价。对照前文所提出的“基于协作的零供关系创新框架”不难发现，以 ECR、QR 为代表的零供早期协作是以“信息共享”为出发点，主要集中于“供应链流程整合”，特别是物流相关流程的整合。但是如“零供协作框架”所指出的，有效地实施“供应链流程整合”，不仅需要零供间分享必要的信息，更为关键的是执行相关计划需要建立在协同决策的基础上，而这正是 ECR 与 QR 的缺陷。信息共享使得一方对另一方的决策有更准确的预见性，可以提前进行计划，平衡相关作业，避免运作领域的大幅度波动 (例如加班)。但这仍然是被动的执行相关决策，如果双方能进一步深化协作的关系，从协同决策开始就考虑优化供应链各个环节，则可进一步提升各方的利润空间。以 ECR 的促销为例，无论是“基于销售数据的奖励”还是“购买承诺”，都是建立在零供双方自利的假设上，通过优化制度设计，尽量减少促销造成的订单波动。但是零供协作的关系完全可以更进一步，分析双方所取得的信息，结合双方的知识，由双方协同建立促销计划，兼顾两者的利益，并在事后合理的分配促销所产生的利益与成本，进一步优化促销流程。可见以 ECR、QR 为代表的零供协作有进一步提升的空间。零供早期的协作方案是不完整的，仍停留在比较初级的形式。而且无论是ECR还是QR的实施都仅限于诸如沃尔玛与宝洁这类大型零售商与供应商，且ECR与QR都侧重于物流领域，较少涉及其他战略性部门。它们都由一系列的诸如VMI、CRP等最佳实践构成，体系比较散乱，缺乏完整的逻辑框架与实施流程，对实践缺乏具体的指导，不利于相关标准的统一。因此进入21世纪后，零供协作有了进一步的创新，两者的合作关系得到了深化。

4.4.3.2 零供协作创新关系的深化及其当前最佳实践

为了进一步深化零供间的合作关系，确立相关的行业规范，使更多的中小零售商与供应商参与进来，推行全球统一的协作标准，CPFR作为一种有效整合ECR、QR等前期最佳实践的实施框架于20世纪90年代后期被零售业引入（ECR Europe，2001）[①]。

"协作计划、预测与补货"（Collaborative planning，forecasting and replenishment，CPFR）是为了联合供应链上两个及两个以上的成员协同计划促销活动，达成一致的需求预测，并由此决定相应的生产与补货计划（CPFR Workgroup，2002）[②]。CPFR一词在1995年被首次用于介绍由美国标准化研究机构Benchmarking Partners、ERP软件供应商SAP、供应链管理软件供应商Manugistics协同参与的一项沃尔玛与著名制药企业华纳—兰伯特（Warner - Lambert）间的零供协作解决方案（Cooke，1998）。三年后即1998年，"自愿性跨行业商业标准委员会"（Voluntary Interindustry Commerce Standards Committee，VICS），一个成立初期致力于推行条形码与EDI的跨行业标准的组织，发布了由9个步骤构成的模型以指导CPFR的实施（VICS，1998）[③]，该模型的发布标志着CPFR实践与理论的基础得以建立。在2001年，VICS联合ECR欧洲协会对CPFR模型进行了进一步的修改与完善，经Global Commerce Initiative（GCI）奖批准作为全球性的标准，为相关软件的开发与零供协作提供指导。据2004年统计，超过300家企业参与CPFR的项目，削减供应链10%~40%的存货，却反将商品在货架上的可得率提高了2%~8%。参与CPFR实施的先行者中有诸如宝洁、沃尔玛、金伯利、雀巢、惠普等大型企业，他们的实施策略与所取得的绩效都为CPFR的全球推广奠定了基础（VICS，1999）[④]。图4-3描述了实施CPFR可能产生的收益。

图4-4是VICS（2004）发布的新修订的CPFR模型，该模型为多层次闭环结构。消费者处于模型的最中心，以此强调CPFR实施的最终目的是优化供应链运作效率，以更低的成本为消费者创造更多的价值。最贴近消费者的是零售商，而与零售商合作的供应商处于最外层，并可以继续向外延伸到下一级供应商。零售商与供应商间的环形箭头表示零供间需要完成的具体的协作任务，而这些任务又可以被划分为最外圈的四大领域，分别是：战略与计划、供应与需求管理、执行和分析。

---

① ECR Europe A. Guide to CPFR Implementation，ECR Europe facilitated by Accenture，Brussels，2001.

② CPFR Workgroup. Collaborative Planning Forecasting and Replenishment Voluntary Guidelines，Voluntary Inter - industry Commerce Standards internal publication，available at：www. cpfr. org，2002.

③ VICS. CPFR Guidelines，Voluntary Inter - industry Commerce Standards，Lawrenceville，NJ，available at：www. cpfr. org，1998.

④ VICS. The Roadmap to CPFR：The Case Studies，available at：www. cpfr. org，1999.

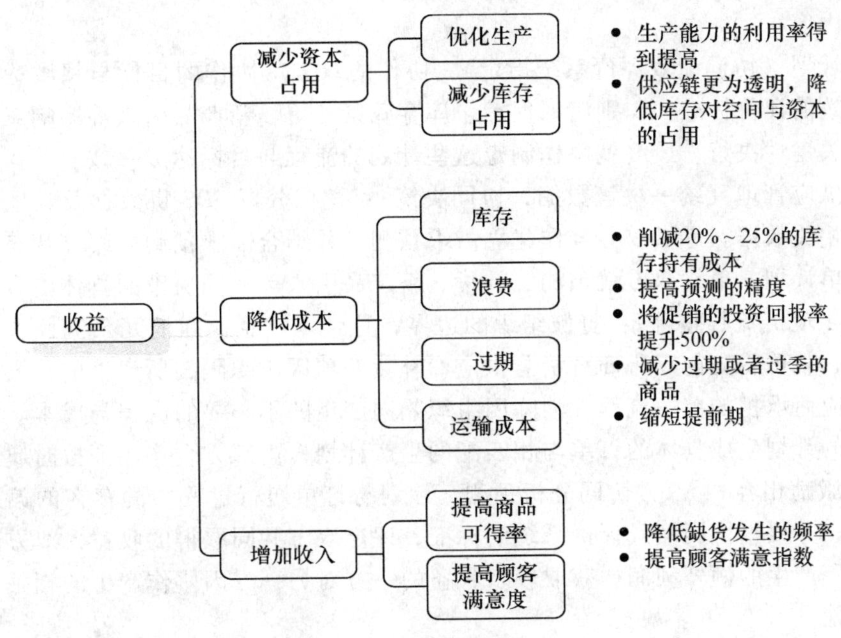

图 4－3　CPFR 收益模型

资料来源：ECR Europe. European CPFR Insights，ECR Europe facilitated by Accenture，Brussels.，2001.

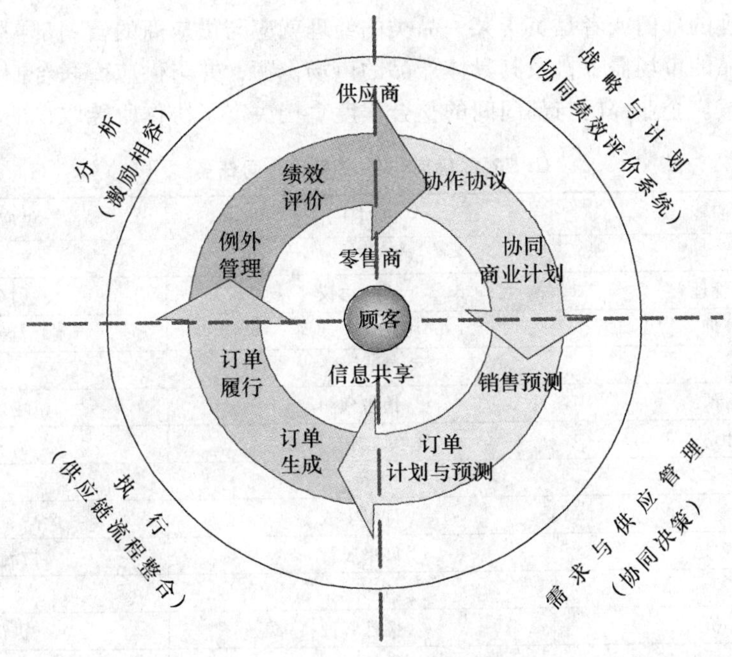

图 4－4　CPFR 参考模型

资料来源：根据 VICS（2004）修改。

如上图所示，CPFR 模型进一步细化了前文提出的“零供协作框架”，不仅涵盖了“零供协作框架”所涉及的五大主要方面的内容，还以“信息共享”作为模型的中心，以“制定协同绩效评价系统”为起点，将“协同决策”、“供应链流程整合”和“激励相容”贯穿起来，形成首尾相连的零供协作实施步骤。以下根据建立协作关系的先后步骤简要介绍四大领域的主要内容：

战略与计划（协同绩效评价系统指定）：协作的双方就协作的目标与领域达成一致，并建立协同绩效的评价标准。识别诸如促销、库存政策变更、新产品引入等影响双方绩效的计划领域内的关键性决策，最终就协作制定这些计划的流程与目标达成一致。

需求与供应管理（统一决策数据，协同决策）：挖掘分析 POS 机数据及其他信息，统一用于决策的相关数据。零供双方合作建立需求预测，并结合需求预测、库存状态、提前期等联合制定订单计划。最终双方就预测、补货、新产品引入等协同决策的具体内容达成一致。

执行（供应链流程整合）：打破组织的边界，整合零供企业间的冗余流程。如实施前文提到的 VMI，就可将先前零售商订货与供应商补货两项因组织隔阂所产生的独立流程，整合为一项由供应商承担的单一流程，消除因组织隔阂产生的不必要的流程与成本。双方根据协同决策产生的计划生成具体的订单与相匹配的生产计划，由双方合作保证按时履行订单。

分析（激励相容）：双方协同分析预测、计划与订单履行过程中的存在的偏差，共同提出解决方案。并根据协同绩效评价系统的标准，评定双方共同取得的收益，双方间合理分配因成本降低所产生的额外利润。获取较多收益的一方对另一方因协作产生的相关成本与应得利益进行补偿。

表 4 -4 进一步细化了零售商、供应商及双方需要协同完成的职能领域。零售商与供应商独立承担左右两边职能的部门需建立有效的沟通机制以完成双方需要共同承担的任务。例如零售商负责品类管理的部门或者是负责某一品类的经理就应与供应商的营销部门保持沟通，以有效预测该品类商品的市场需求，及其具体产品的市场份额，并与供应商联合制定更为有效的有针对性的促销方案。企业部门与部门间的整合程度直接决定了协作所能取得的相关绩效水平。

表 4 -4　CPFR 零售商与供应商的协同任务

零售商职能	协同任务	供应商职能
	战略与计划	
供应商管理	协作协议	财务计划
品类管理	协同商业计划	营销计划
	需求与供应管理	
POS 数据预测	销售预测	市场数据分析
补货计划	订单计划与预测	需求计划
	执行	
采购与重复采购	订单生成	产品与供应计划
物流或配送	订单履行	物流或配送
	分析	
店铺评价	例外管理	执行反馈
供应商平衡记分卡	绩效评价	顾客平衡记分卡

资料来源：VICS（2004）。

CPFR 所给出的框架可有效整合前期诸如 ECR、QR 等最佳实践。如图 4 -5 所示，诸如品类管理，CRP，VMI 有效的提升了供应链下游的运作效率。但不可以将这些策略纳入供应链管理的范畴，因为这些协作方案仅涉及供应链的末端，无法解决供应链上游的需求波动与计划混乱。但 CPFR 则可将这种合作关系推进到供应商的供应商，通过延伸供应链管理的半径，建立更为顺畅的信息流、物流与资金流通道。

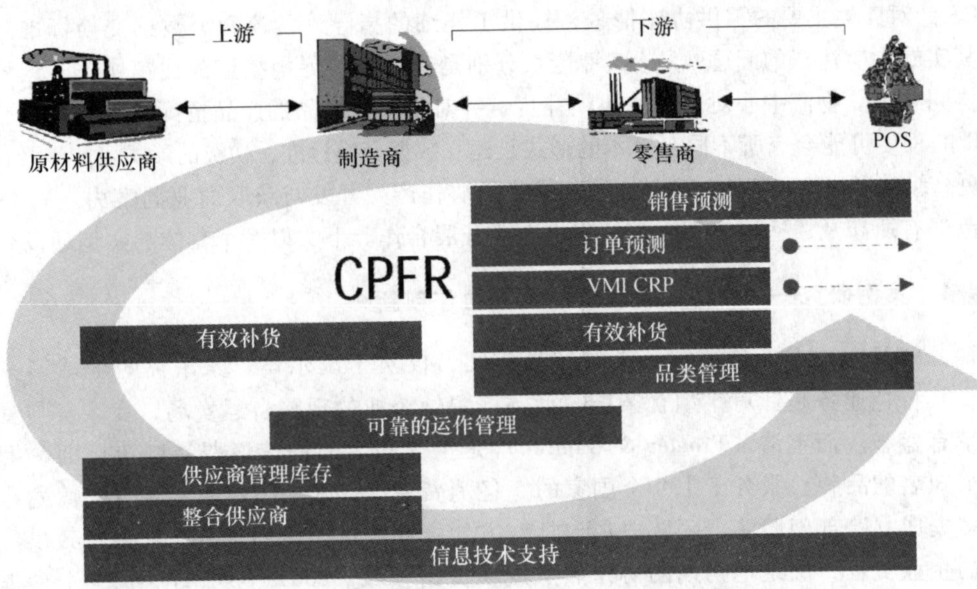

图 4-5　CPFR 模型对前期零供协作实践的整合

资料来源：ECR Europe，2001。

正如 CPFR 名称所显现的，有效率的补货只是整个协作项目的一个目标，为了根本性的提升补货的效率需要准确的协作计划加以支持，减少紧急订货的次数。而有效的计划又是建立在双方就销售预测达成共识，通过消除零供间的信息不对称与价格博弈，有效集结供应链成员的相关知识，以提高预测的准确度，从而制定相匹配的计划，优化供应链运作效率。所以 CPFR 相对于 ECR 触及了问题的更深的层面，从源头解决了问题。表 4-5 对零供间 20 世纪 90 年代的协作与本世纪初期的协作进行了对比。

表 4-5　　CPFR 与前期零供协作实践的对比

90 年代协作解决方案	CPFR
原料供应商、制造商、零售商独立进行计划	原料供应商与制造商、制造商与零售商及其三者联合进行计划并协同执行
订单生成基于历史与在途库存、区域销售总额、POS 数据等	订单生成基于预测，除了利用区域与 POS 机数据，还结合诸如促销计划等市场活动信息
被动执行计划	主动调整计划
优化库存与物流的视角	优化库存、物流、销售、营销、采购与生产的视角
以削减成本为目标	以促进合作伙伴的收入增长为目标
侧重于库存管理	侧重于品类管理
仅在库存优化与补货上展开协作	在促销、新产品推介、库存与补货等多方面展开协作，提高货架的利用率
原料供应商、制造商、零售商有独立的销售预测	协作伙伴间分享同一预测
仅制造商与零售商展开合作	原料供应商、制造商、零售商等供应链成员展开合作

资料来源：ECR Europe，2001。

以上主要介绍了 CPFR 最基本的框架，具体实施的情景不同，需要对模型进行适当的修改。VICS 针对四类主要的零供协作情景，提供了详细的指导性的流程、数据交换标准与评价指标及其实施中应注意的问题[①]。这四种情景分别是针对频繁促销渠道的促销协作、区域物流中心的协同补货、物流中心对店铺的协同补货、针对季节性商品的产品搭配计划。不同企业实施 CPFR 的程度可能会有所不同，基本的形式是建立数据交换标准，初级的形式可能涉及协同补货，而更高级的形式则包括协作营销、直至最终的协作产品开发与获取商业洞察力。VICS 的指导性规范都有所涉及，适用于不同类的零供企业开展合作。下文以一个具体的案例加以介绍。

4.4.4 案例研究——麦德龙与宝洁的促销协作创新[②]

麦德龙（Metro AG）是德国最大的贸易集团，仅次于沃尔玛、家乐福的全球第三大零售企业，其特色业务是针对小型食杂店、商铺、餐饮企业的现购自运卖场，在杂货与食品批发业中享有盛誉。而宝洁（Procter & Gamble）是全球知名的快速消费品制造厂商，拥有超过 250 个知名的品牌，服务于 130 个国家的 5 亿消费者。2000 年 12 月宝洁与麦德龙在德国杜塞尔多夫成立跨部门团队，团队成员包括双方的企业人员。该团队分析众多导致供应链低效运作的企业流程，决定把初期的协作焦点放在促销领域。2001 年夏，包括 27 个种类的纸制品被纳入协作产品目录，53 家现购自运卖场与物流中心加入协作计划，协作的广度与深度有了明确的定义。

参照 CPFR 模型，双方进一步拟定了协作的目标与关键绩效指标（KPI），并就 KPI 的计算方法达成一致，如下图所示。此时双方达成协作协议，包括协作的目标、领域与绩效指标三方面主要的内容。

表 4-6 宝洁与麦德龙协作的目标与关键绩效指标

协作目标	关键绩效指标（KPI）
	• 缺货率
• 通过降低缺货提高销售额	√ 区域物流中心（DC）的缺货率
• 优化库存结构降低成本	√ 店铺层次的商品可得率
• 促进双方战略协作伙伴关系的深化	√ 估算货架商品可得率
• 更好的满足消费者的需要	• 运营成本
• 优化促销流程，提高投资回报率	√ 区域物流中心运营成本的减少额
	√ 过季商品的产品价值总额
	• 订单的准确性（将订单数量与四周前的销售预测进行比较）
	√ 以品牌计算
	√ 以 SKU 单位进行计算
	√ 对新产品 SKU 单位进行计算

资料来源：ECR European（2002）。

① 指导性的文件可从以下网站下载：
CPFR 官方网站：http://www.vics.org/committees/cpfr/
ECR 欧洲协会：http://www.ecrnet.org/
GCI 官方网站：http://www.gci-net.org

② 本案例在 ECR 欧洲协会发布的研究报告“European CPFR Insights”基础上加以修改。

紧接着双方识别了需要进行协同计划的关键性领域与相关决策，并定义了相关实施流程。关键决策与计划包括以下几个方面，由双方共同完成：（1）长期促销计划制定；（2）特定促销计划的制定；（3）联合预测促销产品的数量；（4）店铺订单的管理与控制；（5）监控促销期间的销售数量；（6）评估促销的成效。

麦德龙与宝洁每周都协同制定未来8周的促销计划并对促销所需的商品数量进行协同预测，形成每周更新的滚动计划，以指导物流、生产的相关运作。特定促销计划的制定遵循图4-6的流程。

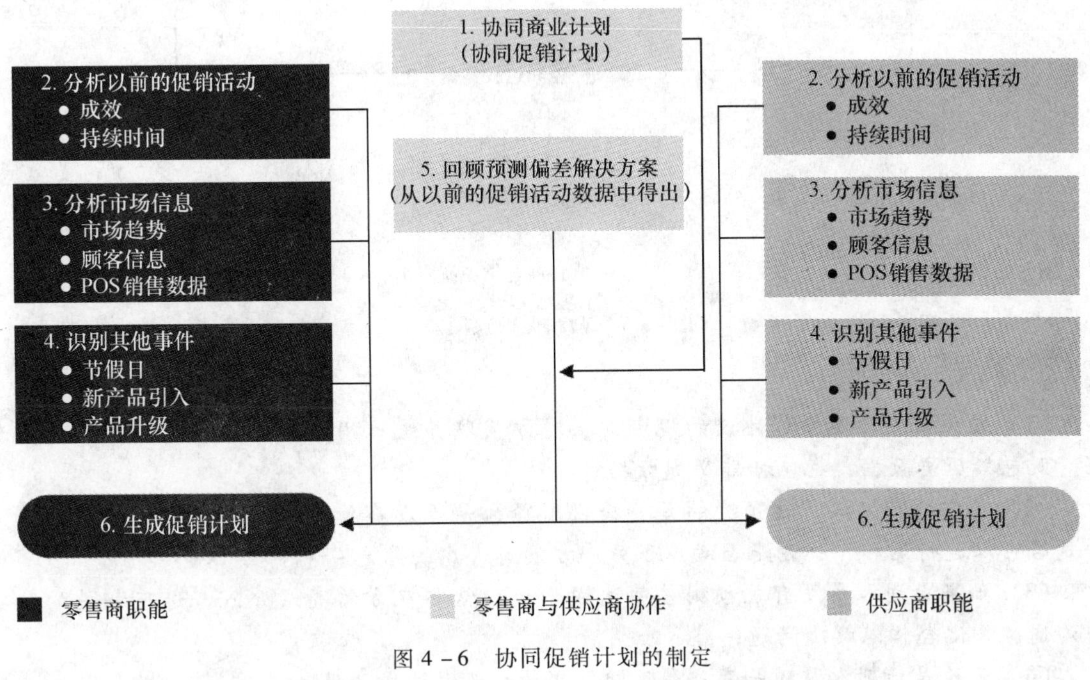

图4-6 协同促销计划的制定

资料来源：ECR European（2001）。

（1）分析协作协议中关于长期促销计划的相关要求，特定一次的商品促销是否符合双方的利益；

（2）分析前期同品类的促销，收集相关信息，评估达成的结果。这里包括同品类竞争对手的促销行为；

（3）分析市场信息，预测促销对销售量的影响；

（4）识别诸如节日等可能影响促销成效的其他事件；

（5）收集过去促销结果与预测发生偏差时的解决方案；

（6）生成促销计划，包括具体的产品，促销策略，对销售量的影响等具体信息。

宝洁会先于促销实际行为12周向麦德龙提交促销时段的销售预测。一个月后麦德龙会反馈自己的销售预测。如果双方的预测存在较大的偏差，超过了协作协议所规定的区间，例外管理程序会启动，如图4-7所示。

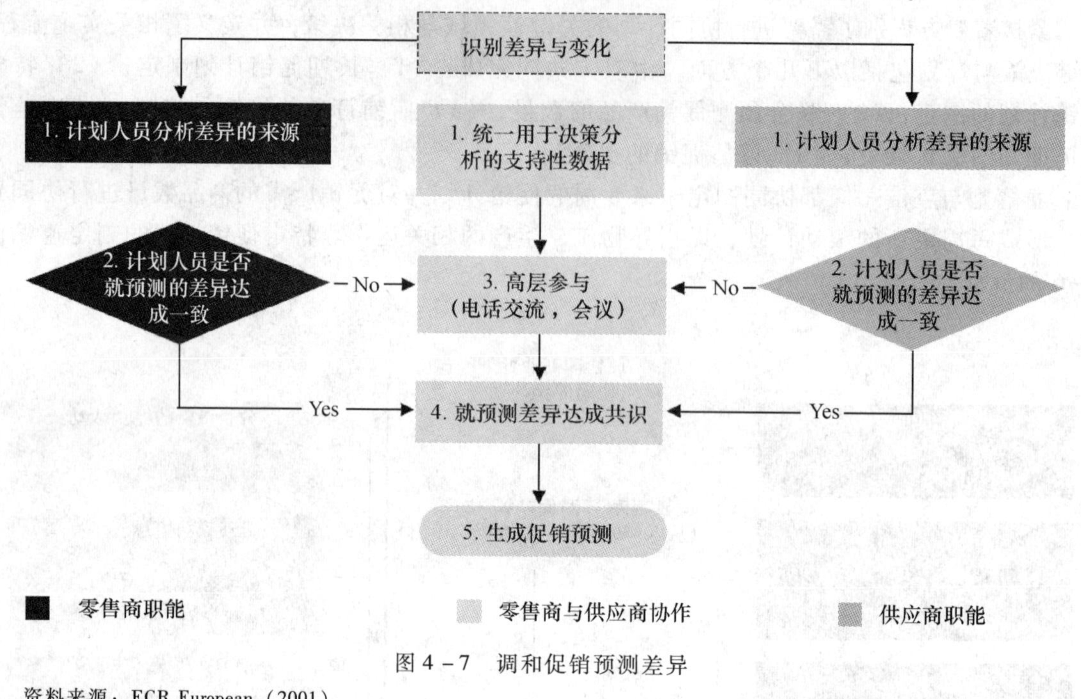

图 4－7 调和促销预测差异

资料来源：ECR European（2001）。

（1）首先双方按照协作协议的规定，从对方获取并统一用于预测分析促销量的相关数据。既包括历史数据，也包括非历史数据；

（2）双方的计划人员就预测的差异提供解释，是否没有使用相同的数据，相关计算方法是否可以进行调和，一方是否考虑了另一方没有考虑的信息；

（3）如果计划人员没有就预测差异达成一致，需要双方的高层介入，进行相关的谈判与沟通，深化合作以解决问题；

（4）无论是计划人员还是高层最终就促销计划变动达成一致；

（5）确定最终的促销计划。

一旦促销计划生成，就可指导实际的物流、生产运作，物流与生产部门有足够的提前期进行相应的计划以保证促销活动的顺利进行，同时不会产生大量的紧急作业，增加不必要的成本。这也使得诸如 VMI、CRP 等物流领域的最佳实践的功效得到更好的发挥。在促销期间，宝洁还通过监控麦德龙的销售数据，以及早发现预测与实际运作中存在的偏差。CPFR 的实施，使得商品的可得率达到了 99%，而双方的存货削减了将近一半。为了进一步获取潜在的利益，宝洁将自己的供应商也纳入其中，减少了原材料供应商的生产波动，使整个供应链的运作与消费者的需求同步。

宝洁与麦德龙的合作可以得出多项有价值的启示。首先双方的协作必须建立在对现有流程清晰认识的基础上，这才能设定合适的协作目标，避免因急功近利而导致协作的失败。其次双方初期的协作协议是合作的基石，其中包含了诸如协作目标、绩效评价标准等原则性的指导意见，是解决双方日后因协作产生的纠纷的基础。还有如设立由双方成员共同组成的团队，确保数据的准确性，小范围的开展试验都是一些有价值的经验。这里对宝洁与麦德龙实施 CPFR 前后流程做一比较。

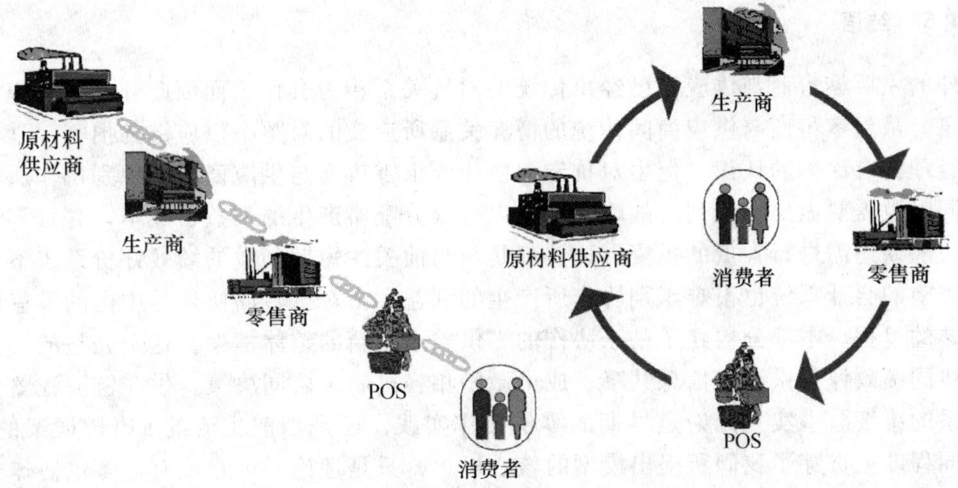

图 4－8　CPFR 实施前后供应链结构变化

资料来源：ECR European（2001）。

如上图左边所示，CPFR 实施前，零售商与供应商仅分享有限的信息。供应商往往通过零售商的订货信息来对市场需求的走势做出判断，该环节就存在显著的需求信息的扭曲。促销行为也是零售商或者供应商单方面的行动。零售商的促销行为不会事先告知供应商，就可能出现供应商始料未及的大额订单，导致生产能力不足。而供应商通过降价、返点的方式鼓励零售商进货，需要零售商清理出大量库存空间，以存储低价购入的商品。组织间的隔阂使得在供应商与零售商处都设立了大量应对不确定性的安全库存，但零售商与供应商的之间其实仅需一方设立安全库存即可，这些低效率都是因供应链信息不畅，导致企业不能了解供应链全局所造成的。而实施 CPFR 以后，所有供应链的企业都为消费者服务，协同制定计划与预测，消除了信息在传递过程的扭曲，使得成员能看清供应链全局，从而更好地制定促销与生产计划。VMI 的实施也使零售商与供应商仅有一方持有安全库存，大大优化了存货周转率。下表提供了零供促销计划的概览。

表 4－7　协作促销概览

战略与计划（制定协同绩效评价系统）	协作协议	定义协作的目标与范围，制定协同绩效评价标准
	协同商业计划	识别需要进行协同决策的计划并制定相关流程
需求与供应管理（协同决策）	销售预测	预测促销商品的数量，更新支持计划的相关数据，调和双方的预测差异
	订单计划与预测	根据预测生成订单计划，告知相关的部门
执行（供应链流程整合）	订单生成	生成促销活动专用订单或者增加持续补货计划（CRP）的日补货量
	订单履行	由供应商对零售商进行持续多频率补货（VMI），供应商监控零售商销售数据，即时调整促销计划与物流计划
分析（激励相容）	例外管理	对计划与实际的差异，双方协作进行分析，总结经验，共同提出解决方案
	绩效评价	依据协同绩效评价系统对相关绩效指标进行计算，分享协作所取得的成效

4.4.5 结语

国外的主要零售商与供应商已经由传统的对抗关系转为合作，而因此开拓了零售业新的利润源泉。虽然零售商与供应商间传统的博弈关系所造成的对整个供应链的损害，学界与零售业的经理都有深刻的认识。但由对抗走向协作要求零售商与供应商事前识别协作所带来的利益，同时也需要做出一系列的战略决策，以有效分配所产生的利益、成本，并且零售商与供应商在前期还需进行大量的投资。这些都是与当前关注短期利益的绩效评价系统不相匹配的，且当前的会计系统也很难识别协作所产生的利益。由对抗转向协作是中国的零售商与供应商成熟的过程。本部分构建了基于协作的零供关系创新的整体框架，这个完整的协作系统包括了协同绩效评价系统、信息共享、成员激励相容机制、协同决策、供应链流程整合五个相互联系的维度。事实上无论是早期的零供协作实践，还是当前主流的 CPFR 框架的应用，都在不同程度上贯穿了我们所提出模型的核心思想，只是理论界一直没有对零供协作的框架体系做出完整的阐释。所以本部分的贡献在于构建了这样一个理论体系，并通过零供协作的实践验证了该体系的有效性。而围绕着基于协作的零供关系创新框架，实业界可以进一步探索零供协作的新型模式，只要能够全面涵盖零供关系创新框架中五个相关维度的新模式都将成为零供合作的最佳实践，而随着越来越多的在中国本土的零供合作的最佳实践的出现，中国的零售商与供应商的关系也会发生根本性的转变。

第5章
零售创新：可持续竞争优势的保障

随着时代的发展和进步，生产力状况不断改善，我国零售业在漩涡和夹缝中逐步发展。然而直至目前，我国绝大部分零售企业仍然停留在对外国企业店铺形式、商品布局、营销方式等表层事物的模仿上，既未学到国外企业营销理念、企业文化等方面的精髓，也未形成自己可持续的竞争优势。而且，模仿过程中的超量发展、集中化发展，以及同地域、同档次、同业态、同经营模式的多家企业的过度竞争，导致我国零售企业在仓促迎战中陷入了巨大的困境，很难再有更多的资源作进一步的提升。因此，面对增长缓慢和国内外竞争，如何获得并保持可持续的竞争优势便成为了重中之重，而实现它的唯一砝码便是创新。

5.1 零售创新及其意义

零售创新可能是新服务的开发、新技术的引入，或是新知识和信息的产生、新流程和方法的使用，或是服务员工的新行为、新的组织形式，或是新的市场开拓等（Gallouj & Weinstein，1997；Hipp and Grupp，2005）。与制造业创新相比，零售创新有着自身的特点。比如，零售创新更侧重于非技术性创新，更重视顾客的地位，更关注短期目标，如减少成本、提高销售等。此外，零售创新的技术性成果可以像制造业创新成果一样，通过申请专利等法律手段得到保护，而零售业其他方面创新的成果则只能通过不断的深入研究、总结规律，才能得到保护和认可。针对零售创新的特点，我国学者李冬琴提出，零售企业经营的特殊性和特殊的技术轨道决定了零售企业的创新应以服务创新为主导、以管理创新为支持、以渐进性创新为手段、以降低成本为创新目标，注重对先进管理技术的消化吸收、利用战略联盟实现经营创新（李冬琴，2001）。

在理论方面，国外专门针对零售企业创新的研究并不多见，且多集中在零售组织创新（主要围绕零售业态创新）（Christensen & Tedlow，2000；Reynolds 等，2007）、零售服务方式创新（Alexander，2003）、零售技术创新（Hertog & Brouwer，2000）方面，其中以零售业态创新的研究最多。国内研究学者对零售创新的研究也很少，主要集中在业态创新和技术创新方面。学者李飞从零售业态构成要素出发，提炼出了我国零售业态创新路线图（李飞，2006），他认为可以通过构成零售业态要素的不同组合进行业态创新。还有一些学者也强调了业态创新的重要性（王健，2007）。技术创新方面，我国学者严莉提到了在信息技术和物流技术方面的创新构想（严莉，2005）。沙振权也从中国零售企业对创新技术的认知度（沙振权，2001）以及创新技术的特征（沙振权，1999）角度切入，进行了一定的分析。总体而言，我国学者在零售创新方面研究稍显不足，他们基本上都是从某一个具体角度切入分析，并未建立起零售创新的理论框架体系。

而零售创新对于零售企业可持续竞争优势的获取有着重要的意义。实现可持续竞争优势的主要途径是成本领先或差异化，零售创新则是获得低成本和差异化的不竭之源。在经济全球化和新技术革命突飞猛进的今天，各行各业面临着太多的变数，尤其是零售行业，直接面对终端消费者品味、个性、偏好等方面的变化，唯有通过不断创新才能迎合需求、塑造核心竞争力、维持竞争优势。众所周知，在市场上，任何企业只有能够给市场提供值得购买、愿意消费、并且可以满足人们需要的价值物，才能获得消费者的认同、同行的关注和自身发展的条件。因此，要想维持生存并获得可持续竞争的能力，就必须把创新当作一个与企业成长同步发展的过程，当作一种指导企业发展的思维方式和理念。国内外已有的研究也表明，企业可持续竞争的动力，来自企业所拥有的创新能力。所以，没有创新，就没有零售企业的可持续发展。

5.2 零售创新体系：一个理论模型

零售创新的目的在于建立企业在区域市场的竞争优势，而这种优势的获取主要来源于降低成本和形成差异化。为了达到低成本和差异化，企业必须在原有模式上不断创新。对于一个零售企业而言，新思想、新观点不乏少数，但是把这些新的东西放在企业整个系统里运行并得到预期效果则是件不容易的事，需要对零售文化、零售业态、零售技术、零售服务、零售物流、零售选址、零售品牌等方面进行创新。这七个要素不是孤立存在的，零售文化创新属于零售企业创新系统的核心层次，为零售企业创新和获得可持续竞争优势提供深厚的基础和必要保障；其余的六个要素均属于零售企业创新系统的载体层和转换层，将零售企业文化创新实化和物化，发挥平台效应并起到支撑作用。这七个要素构成了零售企业内部的创新系统，但由于企业不是作为一个单一个体存在的，所以其创新源也并非仅仅源于内部，外部的同行企业、科研机构、政府等组织机构都可以影响零售企业的创新。为了更好的展现零售企业创新系统，我们用图 5 -1 这一理论模型来说明该系统内部各要素之间以及该系统与获得可持续竞争优势之间的关系。这里需要强调的是，整个系统的出发点和落脚点都是顾客，虽然顾客并未在图形上体现出来，但是整个创新系统的所有流程、关系等等都是自始至终围绕顾客的需求进行创新的。

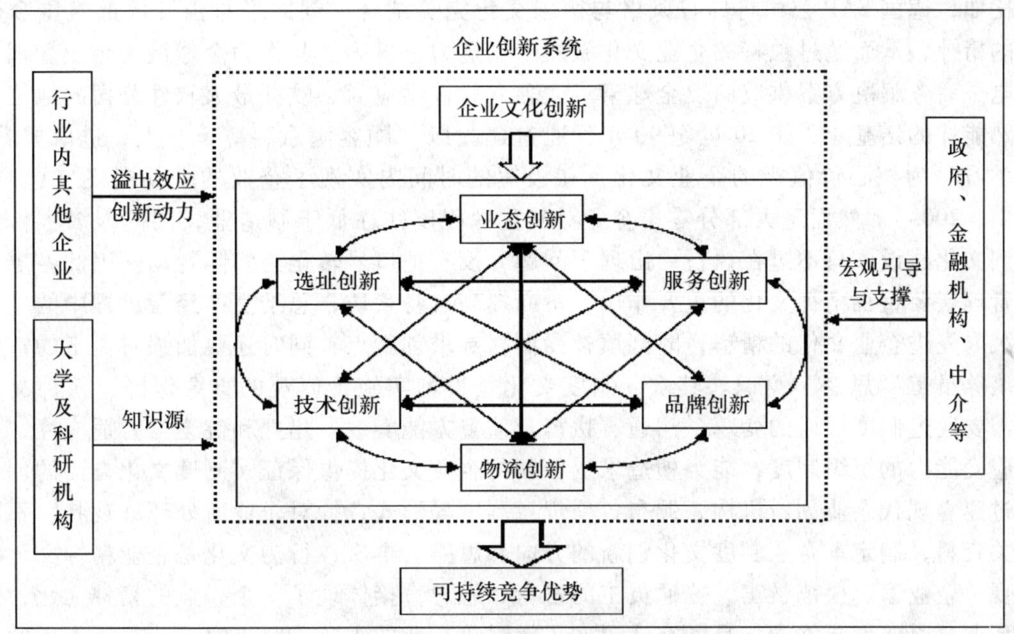

图5－1　零售企业创新系统

5.2.1　核心层——零售企业文化创新

企业文化是指在一定的社会经济条件下通过社会实践所形成的，并为全体成员遵循的共同意识、价值观念、职业道德、行为规范和准则的总和，是组织中最有权力和最恒定的操作力（Schein，1999），具有导向、约束、凝聚、激励等多种功能，能够高度调动企业员工的积极性，最大限度地在企业内部形成强大的凝聚力，可提高企业的核心竞争力，实现企业的可持续发展。企业文化的功能和作用，是现代管理技术、手段和物质资源无法替代的。然而，并非重要就必须固守。社会文化环境的改变要求企业文化与之相适应，企业所处行业及市场地位的变化要求企业文化与之相匹配，企业管理层思想的转变及员工的流动也促使企业文化随之做相应的调整。可见，企业文化无时不在、无处不在，与企业共同产生、共同发展，它始终面临着创新问题。只有对企业文化进行不断创新，才可以不断改进经营管理，有效解决生产经营过程中出现的重大问题，引导企业形成观念创新、制度创新、技术创新、管理创新，还可以增强企业在形象设计、广告、销售等领域对社会的辐射能力。

那么，应该如何对企业文化进行创新呢？通常情况下，我们将企业文化分为精神文化、制度文化、行为文化、物质文化四个层次。企业的精神文化是经由企业的历史、领导人的经验、广大员工生产实践的总结孕育而成的，集中体现了一个企业独特的思想和风格，是企业核心价值观的集中体现；企业的制度文化主要表现为企业法规、组织形态、管理条例等外显性文化；企业的行为文化主要是指员工在企业生产经营、学习娱乐、人际交往、宣传组织等活动中产生的自然共识，是企业价值观的折射；企业的物质文化是一种以产品包装与设计、服务、工作环境、技术设备现代化与文明程度、企业广告、基础设施等器物文化为研究对象的表层文化，是顾客认识、了解企业文化最直接的途径。企业的文化创新自然要围绕这四个层次展开。首先，精神文化是企业文化的灵魂，许多生产企业比较注重这种独特价值观的形成。比如，德国SAP公司将硅谷风格与德国文化完美结合，创造了自由开放的氛围和严谨规范的精神，从而通过独特的企业文化激发了创造力，巩固了其作为全球最大企业管理和协同化电子商务解决方案供应商、全球第三大独立软件供应商、欧洲最大软件公司的地位。还有耳熟能详的诺基亚，于20世纪90年代通过建立以“顾客满意、尊重个人、进取成就感、不断学习”为核心价值观的企业文化，在极短的时间内实现了企业的一朝腾飞（包晓闻、刘昆山，2005）。然而绝大部分零售企业对其重视程度往往低于制造业，国内很多零售企业也强调文化建设，只不过在执行中出现了问题，没有把口号转化为实际行动。因此，零售企业的管理层要重视精神文化的重要作用，不断提高自身素质，总结生产经营过程中的经验教训，汲取先进企业文化的精华，时刻填补漏洞，寻求创新点，同时还要加强对员工的宣传教育，培养员工“思变”意识。其次，制度文化是贯彻实施价值观的重要保障，精神文化的创新需要通过制度层面的变革、沟通、执行及监督方能奏效。建立和健全具有适应性、敏捷性和应变能力的组织制度，能为塑造求变创新的企业文化提供保证。制度文化方面的创新可以通过建立现代企业创新机构、颁布各项规章制度等形式，针对企业所处环境现状，不断搜集相关资料，制定本企业制度文化创新的方向和思路。再次，行为文化是企业精神文化的外在表现，企业家、模范员工、普通员工的言行、思想直接体现了一个企业的精神文化，尤其是零售业，直接面向终端，是顾客认识、了解零售企业的主要着眼点之一，员工素质的高低对于建立顾客关系、维护企业形象起着决定性作用。所以对行为文化进行创新，一定要全面提高企业各层人员的素质，也可通过个性化的行为文化实现本企业在顾客心中差异化定位，从而达到吸引顾客的目标。最后，对物质文化层次进行创新。零售企业在这方面的创新点比较多。比如，改善工作环境、提供员工娱乐设施等，这些措施都可以让员工更加具有主人翁意识，从而身心愉悦地为顾客提供良好服务。除了在以上方面进行文化创新外，还可通过其他途径进行企业文化创新。如，建立以人力资源为基础的文化体系，招聘和选拔合适人才；建立学习型文化体系，达到个人与团队全员学习、系统思考；创建知识共享的氛围，使内部员工相互帮助，减少合作障碍；创造一种宽容的文化氛围，以减少冲突等。

企业文化创新是企业创新系统的核心层次，创新的思想被管理层认可并通过制定各项规章制度推广至每一位员工，便可在企业文化层次达到创新效果。然而，核心层次的创新必须转换到顾客能够感知的载体上，由观念创新转换成业态、选址等操作层面的创新，方可实现创新系统的运行，否则再好的思想火花也会被湮灭。我国许多企业尤其是零售企业，管理层提出了诸多近乎完美的企业文化，并不断修改、完善、创新，然而最终却并未真正运行到企业实践中。

5.2.2 转换层——零售业态、选址、服务、技术、品牌、物流创新

5.2.2.1 零售业态创新

零售业态一词源于日本，它以现实零售店铺的形式，通过商品组合、店铺环境、价格策略等可以让人直接感知的要素直接展现在消费者面前。目前世界共有多少种零售业态，并没有一个准确的说法。粗略估计，自从百货商店产生以来的150多年的时间里，共产生了20多种零售业态，主要有百货店、超级市场、便利店、仓储商店、折扣店、专业店、专卖店等多种类型的零售业态。对于零售业态的分类，目前国际上主要依据零售店的选址、规模、目

标顾客、商品结构、店堂设施、经营方式、营业时间、服务功能、价格策略等确定。美国和日本的零售业态分类比较复杂，主要包括百货店、综合零售店（大型综合超市）、专业店、专卖店、超级市场、特级市场、联合商店、家庭用品中心、家庭装饰品商店、超级杂货店、折扣店、便利店、仓储会员店、购物中心、减价零售店、目录陈列室、自动售货机、邮购以及网上商店等①。中国最新颁布的新国家标准《零售业态分类》（GB/T18106－2004）（国标委批函 2004 年 102 号），将零售业态分为 17 种，包括食杂店、便利店、折扣店、超市、大型超市、仓储会员店、百货店、专业店、专卖店、家居建材店、购物中心、厂家直销中心、电视购物、邮购、网上商店、自动售货亭、电话购物②。当然，同一个大类的业态，还可以进一步细分为更为具体的业态形式，比如超级市场可以再细分为食品超市和综合超市。事实上，由于国际资本的介入，当一种新型的零售业态被引进时，客观上也引进了国际规范和标准，因此许多国家对零售业态的分类是基本一致的，可以进行多国间的比较。

西方零售业态的演进具有明显的时间阶段性和发展梯度，从 1852 年法国第一家百货店的诞生至今，在不同的生产力发展水平和科技水平下出现了不同的业态，而且业态演进的过程也受到当时经济文化、市场繁荣程度以及国民消费水平等多种因素的制约。但是在中国，20 世纪 90 年代中后期三至五年内，国外几乎所有业态模式都在中国如雨后春笋般迅速发展起来。这本身并不符合西方零售业态演进的客观规律，具有明显的“中国特色”。而这种过于“超前”的复制引进国外业态的结果，导致了很多经营者并没有把握国外新型业态的精髓，而仅仅借用了国外新型业态的名称或复制了业态表层的元素，最终业态界限模糊、千店一面、运作不规范等现象纷纷出现，使各种业态的优势难以发挥，严重影响了我国零售业态的健康发展。

业态的创新是零售企业获取竞争优势的重要途径，但是业态创新必须立足于当地环境，不同业态的生存条件具有显著差异。如便利店生存与发展的三个基本条件是：（1）消费者生活时间带的改变，夜生活时间延长；（2）单身家族或单身消费者大量存在；（3）家务劳动的外部依赖程度高（夏春玉，2002）。此外经济发展水平的提高带来的收入水平的增长直接关系到消费者对该业态的可接受程度，也是不可忽视的。如超市是在人均 GDP 在 500 美元～1000 美元的基础上才产生的，也就是说居民生活水平达到这一标准时，才有到超市购物的需求；便利店的产生要求人均 GDP 达到 3000 美元；仓储式商场的出现要求人均 GDP 达到 10000 美元。所以在不同地区，业态的适应性存在差异，正确认识业态的适应性问题，对于零售企业合理选择业态创新模式具有重要指导意义。除此之外，中国零售企业不应该仅仅停留在引进国外业态的层面，而应积极地探索适应中国本土需求的新型业态模式。近年来，业态创新问题得到了一些大型企业的重视，一些零售企业开始积极尝试业态创新。如上海百联通过定位时尚百货、社区百货、老字号特色百货三大板块实现了一定程度的差别化、个性化经营；大商集团也突破了传统百货的单一模式，瞄准不同市场进行定位，如建立了“东北第一店”、“中国最优秀的高档百货店”、“东北第一家女士用品专业店”、“中国第一家男

① 参见［美］迈克尔·利维：《零售学精要》，机械工业出版社 2000 年版，第 19～25 页。李飞：《零售革命》，经济管理出版社 2003 年版，第 143～153 页，171～174 页。

② 参见中华人民共和国商务部网站 http：//www.mofcom.gov.cn/，新的《零售业态分类》国家标准于 2004 年 10 月 1 日起开始实施。

士用品专门店”等。再比如，北京华联在原有超市的基础上，划出 $50m^2$ 左右的面积，实行 24 小时对外服务，功能等同于 24 小时连续营业的便利店，也就是说便利店成了华联超市的店中店，实行超市与便利店的结合，方便了消费者；上海启点超市在业态上采取了均价折扣的创新措施，经营以定价为 1 元、5 元、9 元的商品，结合了超市、折扣店、均价店的特点，形成了独特的经营风格：在目标顾客上，以学生和中等收入的时尚女性为主；在商品种类上，强化了休闲食品和饰品；在商品定价上，增加了均价商品的价格弹性；在日常管理上，追求高效，删繁就简（芮明杰、李想，2007）。这些业态创新模式大大增强了零售企业的竞争优势。

5.2.2.2 零售选址创新

零售业区别于制造业的显著特点之一在于其是一个选址产业，好的店址对于零售商业经营绩效的提高有着重要的作用。就大多数中国零售商来说，选址战略的制定往往依靠直觉和经验，而外国早在 50 多年前便采用了选址技术，现在正在日臻完善，中国零售商完全可以针对中国市场的实际情况，借鉴吸收外国选址方面的先进技术，从而做出更理性的选择。

（1）宏观区域选择。在区域目标市场选择上，一般来说零售企业主要通过市场调查和市场细分来发现机会、锁定目标市场。零售企业应按照不同的分类标准对消费者市场进行调查和细分，然后评价各细分市场的机会，并决定所要进驻的一个或几个目标市场。零售企业锁定的目标市场必须遵循以下原则。第一，该目标市场能够明确衡量，如市场规模、收入水平、年龄结构等等都可以从资料中得到。然而，文化等抽象的东西无法确定衡量标准，还需凭借经验、教训等加以探索。第二，该目标市场是企业可以有效进入并能够为之提供满意服务的，如风俗习惯、价值观念、宗教信仰等方面的障碍都可能影响到零售企业在区域目标市场的可进入性。第三，必须考虑到该区域目标市场的获利性，如开拓渠道、建立沟通网络、建立供应链系统等等都需要大量的资金投入，如果该区域目标市场的成本太高，则需慎重考虑。第四，考虑是否能够通过制定计划和具体实施达到企业的目的，否则，可衡量性、可进入性、可获利性都只是无用条件。

从城市向农村进军的创新策略也是零售企业区域选择时关注的焦点。这里需要强调的是，从城市向农村扩张是中国零售市场的特有问题，并非各国普遍共存的问题。近几年来，我国零售企业选址大多集中于城市，霎时间，各种业态、各种规格的店铺充塞了城市的剩余空间，城市零售业飞速发展，部分大城市甚至在短短的几年内达到了国际水平。然而，追求大规模、豪华装修的企业日益苦不堪言，各大商圈交通拥挤、停车位少之又少，影响消费者的购物情绪，商圈内部的同质化店铺日益增多、恶性竞争司空见惯，因此，许多零售企业准备另寻出路。我国农村的传统商业尤其是供销社在 20 世纪末受到了巨大冲击，旧体制、不合理的机制迫切需要城市新鲜血液的注入，农民收入的提高也迫切需要现代流通方式改变其消费环境。城市的排挤、农村的开放使许多零售企业纷纷选址农村，获取农村零售市场的巨大市场份额。比如，苏果超市成立之初便意识到中国 13 亿人口中 80% 的人生活在农村，农村市场蕴藏着无限的商机，所以，1998 年 4 月，刚刚成立两年的苏果超市开始以特许加盟的形式，实施梯度推进方式，先后在苏、皖、鲁、豫、鄂、冀六个省份开设了加盟店，2007 年其网点总数达到 1758 家，其中 60% 的网点分布在县城以及县以下乡镇，并且连续 10 年排列中国连锁业前十强位置，目前名列超市行业第四名，并跻身中国 500 强企业第 175 强。苏果通过逐步深入农村的方式，实现了选址战略的巨大创新，也通过城乡统筹和低成本扩张赢得了竞争优势（中国连锁经营协会，2005）。我国零售企业可以借鉴苏果的成功经验，改变以往仅在城市选址的战略，充分利用农村市场大部分空白这一机会实施创新策略。然而，向农村市场转移并非适合所有零售企业。我国农村市场购买力低、网点极其分散、交通不便利、基础设施建设落后、传统的商品市场、路边地摊等与城市零售业态有着较大断层、农村市场的机制不健全、秩序混乱等等，这些都对零售企业开拓农村市场造成了障碍，城市零售企业进入农村市场务必慎重考虑上述不利因素，以适应农民需求的创新业态模式进入农村市场。

（2）具体店址选择。选择店址应根据其业态特征作出决定，比如，单体规模小、经营日常生活用品为主、满足顾客便利需要的超市、便利店等应选址于居民区附近；单体规模大、商品品种齐全、满足顾客各种需求的百货店、购物中心等应选址于交通发达或商圈中心。然而，业态特征并非做出选址决策的唯一因素，零售企业在具体店址选择时，必须充分评估商圈及选址的可行性方可作出决定。国外零售选址技术主要分成六大类，分别是经验/直觉法、因素表法/类推法/比率法、多元回归判别分析法、聚合分析/因子分析法、零售引力模型和专家系统/中枢网络。经验/直觉法顾名思义就是通过累积的经验和直觉进行判断，这是我国零售企业惯用的方法，技术要求低，决策容易；因素表法/类推法/比率法产生和应用比较早，因素表法是由零售商把对店铺经营有影响的选址因素如人口资料、政府政策、消费者市场需求和购买力状况、竞争者状况、基础设施建设情况等列表，从而对众多可选地点进行择优选择；类推法是把未来可能选择的店址同现有店铺作比较，分析成本、利润、顾客忠诚度等各项指标后做出选址决定；比率法是用顾客交易量、顾客流量等各项基本指标进行简单数据分析，最后在众多可选地点中选择分支最高者。这类方法对数据和计算机的要求都不高，比较容易得出结论，可结合经验/直觉法运用；多元回归判别分析法主要是通过计算机对店铺营业额等数据进行处理，得出比较科学的预测结论，最终从优选择；聚合分析/因子分析法可以根据不同变量把现有店铺分类，找寻发展新店铺模式的机会，对数据和计算机要求较高；零售引力模型最初是由美国的威廉姆雷利提出的，他认为，两个城市对第三城市的贸易吸引力和两个城市的人口成正比和两个城市到第三城市的距离的平方成反比，现在的学者们将该引力模型演化为基于店铺规模、形象、距离、人口分布和密度等因素分析的基础上预测店铺可能的发展情况。这一模型成本很高，耗时费力，对计算机和数据要求也极高，应用并不广泛；专家系统/中枢网络可以显示待选地址的将来发展趋势，对技术成本要求最高，适合有实力的大型零售商选址时使用（李婷，2006）。

具体店址的选择可遵循以下步骤，如图 5－2 所示。

综上所述，我国零售企业在选址方面主要采取经验和直觉进行定性分析，拍拍脑门就决定了，对于先进的选址技术等不甚了解，有的甚至不以为然。随着国际零售企业在中国市场的快速扩张，中国零售商需结合定量分析和定性分析对选址做出更科学的决策，也需打破传统模式进行出其不意的创新，才能抢占市场份额、获得一席之地。

5.2.2.3　零售品牌创新

零售品牌包含四个层次的内涵。（1）零售商店品牌。与该零售企业出售的自有商品品牌可能相同也可能不同，如“沃尔玛”、“家乐福”、“天客隆”等都是零售企业品牌。品牌的载体是产品或服务带给顾客的特别利益，零售企业的品牌以令人满意的产品和服务为基础。（2）服务品牌。零售企业除了向消费者销售商品，还可以提供送货、产品使用知识培训、维修、代为采购等服务项目，这些服务项目一旦形成特色，受到顾客欢迎，就可以成为

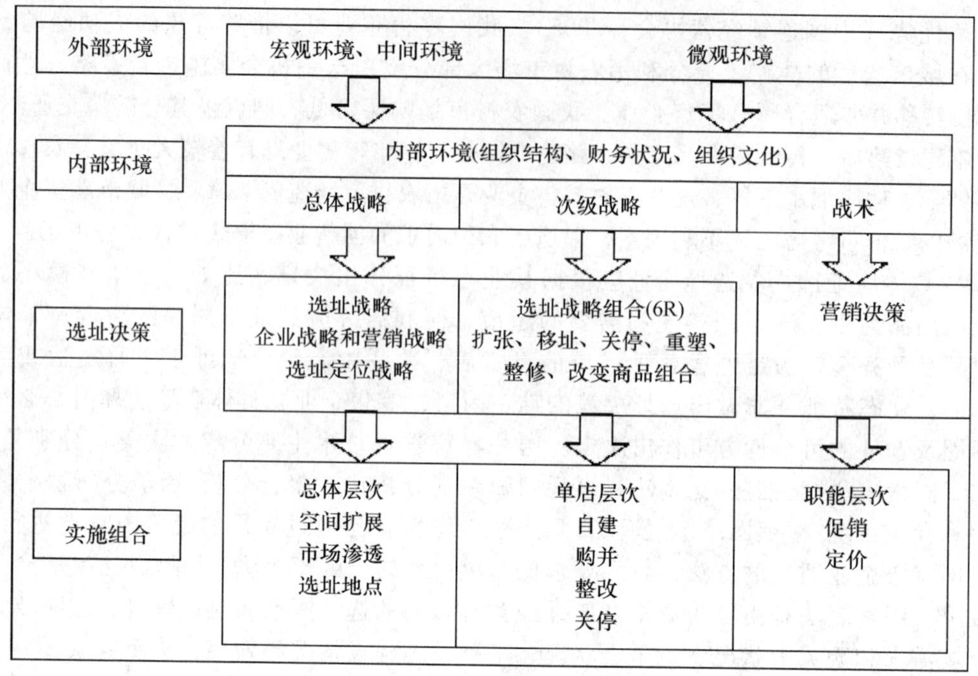

图 5-2　零售选址决策模型

资料来源：李婷：《零售商业区位理论及其对零售业选址的指导》，上海社会科学院学位论文，2006。

零售企业品牌的一个重要组成部分。如同仁堂针对很多顾客没有时间煎中药的问题，推出代顾客煎药服务，受到顾客的好评，该项服务增加了同仁堂品牌的价值。（3）商品品牌。目前越来越多零售企业推出了自有品牌商品，如沃尔玛以“超值（Great Value）”品牌推出1000多种自有品牌商品，家乐福有3000多种自有品牌商品，尤其以“棒”牌最为有名。一旦自有品牌的产品获得消费者的认可，就可以提高消费者的忠诚度，同时增强商业企业品牌的差异性。（4）人员品牌。零售企业对顾客的服务是由服务人员完成的，有特色的优质服务可以形成服务人员的个人品牌，成为顾客忠诚的基础之一。如北京百货大楼的优秀服务员“张永贵”，通过他的特色服务增加了百货大楼的商业企业品牌价值（张传忠，2003）。因此，零售企业的品牌是一个体系，一个复合性品牌，是产品、服务和商誉的综合体现。换句话说，零售企业的品牌是以产品为点，服务为线，形象为面，围绕企业核心价值观，形成的消费者与产品和服务有关的全部体验（李飞等，2007）。日益激烈的市场竞争中，企业有了好的品牌还不够，还需要不断进行持续的品牌创新，这种品牌创新应围绕零售品牌的四个层次，其核心是消费者价值体验的创新。零售企业实施品牌创新的关键在于战略思想的转变，必须树立主动驱动市场的经营思想，让企业资源转移到能够创造更大价值的部门，形成一个市场定位正确、要素合理配置的新的价值创造结构。零售企业通过运用新的技术，采用更科学的服务方式，借助新市场的开拓和新型组织形式的引入，新的品牌理念的融入或品牌的重新定位，或是新的品牌战略的实施，来增强零售品牌的核心竞争力，以及对品牌内外部资源的控制力，从而达到提升品牌资产的目的。零售企业的品牌创新不仅包括品牌本身、所经营的商品品种的创新，还包括企业组织层面和利用品牌进行扩张等战略层面的创新。

5.2.2.4　物流模式创新

已有关于零售物流模式类型的相关文献，基本上是以物流运作主体为标志，把零售物流模式划分为四种类型：供应商主导的物流模式、零售商主导的物流模式、物流商主导的物流模式（第三方物流模式），以及共同主导的物流模式。其定义、优点和实施条件见表 5－1（迈克尔·利维，巴顿·韦茨，2001；周筱莲，2006；张华芹，2006）。

表 5－1　零售物流模式定义、优点及实施条件

类型	定义	优点	实施条件
零售商主导（第一方）	零售商在整体上负责物流活动的运作和管理	便于在企业内部形成一个稳定运行、完全受控的物流系统，有利于保证良好的服务水平，便于企业对物流各个环节进行监控	投资规模大、风险高，适用于规模大、实力雄厚，营业额高的企业集团
供应商主导（第二方）	供应商在整体上负责物流活动的运作和管理	很大程度上降低了连锁零售企业的运营成本，但是其物流系统效率受到供应商物流服务水平的限制	要求零售企业必须具备完善的能与供应商及时有效沟通的管理系统
物流商主导（第三方）	由供应商或零售商委托第三方物流商承担全部的物流工作	减少资本投入、节约成本开支，使物流开支与物流业务量大小成正比，并转移了一部分商品积压与缺货的风险，实现专业化管理，提高核心竞争力	要求物流服务市场比较成熟，且连锁企业信息化水平比较高
共同主导（第四方）	多家商业企业联合起来，共同出资建设或租用配送中心，并进行配送活动	能解决运输车辆跑空车和运费上升的问题；能减少企业的物流设施投资，便于将分散的物流设施集中起来，形成合力	适合经营规模较小或门店数量较少的零售企业，对管理水平有较高的要求，必须协调好各方关系

资料来源：李飞等：《中国零售管理创新》，经济科学出版社 2007 年版。

（1）供应商主导的物流模式。供应商配送模式就是由供应商按照供应链下游的要求在规定的时间范围内将商品送到指定地点的行为，在此期间，供应商承担物流运作过程中的所有风险，但是也享有较大控制权，比较有利于提高讨价还价能力。目前许多零售企业都采用供应商配送的模式（张华芹，2006），具体可以分为三种情况：一是供应商→消费者，即零售物流全部由供应商承担，零售企业只起展览商品、媒介交易的作用。二是供应商→零售商→消费者，即由供应商将商品送至零售商，再由零售商负责将商品送至消费者或消费者自己取回。三是供应商→零售商—物流商→消费者，即供应商将商品送至零售商，零售商委托物流商将商品送至消费者。家乐福就是采取这种模式，在每一大类商品中选择一两名供货商负责这类商品的采购和送货任务，供货商在供应家乐福的同时也供应其他商家。大福源也采用这种模式，通过电子订货，总公司统一采购，供货商送货进店。其他大型零售企业如百安居、麦德龙、欧倍德等都采用这种模式（周筱莲，2006）。

（2）零售商主导的物流模式。零售商物流主要是指零售企业的内部自营型配送。企业内部自营型配送主要是指零售企业通过自建配送中心，实现对各店铺的统一采购、统一配送和统一结算（巫开立，2004）。这是一种能够降低成本、提高竞争力的模式。国内外大型零售商争相建立自己的物流体系，比如，沃尔玛具有全球首屈一指的配送体系，其自建的配送中心在美国更是通过卫星技术进行调配；我国的联华超市也在2002年斥资5000万元建立了一个总面积近1万平方米、科技含量与规模均属国内之最的配送中心（中国连锁经营协会，2005）。这种模式能够满足企业内部的原材料供应、店铺供货和外部销售及拓展等需要，但是，麻雀虽小五脏俱全，这种全面的模式会给企业造成不必要的资源浪费。大型零售商尚可承受，但是对于店铺规模不大，网点分散的绝大多数零售企业而言，并不是经济的选择。因此，我国零售企业建立配送中心时，应考虑是否具有规模效应，如果自己的店铺在地域上比较分散，那么建立配送中心只能是徒劳无益。

（3）第三方物流外包。第三方物流外包主要是指零售企业将仓储、运输、加工、配送等服务外包给具有大规模设备（库房、简单加工工厂、车辆等）以及专业技能和经验的第三方物流公司（巫开立，2004）。从零售商的角度看，这种物流模式可以减少成本，减少风险，将人力物力财力集中投放在销售等环节。但是，第三方物流容易泄漏企业的机密，运输过程中也会承担一定的风险且不可控制，品质管理较难，有些物流公司的服务不佳会影响零售企业的形象。

（4）共同配送模式。共同配送模式主要有三种类型。一是共同送货型，即指共同的配送中心从货主处分散集货，同时向客户“捎脚”送货；二是共同集货型，即指几个物流配送部门组成的联合运输队，在运输的同时采用“捎脚”的方式向各货主取货；三是共同集送，是上述两种类型的集合体。共同配送物流模式有利于降低物流成本，密切供应链各环节的联系，对技术要求不高，是中小零售企业可以选择的一种新型协作模式（巫开立，2004）。

总之，物流模式的有效选择和创新能够大大降低成本，有助于增强企业竞争优势。

5.2.2.5 零售技术创新

技术创新对于不同行业有着不同的内容和意义。对于制造业而言，技术创新直接决定其核心竞争力。对于零售业来说，技术创新同样有着不可忽视的作用。零售技术创新一般是指通过引进科学技术，建立包括销售终端网络系统（POS）、电子数据交换系统（EDI）、网络信息交换系统（VAV）、全面管理信息系统（MIS）、商业信息技术系统（SIS）等在内的企业管理系统，加强顾客数据库和供应链管理，提高流通效率和管理水平，降低成本，从而获得竞争优势的一种创新形式。目前，中国一些大型零售企业纷纷引进国外的电子货架监视系统、电子收款机、扫描管理、条形码、中心计算机存货控制和进货系统、销售时点系统（POS）、商店信息管理系统（MIS）等技术，部分实力雄厚的企业还发展了电子交换（EDI）、电子订货系统（EOS）、高效顾客响应（ECR）、无线射频（RFID）等技术。联网售货亭、联网电视零售方式和个人购物数据库系统等也处于零星的萌芽阶段，开始进入人们视野。应该说，近年来我国大部分零售企业在技术创新方面都取得了显著效果。比如，许多超市都采用了电子监控系统，该系统能对收银结账过程进行全部实时记录，可以巡视顾客的购物情况，提早发现犯罪分子，可以提高对突发事件的处理效率，减少了不必要的人员开支，为企业节省了大量成本。

但尽管如此，我国商业软件开发滞后、硬件尚未普及、与零售业相关的行业信息化水平无法与其对接等问题依然存在，更有一些企业虽然配备了软件、硬件，却没有将技术真正运用到实际的购买、运输、销售、存货活动中。所以，我国零售企业需要从以下三个途径进行技术创新。第一，原始创新。原始创新主要指企业通过自身努力，攻破技术难关，形成有价值的研究成果，在此基础上开发并运用到实践中，能够依靠自身能力推动创新的后续环节，完成技术成果的商品化，获取商业利润。例如，我国东莞的嘉荣公司便自主开发与使用了实时商品信息智能机，该技术系统不但可以查询经营信息、消费情况、商品信息，甚至可以现场打印商品价格牌，既满足了顾客需求，又为公司决策层提供了新的信息途径，在提升顾客生活品质与促进本土零售业发展方面做出了突出贡献（中国连锁经营协会，2005）。第二，技术引进再创新。技术引进本身就是先进技术对落后技术的替代，再创新则表明消化吸收引进的成果，融合新环境的实际情况，实施第二次创新。比如，家乐福在中国的公司首先引进了电子收银系统、条形码等技术，但仍未避免收银排队长的问题，因此该公司在此软件基础上进行了技术创新，即服务人员手持 PDA 数字终端到排队等候的顾客面前，为其扫描商品条形码，然后把便携式打印机预先打印的唯一批次号码交给扫描打包的顾客，客户带着唯一的批次号码和打包好的商品到收银台结账，收银员在收款台扫描批次号码即可获得顾客的采购信息及商品价格条款总额，顾客付款后，详细购物信息会被打印成小票。这一过程不仅大大缩短了顾客的排队等候时间，而且还保存了顾客的详细信息，为企业日后决策提供了数据资料（中国连锁经营协会，2005）。第三，模仿创新。模仿创新主要是指企业通过模仿先进的思想、行为，吸收经验和教训，购买或破译先进技术机密，然后针对该技术的各个环节以及整个价值链进行创新，这种模式已被我国零售企业广泛使用。

总之，我国零售企业现代技术的应用与发达国家仍有较大差距。我们不仅要培育自主研发能力，还要吸收和消化先进的管理方式和现代经营技术，建立相应的信息技术网络和营销组织网络，以电子数据处理系统、管理信息系统、决策支持系统为核心，随时向决策者提供商品、库存、竞争等情况，加快信息传递的速度与效率，提高企业的市场反应能力，并结合我国具体国情加以创新。一味的模仿无法使企业具备核心竞争力，更无法获得长远发展。

5.2.2.6　零售服务创新

零售企业提供的服务按照过程可分为售前服务、售中服务和售后服务。根据李飞等（2007）的研究，零售服务创新可以看作是围绕消费者个性化、情感化、便利化和知识化的服务期望，通过对售前、售中和售后服务维度及维度构成要素相互组合形成的结果。

把零售服务的产品、便利、支付和信息 4 个要素按销售流程纵向排列，就可以描绘出零售服务方式创新路径（表 5－2）。（1）从大的方面看，零售服务创新是围绕顾客个性化、情感化、便利化和知识化服务期望从产品服务、便利服务、支付服务和信息服务 4 个方面进行的创新；（2）从各要素具体构成维度看，可以通过对售前、售中和售后各个维度构成要素进行不同组合，形成一个较为完整的零售服务创新路径。

表 5－2　基于顾客期望的零售服务创新路径

	服务要素	各个要素构成维度			
售前过程	信息服务	信息手段	信息内容		
	产品服务	免费培训	试　　用	技术咨询和设计方案	
售中过程	产品服务	销售人员	商店政策		
	便利服务	辅助设施	延长时间	专门人员	
	支付服务	支付方式	支付手段		
售后过程	产品服务	投诉处理	送　　货	商品安装、调试、维修	退换货赔付
	信息服务	产品变动信息	产品问题与召回信息	修理和维护信息	

资料来源：李飞等：《中国零售管理创新》，经济科学出版社 2007 年版，第 136 页。

售前服务是指顾客购买商品之前，企业向潜在消费者提供的服务，主要方式有两类，一是信息服务，通过一对一信息传递方式与内容选择，满足顾客的个性化、便利化和情感期望。二是产品服务，通过免费培训、试用、技术咨询，提供知识化服务，消除顾客购买前的知识障碍，满足顾客的知识化期望或者提供主动上门设计服务方案，满足顾客与众不同、突出自我的个性化期望。售中环节主要是向进入销售现场或者已进入选购过程的消费者提供服务。主要有三类：一是产品服务。包括服务人员礼貌、友好、热情的服务态度；知识丰富、技术熟练的胜任能力，快速发现需要帮助的顾客并做出及时反应；通过缺货登记、导购、咨询、试用、代购、包装、调换货、异地购物、陪同购物，满足顾客便利期望和知识期望。二是便利服务。通过辅助设施如餐厅、干洗、卫生间、银行、取款机、购物车、停车区和延长的营业时间及配备解决问题的专门人员满足顾客的便利期望。三是支付服务。通过多样的支付方式和手段如现金、支票、借记卡、购物账户卡、分期付款等支付服务满足顾客的便利期望和情感期望。售后服务是指在企业和顾客完成交易行为后，企业为提高顾客的整体满意度和忠诚度而进行的一系列行为活动（Kent and Omar，2004）。售后业务流程以加强售后服务的信息分析为中心；以快速反应、缩短反馈期，保证顾客满意为目标。主要有两类，一是产品服务。通过有效的投诉处理和服务补救、送货、商品安装、调试、维修、退换货和赔付政策，满足顾客的情感期望。二是信息服务。通过向顾客提供产品问题与召回信息、修理和维护信息，满足顾客的便利和情感期望。

前文所述的业态创新、选址创新、品牌创新、物流创新、技术创新、服务创新可综合为转换层创新。这六要素并非孤立存在的，而是相互联系相互影响的。

企业文化创新、转换层创新组成了零售企业自主创新系统。企业文化创新是核心也是根本，新思想从这里制度化并开始传播。转换层创新是贯彻企业文化精神、落实企业基本制度的载体，其内部各要素围绕企业文化这一核心展开，处处体现文化创新，各要素的创新又反过来促进企业文化的修正和发展。

5.2.3 其他利益相关者对零售企业创新的作用

5.2.3.1 行业内其他企业的作用

行业内其他企业既包括本国零售企业又包括外国在华投资零售企业，他们之间存在着竞争与合作的关系，成为零售企业创新的动力，同时，零售企业也可从外国直接投资（Foreign Direct Investment，FDI）的溢出效应中寻求创新点。

行业内其他企业与本企业的竞争所产生的鲶鱼效应①，会使本企业居安思危，寻求创新，是本企业从内外寻求创新源并付诸实施的动力。然而，有些企业错把竞争当成了攀比，比装修豪华度、比面积大小，没有按照具体业态特征进行准确定位、实施恰当战略，最终不但没有体现创新的内涵，反而弄巧成拙，提高了成本，降低了差异化，最终一头雾水地走向下坡路。因此，零售企业要把竞争当作一剂良药，通过竞争寻找创新的突破点，然后根据具体情况制定相应战略战术，从而获得可持续发展。

① 西班牙人爱吃沙丁鱼，但沙丁鱼很娇贵，离开大海后，过不了多久就会死掉。为了延长它的寿命，当地渔民将几条喜爱战斗的鲶鱼与沙丁鱼放在一起，沙丁鱼为了躲避鲶鱼的残杀而奋力游动，保持了旺盛的生命力，这一现象被称为“鲶鱼效应”。其实，放在经济学原理中，就是竞争效应，是指竞争对发展的促进作用。

同行企业之间的合作有利于资源优势互补，也有利于企业通过学习吸收其他企业的优点、借鉴其经验教训而形成自身的创新源。企业间的合作往往导致知识等资源的流动，企业可通过吸收借鉴其他企业文化的精髓塑造本企业的灵魂，通过学习其他企业的物流运作模式、服务方式、所应用的技术等进行模仿创新强化自己的竞争优势。

溢出效应在我国现有文献里主要指外国在华直接投资所带来的知识溢出或者技术溢出效应。溢出效应是一种非自愿的技术或知识扩散，一般是指跨国公司在东道国子公司投放技术或传输知识引起当地生产力的进步，却并未给自身带来应得收益，对于跨国公司来说是一种不可抑制的非自愿扩散行为。我国零售行业因溢出效应所带来的创新非常明显，主要表现在以下几个方面。第一，溢出效应使我国零售业的经营理念发生了巨大变化，以前的竞争意识不强、服务模糊，现在树立了市场观念，在各方面都展开了强有力的竞争，对文化、服务等方面都有了足够的重视。第二，溢出效应是我国零售业态变迁的主要操盘手。我国零售业态在 1992 年以前是百货店一统天下的垄断状态，1992 年零售业对外开放以来，外资零售业蜂拥而至，其所带来的溢出效应导致我国零售业态在短短几年迅速发展。第三，外国零售企业在华的扩张模式也为我国零售企业的区域扩张提供了可鉴之源，兼并、收购、特许经营等扩张方式不断上演。第四，外国直接投资所带来的我国零售业技术变迁是溢出效应的显著成果之一。电子收银机、电子监视系统、销售时点系统等等硬件软件大量涌入中国，为落后的零售企业注入了新鲜活力，增强了创新的动力和信心，成为各大零售企业竞相追逐的焦点。

5.2.3.2　大学及科研机构的作用

零售企业与大学及科研机构主要通过三种途径沟通：企业派人到大学及科研机构主动学习，企业请大学及科研机构人员到企业进行培训，企业委托大学及科研机构进行项目开发、创新。这三种途径是零售企业不断创新的知识源。零售企业通过制定人力资源管理战略，建立学习型组织，派人主动到大学及科研机构学习前沿的理论知识，并与企业实际相结合，推动各个层面的创新。在遇到具体问题时，聘请大学及科研机构人员到企业进行培训指导，以提高员工素质，培养创新意识。零售企业还委托大学及科研机构进行技术、管理系统等项目的开发。许多零售企业都委托大学及科研机构进行硬件及软件技术的开发设计，有的还委托这些机构设计管理模式、提出新产品创意等。

5.2.3.3　政府、金融机构、中介的作用

零售企业的发展面临同行业的竞争与合作，从大学及科研机构汲取知识，同样也离不开政府、金融机构、中介等组织的宏观引导与支撑。我国零售业的发展首先得益于政府制定的对外开放政策，以及后来规范零售业发展的各项制度。1992 年，国家在北京、上海、天津、广州、大连、青岛六个城市以及深圳、厦门、汕头、珠海、海南五个特区建立了零售业对外开放试点，形成了商业体制从“以公有制为主体，私营经济、个体经济为主要支柱”向“以公有制为主体，个体、私营、外商、港澳台等经济共同发展”的转变（李惠琴，2006）。这对我国长期惰性发展的零售业是一支兴奋剂，外资进入的示范性作用激发了本土零售企业的创新意识，加速了本土企业的创新进程。政府对大型零售企业的扶持为本土企业创新能力的提升创造了条件。比如从 2001 年起，原国家经贸委把以往只限用于工业企业技术改造的国债贴息优惠政策，也给予一部分具备市场发展前景和竞争实力的零售商业企业。2002 年进入国债技改项目的总体金额约 200 亿元，其中商业连锁约占 65 亿元。此外，金融机构及其他行业也对零售企业的发展做出了巨大贡献。比如，我国进出口政策性金融机构立法保护

了我国零售企业国际化过程中的利益，金融机构的信贷政策为零售企业的创新提供了强大的资金后盾。此外，其他行业如IT业的发展对零售企业的技术创新、信息沟通等都起到了巨大的辅助作用，许多零售企业都通过与软件、硬件等零售设备开发商合作共同完善自己的技术系统。各种中介机构如房产、证券等的存在也支撑了零售企业的发展。可见，政府、金融机构、中介及其他组织等对零售企业有着宏观引导及支撑的作用，在某种程度上政策的规制、制度的健全都会对零售企业的创新系统产生巨大的促进作用。

5.3 典型零售创新案例

5.3.1 "7－Eleven" 便利店的创新

5.3.1.1 "7－Eleven" 便利店简介

大多数人都认为7－Eleven这个全球最庞大的便利商店网络是日本企业，其实它是从美国的7－Eleven成长为今天的日本7－Eleven的。

美国7－Eleven的前身是位于美国达拉斯的南方制冰公司，后因经营不善破产，并更名为美国南方公司。1946年1月24日，为了体现所有门店早上7点开门、晚上11点停业的特点，南方公司将所有下属店铺更名为7－Eleven便利商店，并选用了热烈的红绿色为基调、代表好运的四色半弧形（表示地球）和7－Eleven巧妙组合的标识，提出"7－Eleven方便连锁店'是您家庭冰箱的延长'"的口号，开始向顾客提供可在15分钟内进行消费的三明治、汉堡包、色拉、各种家常菜等快餐食品。为了使以前的冰店更符合便利店的要求，7－Eleven对所有门店进行改造，以每个门店6000～7000美元的平均投入，在门店内设了收款台、蔬菜柜、台秤、小型邮票柜、吊篮和双层货架，并在门店外竖起了醒目的7－Eleven招牌。1950年，5家门店开始引进自动收款机，并开始销售一种叫做"Hot－to－go"的快餐食品。1952年，门店面积比原来扩大了近1倍，停车场从原来只容纳5辆发展到能停放50辆汽车，冰块和牛奶的储藏容器比以前大了4倍，并且建立了一个能够集中进行冻肉加工的工厂——Circle T. Meat，这是7－Eleven的第一个物流中心。之后7－Eleven在美国缓慢成长，取得了非凡的成绩。1973年5月，铃木敏文代表日本伊藤洋华堂公司与美国南方公司开始商谈7－Eleven便利商店合作事宜。同年11月30日，伊藤洋华堂以销售额的0.5%作为条件换取了7－Eleven在日本的地域特许运营权。至此，7－Eleven在美国和日本同时发展，其中日本7－Eleven的业绩更是突飞猛进。直到1991年，7－Eleven总部——美国南方公司在炼油、不动产方面营运失利，发生严重财务危机，在向联邦政府破产法院提出破产申请的同时，要求其授权的日本地区连锁公司进行支持，而日本的7－Eleven与其母公司伊藤洋华堂则趁机分别以49%和21%的出资比例，以增发新股和公司债券的方式交换垃圾债券，完成了总价值4.3亿美元的收购交易（7－Eleven的主权正式属于日本）。与此同时，日本7－Eleven进行重建美国7－Eleven工作，并开始在全球范围内强势扩张，成为全球第一连锁便利店。截止2007年6月底，7－Eleven的足迹遍布日本、韩国、美国、加拿大、墨西哥、英国、瑞典、西班牙、土耳其、挪威、丹麦、澳大利亚、泰国、马来西亚、新加坡、菲律宾、中国等，在全世界范围内的门店总数达32711家，已经超过了麦当劳（31062家），成为全球店铺最多的连锁企业。

5.3.1.2 “7－Eleven便利店”的创新实践①

（1）7－Eleven之物流创新。随着现代信息技术的发展，物流在企业经营中扮演着越来越重要的角色。尤其对便利店而言，更是起着构建企业核心竞争力的支撑作用。日本7－Eleven便利店的成功因素之一，就是将商品即时配送到店铺的物流系统。

①少量到货与多米诺战略。日本7－Eleven在创建之初，因为店铺面积狭小没有库存场所，所以就实施了少量到货的策略。然而，后来才发现，这一策略提高了商品的新鲜度，加快了周转率，缩短了商品处理时间，竟然成为企业的核心竞争优势。此外，日本7－Eleven在1974年开设第一家店铺之后，就奉行了在一定的区域集中开店的多米诺战略。所谓多米诺战略就是详细论证新店铺配送时间，缩短配送车辆的行驶距离和行驶时间，达到定时配送的效果。这一战略比较容易调整配送车辆的装载量，同时也缩短了配送时间，提高了商品新鲜度，增加了竞争力。

②第三方物流模式。除了通过少量到货和多米诺战略创新物流模式外，日本7－Eleven还采取了第三方物流模式。起初的第三方主要是批发商，即某地区的某一特定批发商来统一收集该地区各生产厂商生产的各类产品，并向所辖区域内的门店进行配送。后来，批发商和生产厂商开始投资兴建共同配送中心，还配合日本7－Eleven引进了现代化的物流技术。如1979年开发了在线订发货网络，1983年专门开发了数码分拣技术，1987年引入了进货车辆标准化系统，1988年开发了进货时间确认系统，1990年开发了验货专用物流条形码技术。目前，第三方物流已经成为日本7－Eleven发展的一个杀手锏。在当初对美国7－Eleven进行的重整中，其中一个重要措施就是出售美国南方公司分布在美国的5个自有物流中心，全部物流配送工作交由供应商等第三方物流处理，不仅有效降低了成本，而且不同程度地提高了配送效率，成为美国7－Eleven扭亏为盈的一个重要原因。

③共同配送中心。高效的物流配送系统几乎是决定便利店生死的重要因素。起初，日本7－Eleven是通过寻求以批发商为主的第三方物流为自己服务，后来依靠批发商及合作生产商统一集约化配送和进货。直到1976年9月，7－Eleven在东京地区率先建立了自己的共同配送中心。此外，日本7－Eleven还根据不同产品的特性建立了差异化的物流和配送管理，如米饭共同配送中心（20℃管理，主要商品有盒饭、烤面包、米饭、四饭团等）、微冷共同配送中心（5℃管理，主要商品有牛奶、乳制品、加工肉类、蔬菜等）、冷冻共同配送中心（－20℃管理，主要商品有冰淇淋、冰块、冷冻食品等）、加工品共同配送中心、杂货共同配送中心等（常温管理，主要商品有罐头、方便面、饮料、杂货等）。

对于有特殊要求的食品如冰淇淋，7－Eleven会绕过配送中心，由配送车早中晚三次直接从生产商门口拉到各个店铺。对于一般的商品，7－Eleven实行的是一日三次的配送制度，早上3点到7点配送前一天晚上生产的一般食品，早上8点到11点配送前一天晚上生产的特殊食品如牛奶，新鲜蔬菜也属于其中，下午3点到6点配送当天上午生产的食品，这样一

① 本案例参考资料来源于：杨波：《7－11连锁业真经》，北京工业大学出版社2006年版，第109～133页。

日三次的配送频率在保证了商店不缺货的同时，也保证了食品的新鲜度。

④电子商务供应链物流系统。7 – Eleven 拥有先进的 IT 系统，并对其做了 5 次改革。第五次改革发生在 1999 年，当时它花了 500 亿日元部署新的管理系统。新系统能借助卫星将云图、气象图等传递到店面，店面借此可提早知道明日的天气，制定新的销售商品。其次，7 – Eleven 还搭建了智能化的分析管理，一般情况下，两家相近的 7 – Eleven 卖的东西可能并不一样，因为店面所处的地理位置不同，消费需求存在差异，因此业务模式也就做了相应调整。

（2）7 – Eleven 之技术创新。7 – Eleven 通过加大计算机软硬系统建设，利用条形码、编码系统、销售管理系统、资料管理及其他业务数据，积极进行商品销售、客户信息、货存单位及门店信息等信息资料的收集，使自己的数字化生存之路越走越顺利。

①数据自动收集。商业数据是 7 – Eleven 进行高效运作的基础。7 – Eleven 采用了条形码、磁条、光学字符辨识、智慧卡、语音辨识、机器视觉、微电路设计、无线频率辨识等技术手段进行数据收集，其规模在世界上只有美国国家航空和航天局能与其媲美。

②数据仓库的应用。7 – Eleven 通过加大计算机软硬件系统建设，利用条形码、编码系统、销售管理系统、客户资料管理及其他业务数据，积极进行关于商品销售、客户信息、货存单位及门店信息等的信息资料的收集。数据从各种应用系统中采集，经条件分类，放到数据仓库里，利用 DM 工具对这些数据进行分析，为他们提供高效的科学决策工具。管理层可以通过数据仓库了解销售全局、商品分组布局，也可通过数据挖掘系统降低库存成本、分析市场趋势、开发有效商品。

表 5 – 3　　数据仓库的工作流程及其所用表

业务问题	业务需求	业务改进	期望目标	商业行动	财务影响
顾客关系问题	寻找潜在顾客； 寻找有价值顾客及购物偏好； 保留有价值顾客； 寻找适合顾客的商品组合； 寻找适合顾客的推广商品	加强新顾客招揽； 提升顾客价值； 减少顾客流失； 更新商品组合； 选择推广品目	提升潜在顾客价值； 有效提升顾客价值； 挽留有价值顾客； 判断在客户需求的邻近商店中哪些商品是最佳组合； 更有效推广商品	提高新顾客采购意愿； 提供有价值顾客商品差异化； 维持顾客采购意愿； 依照顾客特性组合商品； 选择或改变推广品目	增加总毛利； 增加营业收入； 减少库存成本

资料来源：杨波：《7 – 11 连锁业真经》，北京工业大学出版社 2006 年版。

③7 – Eleven 的电子零售之道。2000 年，7 – Eleven 出资 25.5 亿元，与 NEC、野村综合研究所、索尼公司、索尼营销公司、三井株式会社等，合作成立 7dream.com（http://www.7dream.com）公司，打造 7 – Eleven 的电子商务平台。该网站的商品及服务种类覆盖 5 个领域的 10 万种，规模十分庞大。如组织旅游和住宿、机票、车票、船票等的预约代售服务，以及以 JTB 为中心开发的旅游和旅游产品；通过多媒体终端、因特网和门店销售音乐 CD、音乐会门票，以及提供相应的信息；为数码照片提供印刷和照片合成等服务；和 NEC、

三井合作从事商品、礼品、移动电话的销售；提供汽车销售中介服务、车检、修理和驾驶培训等；提供各种娱乐、资格考试等各种信息。7 - Eleven 的电子商务网站还与门店的多媒体终端、能够获取数码信息的计算机、游戏机、移动电话和数码传送等设备相连接，这样，任何顾客在此网站上订购产品后，在 24 小时内可以在就近的门店中结算，并取回自己所订的产品；或者在门店进行结算，通过快递公司将商品送到顾客家中。为了配合该网站，7 - Eleven的门店系统也引进了多媒体终端、多媒体复印机、票据印刷和卫星网络系统。

5.3.2　星巴克创新之路①

5.3.2.1　星巴克简介

1971 年 4 月，在美国的西雅图帕克市场，星巴克（Starbucks）第一家店正式开业。当时星巴克店里没有咖啡座，它的功能只是把咖啡豆当成商品卖给顾客。直到 1983 年，时任星巴克市场部经理的霍华德·舒尔茨先生出差米兰，受到启发，转变了观念，希望星巴克从出售咖啡豆转变为出售咖啡饮品和咖啡体验。1987 年，因经营不善，星巴克的拥有者鲍德温和波克决定卖掉星巴克，霍华德·舒尔茨先生（现任董事长）立即决定全盘收购星巴克的 11 家店。从 1982 ~ 1992 年间，该公司虽是私营企业，却以令人震惊的年均 80% 的增长速度增加到 150 家店。1992 年 6 月，星巴克作为第一家专业咖啡公司成功上市，迅速推动了公司业务增长和品牌发展。1999 年，星巴克入驻中国市场，现已在包括香港、台湾和澳门在内的大中华区开设了 430 多家门店，其中约 200 家在大陆地区。目前该公司已在北美、拉丁美洲、欧洲、中东和太平洋沿岸 37 个国家拥有超过 2 万多家咖啡店，是世界领先的特种咖啡的零售商、烘焙者和品牌拥有者，是唯一一个把店面开遍四大洲的世界性咖啡品牌。

星巴克旗下的零售产品包括 30 多款全球顶级的咖啡豆、手工制作的浓缩咖啡和多款咖啡冷热饮料、新鲜美味的各式糕点食品以及丰富多样的咖啡机、咖啡杯等商品。此外，公司通过与合资伙伴生产和销售瓶装星冰乐咖啡饮料、冰摇双份浓缩咖啡和冰淇淋，通过营销和分销协议在零售店以外的便利场所生产和销售星巴克咖啡和奶油利口酒，并不断拓展泰舒茶、星巴克音乐光盘等新的产品和品牌。长期以来，该公司一直致力于向顾客提供最优质的咖啡和服务，营造独特的“星巴克体验”，让全球各地的星巴克店成为人们除了工作场所和生活居所之外温馨舒适的“第三生活空间”。与此同时，该公司不断地通过各种体现企业社会责任的活动回馈社会，改善环境，回报合作伙伴和咖啡产区农民。鉴于星巴克独特的企业文化和理念，公司连续多年被美国《财富》杂志评为“最受尊敬的企业”。

5.3.2.2　星巴克创新

（1）星巴克之文化创新。企业文化，是一个企业所特有的文化气氛和情调，也是企业立身于社会所必需的精神支柱。星巴克就是通过企业文化创新制胜的。该公司的企业文化特征主要表现在员工第一、毕特品质理念、使命宣言、鼓励员工创新和一切都很重要五个方面。

①员工第一。星巴克将员工第一作为最基本的经营理念，坚信若把员工放在第一位，将带来一流的顾客服务水平，并在实际工作中切实尊重和重视员工。星巴克的员工第一主要体现在优厚的薪酬福利和把员工当作公司的主人两方面。星巴克员工的薪资在业界排名前 25，

---

①　本案例参考资料来源于：陈广：《星巴克攻略》，企业管理出版社 2005 年版。

员工家里的长辈、小孩在不同的状况下都有不同的补贴方法。对于全职和兼职员工（符合相关标准），公司给提供卫生、牙科保险以及员工扶助方案、伤残保险。此外，一家叫工作解决方案的公司帮助处理工作及家庭问题。这种情况在零售行业里并不常见，大多数企业不会为兼职员工的福利支付成本。尽管支付兼职员工福利的成本增加了公司的总福利成本，但平均福利成本和对手相比仍然很低。尽管投资巨大，但公司仍支付大量红利。那些享受到这些福利的员工对此心存感激之情，因而对顾客服务得更加周到。星巴克把员工当做公司的主人还表现为推崇倒金字塔模式，即一线员工是最重要的，一切管理工作都要围绕他们。

“对于一个企业而言，顾客是最重要的，这点是毋庸置疑的。但在星巴克，因为星巴克的服务以及文化的传播，都要依靠员工来实现，因此员工和顾客具有同等重要的地位。而只有当员工觉得这个公司是我的，才能发自内心地为顾客提供一流的服务。”

——翁以登

②毕特品质理念。荷兰人艾尔弗雷德·毕特是高品质咖啡的追求者，也是将重烘焙咖啡介绍给美国消费者的先驱。星巴克公司早期拥有者鲍德温和波克是毕特的追随者，学会了他的重烘焙技术和品质理念。由于传承了毕特品质理念，星巴克计划把遍布世界各地的分店数目增加两倍的同时，必须确保持续获得拉丁美洲供应高品质咖啡，为此，该公司与美国国际开发署和国际保护联盟签署谅解备忘录，由星巴克向高品质咖啡供货商提供经济资助，减少他们在种植咖啡时面对的环境问题。然而，目前星巴克门店的迅速扩张影响了质量，这也是其关闭诸多门店进行调整的原因之一。

③使命宣言。星巴克的使命宣言是：将星巴克建成全球极品咖啡的翘楚，并在公司不断成长的过程中，坚持自己一贯的业务原则。

④鼓励员工创新。星巴克鼓励员工创新有一套自己的方案，如图 5-3 所示。

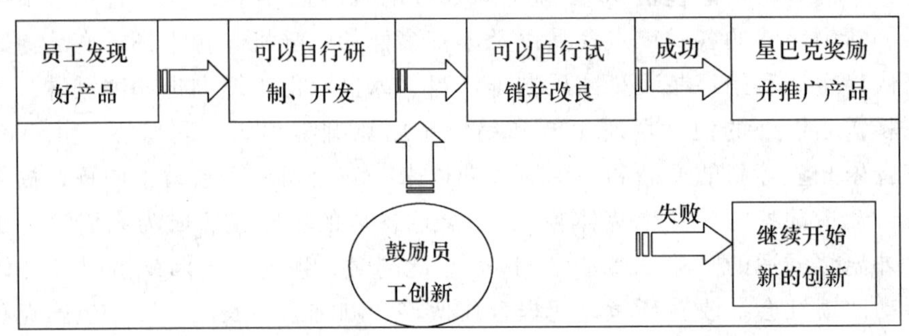

图 5-3 星巴克的员工创新

资料来源：陈广：《星巴克攻略》，企业管理出版社 2005 年版。

⑤一切都很重要。在星巴克，对员工的管理、原料和工艺的控制、经营模式以及店面的设计等方面都极其注重质量。星巴克绝不使用加过香精的咖啡豆，其咖啡豆最多只放 7 天，并且构成星巴克咖啡的 30 种特殊配料都是由西雅图的烘焙工厂生产的；星巴克的分店还备有向人们说明咖啡豆烘焙程序及调制程序的宣传手册；其新员工必须首先参加 24 小时的培训课程，到生产车间学习怎样才能调制出口味上佳的咖啡；星巴克咖啡店面的设计也非常考究，不忽视任何一个细节；星巴克的名称和标志也极富特色，名称来源于赫尔曼·梅尔维尔的小说《白鲸》中的人物——斯达巴克，该人物有着丰富的经历，而星巴克全豆咖啡也包含了很多故事，标志来源于希腊传说中的“白色女神”塞壬，传说其歌声能让水手们因为

欲望而发疯，这一切都相谐生辉。

（2）星巴克之服务创新。星巴克处处以顾客为本，在对顾客进行细分的基础上，将咖啡产品的生产系列化和组合化，根据不同口味提供不同产品，实现了专门定制式的一对一服务，真正做到真心实意为顾客着想。星巴克还将咖啡豆按照风味来分类，让顾客可以按照自己的口味挑选喜爱的咖啡。这种对于产品的“深加工”从根本上提高了产品的附加值，使顾客对咖啡的体验成为有源之水、有本之木。

星巴克还采用了神秘顾客制度来监督管理企业终端。这一制度并非星巴克的专利，肯德基也有类似制度。星巴克真正的属于自己特色的服务创新主要有星巴克随行卡和高速无线上网服务，如图5－4所示。

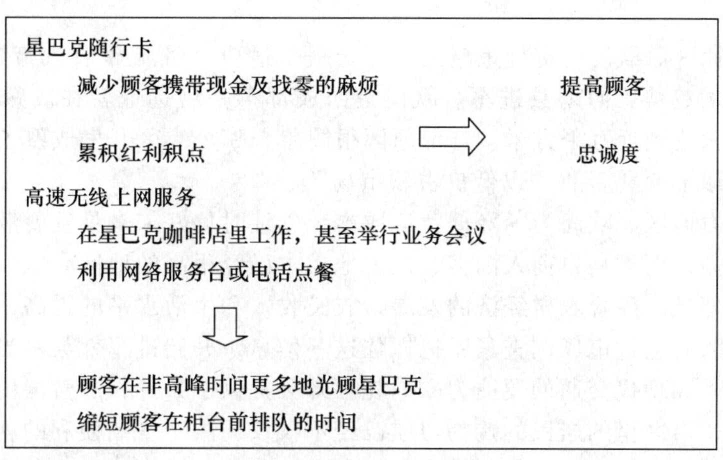

图5－4　星巴克服务创新

资料来源：陈广：《星巴克攻略》，企业管理出版社2005年版。

5.3.3　欧尚创新之路①

5.3.3.1　欧尚背景简介

成立于1961年的法国欧尚集团，是以经营大型综合超市为主的国际商业集团，是目前法国第二（仅次于家乐福）、欧洲第六的大型跨国商业集团。该集团自成立之初就一如既往地秉承“以尽可能低的价格，为客户提供高品质的服务”宗旨，以及“顾客自助服务、一次购齐”的理念，经营食品和日常用品等数万种商品，实行高周转和薄利多销的经营方针，把自选、廉价和所有服务聚集在同一建筑物内作为其经营特色，实现最高营业率与最低价销售的有机统一，拥有广泛的营销网络、一流的管理水平和科学的经营机制。该集团主打业态为大卖场、超级市场、购物中心。欧尚的大卖场营业面积一般为6000～18000平方米，能较完整地涵盖标准食品超市和百货商店的经营内容，还普遍配备与营业面积相适应的停车场；欧尚的超级市场面积一般在800～4000平方米之间，一般食品和非食品共7000～10000种，50～350个购物车，5～20个收款台，超市旁边一般都配有加油站，并占有50～400个停车位；欧尚的购物中心和大卖场概念类似，有的位于交通方便、容易到达的城镇近郊，也有的

① 本案例参考资料来源于：陈广：《欧尚全攻略》，经济科学出版社2006年版。

位于市中心，并带有停车场。

欧尚近几年在中国扩张速度也在加快，截止到2007年12月31日，欧尚已经在中国内地开出了20家分店，其中上海4家、苏州1家、无锡1家、南京1家、常熟1家、常州2家、张家港1家、北京2家、成都2家、杭州1家、宁波2家、舟山1家、嘉兴1家。

5.3.3.2 欧尚创新

（1）欧尚之选址创新。超级市场店铺选址的好坏关系到连锁超市的销售力、获利力和竞争力，因此，选址策略至关重要。然而零售营销中的产品、价格、服务、促销甚至业态都可以随着环境的变化进行相应调整，唯独店址一经确定就很难变动。因此，店址的选择是一项长期投资，关乎企业的发展前途。欧尚在选址时，运用发展的眼光，研究现状，正确地预测未来。

①注重成熟社区。欧尚的选址策略之一在于——适应“商流跟着人流走”、“大型超市跟着消费者走”的趋势，向郊县进军。欧尚集团成都第一店选址就在成熟生活片区羊西线同善路，经营面积达到近万平方米。选址原因很简单，哪个小区开发成熟了，就在哪里规划布局，此策略类似于便利店的“以低价占领市场”。

②青睐高潜力地区。欧尚为了降低营运成本，选址时偏好未来具发展潜力且目前土地成本相对便宜的地方，而不是目前人潮多、但土地成本已经很高的地区。

③大力进军郊县。随着农村经济的发展，农民收入和生活水平的提高，农民的消费观念开始发生变化。欧尚通过市场调查紧紧把握住这一信息，开始进军郊县。当然，欧尚进军郊县还有很多原因。如现代交通的便捷为欧尚扎根郊县提供了条件；随着国内各城市人口私家车拥有量的增加，市区里的居民的购物习惯已经不仅仅局限于贪图便利的就近原则，而是更多趋向于丰富的可选择性以及酣畅淋漓的休闲享受；现代物流的出现为欧尚落户郊区提供了有力的后勤保障；此外，市区门店繁多，竞争激烈，客源分流，许多超市都通过降低成本来获利，而郊区地价便宜，竞争不那么激烈，所以利润空间也相对较大。

（2）欧尚之品牌创新。自有品牌实质上是零售商根据顾客需求信息，提出商品的设计、品质要求，寻找有能力和信誉的生产厂家生产产品，然后贴上零售企业的品牌进行销售，这样该产品进入零售商的店铺便可降低进场费用、交易费用等成本，因而价格相对于其他同等产品比较便宜，且风格独特、统一设计、统一货源、统一价格，更加贴近消费者需要。零售业在形成规模效应以后，往往都会开发自有品牌商品。作为世界零售业的主力企业，欧尚一直主张大力开发自有品牌商品，吸引客户的购买，提升欧尚的品牌知名度。

欧尚从1998年起开发食品、非食品和纺织品方面的自有品牌，主要力量放在“欧尚”品牌建设上。2001年，欧尚推出了一个低价自有品牌系列，到2003年，这一系列包括了150个商品单元，在法国、西班牙、意大利、波兰、葡萄牙和匈牙利都有销售。截止2006年，欧尚已经将这一系列发展到1700个商品单元，而且全球有售，它们的价格比名牌产品便宜40%左右，有特殊的包装，非常容易辨认。基本包装颜色为白色、黄色和绿色，有一个黄色的竖起大拇指的标识。欧尚的自有品牌代表了该公司的形象，秉承了公司的理念，获得了消费者的一致好评。

由此可见，欧尚的自有品牌真正立足于消费需求，给消费者带来了诸多的让渡价值，比其他零售企业更能维持顾客的满意和忠诚，这一敢于突破创新的举措使超市的规模化发展呈现纵向优势，为其可持续发展提供了坚实的保障。

5.4 中国农村零售业态创新：一个实证研究

农村零售业问题是中国零售领域研究中的一个热点。大力发展农村零售业不仅是社会主义新农村建设的基本要求，而且对于中国本土零售业的成长壮大也具有重要的战略意义。从对新农村建设的贡献看，农村零售业是农村现代市场体系建设的关键之一，对于繁荣农村经济，推动城市化进程，加速农村产业结构的调整，促进第二、三产业发展，引导农村居民的消费方式转变，以及吸纳农村转移剩余劳动力起着重要的作用（夏春玉、杨宜苗，2006）。从中国本土零售业成长角度看，拥有中国70%人口的农村蕴含着庞大的消费市场，农村市场有可能成为现阶段本土零售业抗衡国际巨头的重要砝码，这是因为外资零售企业进入中国市场时，在一定时期内也只能在一线或二线发达城市扩张，难以深入到小城市和乡镇。这将使城市市场的竞争异常激烈，而农村市场的竞争压力则相对较小。本土零售企业如果选择农村市场，将有可能获得更大的成长空间。

目前农村零售业发展严重滞后，而随着农民收入不断增长、农民的消费观念和生活方式日益变化，农村现有的集贸市场、夫妻店、杂货店等传统业态形式已无法满足农民的消费需求，农村消费者对新型零售业态的需求日益增大。但是由于农民的消费心理、消费习惯与城市居民有很大差异，在城市发展势头良好的零售业态在农村未必具有成长的空间，这使得城市零售企业对是否能在农村市场获利存在很大困惑。所以当前关于在农村究竟合适发展什么样的零售业态，如何发展适合农民需求的新型业态等问题是农村零售业发展，也是社会主义新农村建设迫切需要解决的问题。本部分研究拟通过对中国部分地区农民消费行为的实地调查，运用定性与定量相结合的实证研究方法，探寻适合农村消费者需求和预期偏好的农村零售业态创新模式，从而为农村零售业创新发展及城市零售企业进入农村市场的业态选择提供理论依据。

5.4.1 文献综述

国外理论界对零售业态的研究多从定性的角度出发，分析新型业态的产生与发展条件、单业态的发展趋势或业态之间的进化与更替，代表性的理论假说包括零售轮假说、零售手风琴理论、真空地带理论、零售生命周期理论、零售自然选择理论等等。Goldman（2001）对发达国家零售商进入发展中国家的业态转移与创新问题进行了定性分析，Reynolds（2007）对零售业态创新的本质及衡量标准进行了理论探讨。这些研究在一定程度上揭示了零售业态变迁与创新的一般规律，也说明了不同业态都能满足消费者对于零售服务的需求，相互之间存在着一定程度的替代和竞争，但由于消费者偏好不同，没有一种业态能够满足所有不同的需求，并且零售业态具有适应性和演进性的特点。但是国外对于农村零售业态创新的研究则比较少见，有限的相关研究仅仅局限在农村零售顾客满意度与惠顾行为的研究（Broadbridge and Calderwood，2002；Home，2002）以及对农村零售商业发展一般规律的理论研究方面（Paddison and Calderwood，2007）。

国内关于零售业态创新的研究主要集中在业态创新驱动因素的分析（刘星原，2004；方虹，2001），业态演化规律的讨论（夏春玉，2002；鲍观明、叶永彪，2006）以及用工业领域的创新过程模拟零售业态的创新过程（芮明杰、李想，2007）。少部分研究涉及到了特定业态的创新问题，如洪涛（2002）对百货店创新问题的探讨以及葛建华（2006）对家用电器市场业态创新的研究等。李飞等（2007）在前人研究基础上，构建了零售业态的创新路线图，该路线图表明零售业态创新无非是产品、服务、价格、店址、环境和沟通6个营销组合要素所包含的24个维度的创新。产品要素包括品类数量、某类单品数、商品性质、商品质量、品牌归属5个维度；服务要素包括服务范围、人员服务、结算方式、营业时间、顾客管理、服务效率6个维度；价格要素包括价格水平、促销方式2个维度；店址要素包括店铺区位、店铺地址、商圈范围、停车场4个维度；环境要素包括店铺规模、店铺布局、商品陈列、休闲设施、后台设施5个维度；沟通要素包括沟通方式、沟通内容2个维度。调整路线图中的24个维度中的任何一个构成要素的任何一个维度，都可以改变原有业态的面貌，或是创造出一种全新的零售业态，或是完善旧有的零售业态。可见，国内关于业态创新的研究已经积累了一些成果，但是对于农村零售业态的创新，相关研究就显得非常稀少，目前国内仅仅出现了一些关于农村零售业发展现状、发展中应注意的问题或业态模式选择的一般描述性研究（李芬儒、宋榕，2006；鲍宏礼，2005；李定珍，2007）。

可见，虽然国内外学者已经对零售业态创新问题予以了高度关注，并积累了不少成果，但是绝大多数的研究都属于理论探索性研究或一般描述性研究，规范的实证研究严重匮乏，尤其是对农村零售业态创新的研究更为稀少。而在中国新农村建设的背景下，对农村零售业态创新的研究显得日益迫切。

5.4.2 研究设计

本部分我们运用营销学规范的量表开发程序，确定出农村零售业态构成要素及测量维度，以此为基础形成调查问卷，对东北20多个农村县区的农民进行了数据采集，通过这些数据的挖掘来寻求农村零售业态的创新模式。

5.4.2.1 研究问题界定

什么样的新型零售业态适应农村需求，是本部分拟解决的关键问题。然而适合农村市场发展的新型业态模式不可能仅有一种，因为多业态并存是当今世界各国零售业发展的普遍趋势，中国农村市场亦是如此，不同业态具有不同的市场定位和目标顾客，满足不同消费者的需求。但是为了研究的方便，在本部分中我们仅仅试图探索一种当前农民最迫切需要的新型业态模式，这种新型业态模式的出现能够最大程度地满足农民的日常消费需求，极大地提高农民福利，对农村零售领域的影响最为广泛。

其实，各种零售业态的商店都可以按照经营商品种类的深度和宽度，划分为专业性购物场所和综合性购物场所两类。农村购买不同性质商品时，对专业性购物场所和综合性购物场所的偏好有所不同。根据我们前期的调查发现，对于快速消费品（如酱油、牙膏、饮料等），绝大部分农民愿意选择综合性购物场所（比例近80%），这是因为农民对快速消费品一站式购齐的需求越来越强烈；对于耐用消费品（如电视、冰箱、五金），绝大多数农民选择专业性购物场所（比例高达87%），这主要是因为耐用消费品的价格相对其他商品更高，农民认为在专业购物场所购买这类商品，同类商品的选择余地大，质量能有所保障，而且能得到较好的售后服务。不过对快速消费品中的烟酒、服装、化妆品，农村消费者选择综合性购物场所的比例小于专业性购物场所的比例。通过对农民的进一步访谈，我们发现在购买烟酒、服装、化妆品等品类快速消费品和耐用消费品时偏爱专业购物场所的农村消费者，对理想的综合性购物场所并没有成型的概念，这和他们很少惠顾过大型综合超市、大型百货店或购物中心有很大关系，他们很难想象在规范的综合型购物场所其实也可以购买到优质的化妆品和耐用消费品。通过调查人员对理想的大型综合性购物场所的描述，约 50% 的农民认为如果存在非露天、干净整洁的综合型购物场所，而某些服装、化妆品甚至耐用消费品有专门商店能够进驻其中，他们非常乐于接受这种新型店址形态①。

由于农民对快速消费品的购买频率非常高，需求非常大，所以购买快速消费品的便利与满意程度对农民福利的影响就很大；相比而言，农民购买耐用消费品的频率较低，尤其是购买大件耐用消费品时，绝大多数农民并不在乎购物距离的远近，进县城购买的比率很高，但仍有一部分农民愿意在综合性购物场所购买耐用消费品。所以我们可以初步判断当前农民最迫切需要的新型业态很可能是立足于综合性购物场所的业态创新模式。但是由于城乡文化与购买习惯的差异，这种农村综合性购物场所与城市大型综合超市、购物中心这样的典型综合性购物场所会存在显著差异，所以本部分将重点对农村综合性购物场所的业态创新模式进行实证探索。

5.4.2.2　问卷设计

寻求农村零售业态的创新模式首先必须明确农村零售业态的组合要素。我们以 Zeithaml 等（1985）、McGoldrick（2002）和李飞等（2007）对零售业态组合要素维度的研究为基础，并结合国内外对农村零售业的相关文献，设计出农村零售业态组合要素的初始测量指标体系。为了确保测量指标体系的合理性，我们组织了 10 名来自 5 个农村地区的研究生，对其家庭所在地的农村消费者进行了深度访谈，这 5 个地区分别为大连市长海县大长山岛镇、大连市金州杏树屯、辽宁锦州市义县九道岭镇、辽阳市辽阳县河栏镇、辽宁兴城市华山乡，总共访谈了 50 位农民。在访谈之前，笔者就访谈内容、访谈方法对访谈人员进行了培训，以确保他们正确理解访谈目的和要求。通过访谈我们剔除了零售业态构成要素测量时农民认为完全可以忽略的指标，如停车场面积、服务效率、单品数量、品牌归属（自有还是代理）等，最终得出农村零售业态组合的基本要素及测量维度（见表 5 - 4）。其实这些农村零售业态组合的基本要素及测量维度适合农村各类零售业态，只是不同业态在构成要素上的表现特征存在差异。根据最终确定的农村零售业态组合的基本要素及测量维度，我们进一步开发了对农村综合性购物场所业态创新的探索性问卷。

5.4.2.3　数据采集

本研究正式调查的地区覆盖了东北 20 多个农村县区（以辽宁地区为主），包括大连市长海县、金州区、庄河、瓦房店、普兰店，葫芦岛绥中县，铁岭市昌图县，本溪市本溪县，辽阳市辽阳县，锦州义县，黑龙江大庆市林甸县等，样本代表性较好。整个调查过程安排在 2008 年春节前后各一周内，因为这一时期是家庭团聚和农闲时期，农民有足够时间接受访

① 前期调查的数据资料来源于在辽宁铁岭昌图、辽阳市辽阳县、大连市金州三地的农村消费者访谈。

表 5－4 农村零售业态构成要素及测量维度

组合要素	测量维度
选址因素	商圈范围
商品要素	品类范围
	商品质量
价格要素	价格水平
	价格展示方式
	促销方式
服务要素	人员服务
	结算方式
	营业时间
	顾客管理
	售后服务
环境要素	商店规模
	外部形象
	内部装修
	商品易找
	店内卫生
	摆放整齐
	附加设施
沟通要素	沟通方式

问调查。调查总共回收问卷796份，经整理得到有效问卷588份，有效问卷率73.9%。被调查者特征分布为：男性占54.6%，女性占45.4%；25周岁以下占25.9%，25～34岁占16.3%，35～44岁占21.4%，45～59岁占34.7%，60周岁以上占1.7%；小学及小学以下占25.7%，初中文化占53.3%，高中文化占19.9%，大学及大学以上占1.1%；家庭年均收入5000元以下的占13.8%，5000～10000元占30.9%，10001～15000元占25.1%，15001～20000元占19.7%，20001元以上占10.5%。

5.4.3 数据分析

我们从农村零售业态的选址因素、商品要素、价格要素、服务要素、环境要素、沟通要素六方面分别对农村消费者的数据进行分析，根据农民消费行为偏好所确定的零售业态要素组合，来提炼农村综合性购物场所的业态创新模式。

5.4.3.1 选址因素分析

从商圈范围看，92.9%的农民认为购物场所与住处的理想距离在1到10里之间。根据所有农民样本的统计分析，农民所期望的购物场所与住处的理想距离平均值为2.92里，对于综合性购物场所的店址形态，这样的距离是非常合理的。农村与城市相比，不仅公共交通设施落后，而且机动车远未普及，所以农民购物主要依靠步行和自行车，因此商圈更小，只有这样的商圈范围（步行20分钟，自行车5分钟），能够大大方便农民的购物需求。

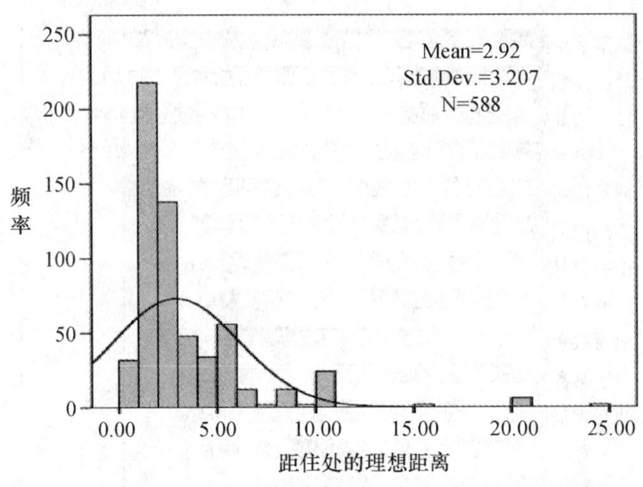

图 5－5　商圈范围图

5.4.3.2　商品要素分析

从品类范围看，我们让农民在 36 类商品中选择认为会在综合性购物场所中购买的商品。农村消费者对某类商品选择比率越高，意味着综合性购物场所越应该经营这类商品。结果如图 5－6 所示。蔬菜水果、油盐酱醋、日用杂品、肉类、糖茶饮料、洗涤用品、干杂食品、点心面包、米面粮食、熟食这 10 类商品，农村消费者选择比例超过 60%，其中蔬菜水果类商品达到 80.4%，排名第一。这 10 类商品都属于消费者消费频率高、商品周转率快的快速消费品，以食品和副食品为主，解决农民最基本的生活需求，是农村综合性购物场所应该重点经营的品类；洗浴用品、鞋类、烟酒、一般服饰、日用五金、化妆品、娱乐用品、药品、小家电、儿童玩具、农业生产工具、家用电器、农用图书所占比例介于 30% ~60% 之间。这些商品在农村综合性购物场所可以根据营业面积大小尝试经营，起到拓宽产品品类的作用，增加农村消费者一站式购物的便利性。

从商品质量看，对于不同品类的商品，农村消费者对商品质量的要求不同。对质量要求最高的商品包括三类：（1）食品及副食品，要求商品高质量的比例高达 92%，这说明中国农民对健康越来越重视，对食用商品的安全性、是否对身体有潜在危害越来越关注。（2）医疗用品，同样出于健康的考虑，农村消费者要求医疗用品达到高质量要求的比例达到 90.9%。（3）大型耐用消费品，主要是家电类产品，农村消费者要求其达到高质量要求的比例达到 72%，这主要是因为这类商品消费支出较大，农民希望其高质量来确保较长的使用年限。除了这三类产品以外，对于其他品类商品消费者对质量的要求并不高，而更多的看中价格。医疗用品（如保健品）在综合性购物场所中的需求并不大，所以对于综合性购物场所中一定要确保高质量的产品主要是食品及副食品、电器类产品。

5.4.3.3　价格要素分析

从价格总体水平看，农村消费者对任何商品都希望价格低廉，这表明由于农民收入不高，所以农村价格敏感型消费者远远多于城市。

从价格展示方式看，期望所有商品都明码实价占 69.5%；而期望无标价，在购物时由服务人员介绍价格，可以讨价还价的占 30.5%。可见，多数农民希望综合性购物场所的商品能够明码实价，他们认为这样既便利又公正，避免了无标价时商家漫天喊价、损害农民权益的现象。

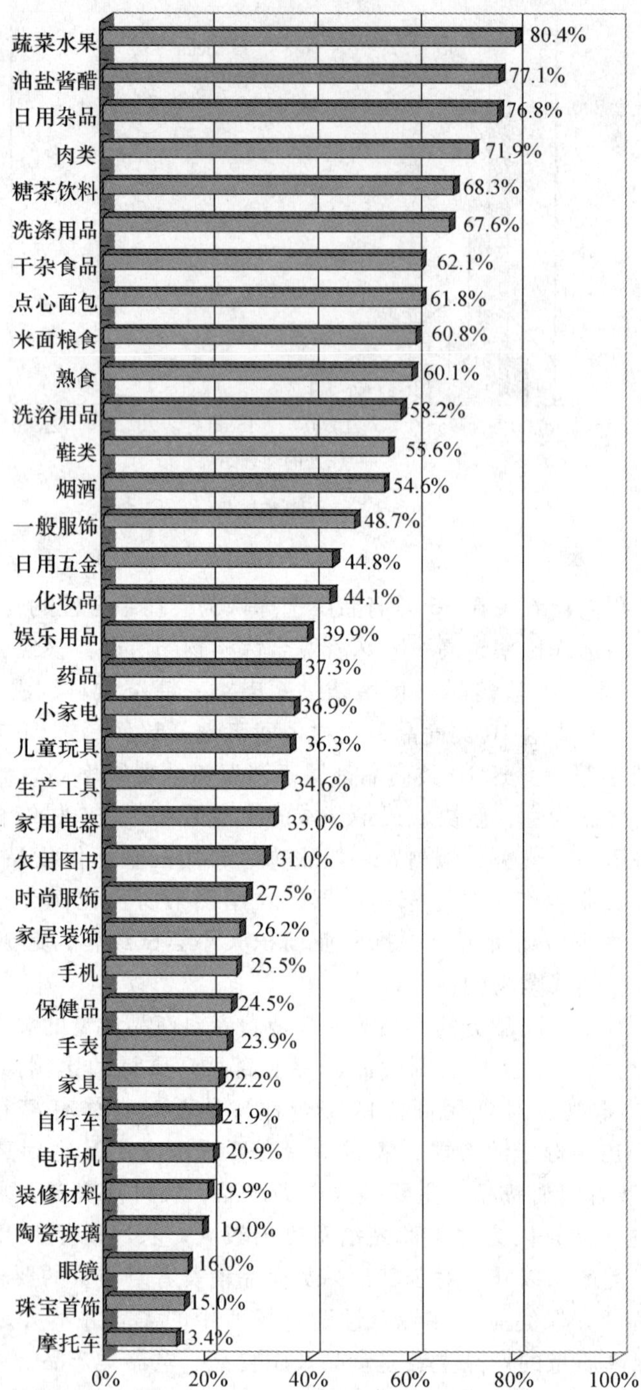

图 5－6　农村消费者所期望的综合性购物场所品类

从促销方式看，偏爱打折促销的比例最高，占 75.7%；其次是多买多赠，占 54.3%；老主户优惠占 43.8%。此外免费试用占 29.9%，抽奖占 28.3%，有奖竞赛占 18.8%。一般打折促销、多买多赠、老主户优惠都是比较传统的促销方式，我们的统计结果恰恰表明农民往往偏爱于商家这些传统的促销方式，对于促销方式创新的接受能力比较弱。

5.4.3.4　服务要素分析

从人员服务看，仅有 12.7% 的农村消费者认为综合性购物场所不需要人员服务。绝大多数农村消费者希望零售商家提供有限的人员服务，主要在于帮助消费者寻找产品，对产品品牌、功能、用法进行适当讲解。但是并不希望服务人员全程跟随农民消费者。可见，大多数农村消费者对于完全自助，无人员服务的购物模式还不适应。

从结算方式看，希望在购物后一次性结算的占据了大多数（占 73.75%），每买一种商品结算一次的占 13.29%，选择集中结算与分散结算相结合的比重占 12.96%（见图 5－7）。

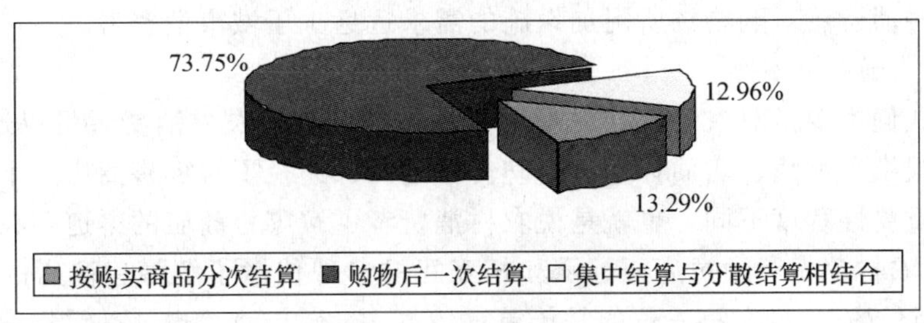

图 5－7　农村消费者对结算方式的选择

从营业时间看，农民对综合性购物场所营业时间要求最小值为 7 小时，最大值为 24 小时，平均值约 12.9 小时。这反映出农民对营业时间提出了较高的要求，出现这种情况的原因主要有两点：一是农民主要希望从综合性购物场所购买的是快速消费品，因此希望营业时间较长以满足便利性的要求；二是当前农村中传统的杂货店、夫妻店等业态形式通常提供的是没有营业时间限制的服务，使得农户养成了这种随时购买的习惯。

从顾客管理看，37.9% 的消费者对是否采取会员制感觉无所谓，认为购物场所应该设立会员制并且愿意参加的占 35.6%，认为购物场所应该设立会员制但是自己不参加的占 14.4%，认为综合性购物场所根本不需要设置会员制的占 12.1%。一般而言，加入会员制可以获得更多的积分优惠，并享受更低廉的购物价格，但是对于价格敏感的农村消费者而言仅有 35.6% 的人愿意参加是令人费解的。通过进一步的深入调查发现，农民不参与会员制的主要原因在于对会员制的误解，不仅不清楚加入会员制后能获得的收益，而且担心需要支付会员费。因此，要在农村推出会员制服务，还需要做大量的市场推广和农村消费者培育工作。

从售后服务看，认为购物场所应该提供退货承诺的占 77.1%，提供安装服务的 54.2%，提供维修服务的 81.7%，提供咨询服务的 34.3%。总体而言，由于农民与城市消费者相比，在知识和技术上存在明显不足，因此对售后服务提出了很高的要求。

5.4.3.5　商店环境分析

从综合性购物场所的规模看，农村消费者认为较为理想的商店规模在 1000～2000 平方米之间。按照商务部《零售业态分类》新标准（GB/T18106－2004），属于综合性购物场所的大型综合超市的营业面积在 6000 平方米以上。但是由于农村收入水平对消费需求的制约，使得农村消费者对大型综合性购物场所营业面积的要求远小于城市，也就是说大大小于城市大型综合性购物场所的营业面积足以满足农民的需求。

从购物场所的外部形象、内部装修、商品易找性、店内卫生、摆放整齐与否这几个环境要素的重要性程度看，农村消费者认为比较重要或非常重要的比例最高的是店内卫生（75.9%）、商品易找（72.5%）、摆放整齐（72%），而对于外部形象与内部装修并不怎么在意①。对店内卫生重视程度高，体现出农民对干净卫生购物环境的一种渴望；对商品易找和摆放整齐的要求高，反映了农民不希望综合性购物场所为其带来一站式购齐便利的同时，却因商品过多、布局混乱，而使农民在购物场所迷失方向，产生困扰。

对于购物场所附加设施问题，74.6%的农村消费者认为综合性购物场所里需要设置附加设施，但是对这些附加设施的具体需求仅限于卫生间、休息处，对娱乐休闲设施的需求非常小。这说明农村消费者对购物场所附加设施的需求远远少于城市消费者。

5.4.3.6 沟通要素分析

沟通要素我们主要是对农民感知的沟通方式进行调查，农村消费者可以通过电台广播、传单、电视、报纸、网络、店面标示、口碑传播这几种途径了解零售商店。不同沟通方式对农村消费者的重要性程度不同，也就是说农村消费者了解零售商店的渠道存在显著差异，如图5-8所示，农村消费者通过店面标示和相互间的口碑传播了解零售商店的比例最高，依次达到56%、53.7%。排在第三位的是传单宣传（占48.9%），也就是零售商家对商店的宣传材料是农村消费者了解商店的一个重要渠道。排在第四位的是电视传播（占40.1%），这说明电视在农村的普及程度越来越高，电视广告对农民获取购物信息的影响较大，这是零售商家在农村经营时应高度重视的一个现代沟通方式。而电台广播和报纸渠道对农民购物选择的影响不大，而网络的影响更小，这和农村信息技术落后、网络普及率低有密切关系。

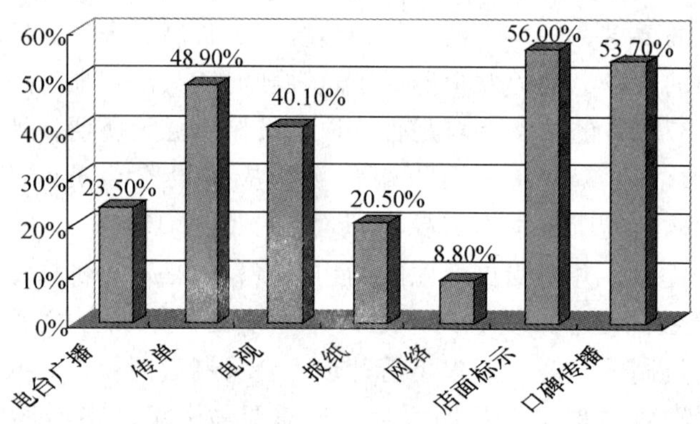

图5-8 农村消费者了解商店的渠道（不同沟通方式的重要性）

5.4.4 结论

根据前文的分析，我们可以对农村综合性购物场所的新型业态模式特点进行归纳，如表5-5所示。从零售业态组合要素各个方面的特点看，这种新型业态有别于商务部《零售业态分类》新标准（GB/T18106-2004）中任何一种业态，从这种购物场所的品类范围和价格水平看，已经不属于一般的标准超市，更类似于大型综合超市，但是其商圈范围和营业面积偏小，需要人员服务这几方面却不符合城市大型综合超市的标准。这反映出城市标准的业态

① 为了调查购物场所外部形象、内部装修、商品易找性、店内卫生、摆放整齐与否的重要性程度，我们按照5级Likert量表设计调查题项，1分为最不重要，5分为最重要。

模式可能并不适应农村市场，农村零售业态的创新必须符合农民的消费行为特点。本部分对农民消费行为探索得出的新型业态创新模式，可以命名为“农村大型超市”或“农村综合商品市场”，这种业态与城市大型综合超市有显著差异，融合了农村现行传统业态——杂货店、集贸市场等的优势，在零售组合要素各个方面具有典型的农村化特征。

表 5－5　　农村新型零售业态的特点总结

组合要素	特　　点
选址因素	商圈范围 2.92 里左右
商品要素	品类范围宽广，但以食品与副食品等快速消费品为主；除了食品与电器需要高质量外，其余商品的质量可以在中等水平
价格要素	低价格；明码实价的价格展示；注重打折促销、多买多赠、老客户优惠等传统促销方式
服务要素	提供有限的人员服务（主要在于帮助农民寻找商品、导购讲解）；采取购后一次性结算的方式；营业时间在 12 小时左右；可采取会员制；注重售后服务
环境要素	营业面积在 1000～2000 平方米；确保店面干净卫生、商品易找、摆放整齐；确保店内具有卫生间与休息处
沟通要素	注重店面的标示、口碑效应、传单、电视的沟通效果

零售经营的成败必须立足于消费者需求，所以本部分从农民消费行为偏好视角对农村零售业态创新模式的探究，对于农村零售业创新发展及城市零售企业进入农村市场业态选择和变革有着重要的参考价值。不过从企业角度来看，对在特定农村地区发展这种新型业态的成本收益还有待于进一步的实证检验。

第6章
零售竞争优势的跨国扩展：专业技能转移视角的分析

6.1 从零售国际化失败引发的思考

自20世纪80年代中期起，世界范围内的零售国际化进程大大加快。但是在母国之外的其他国家，大型零售商竞争优势的扩展远远不同于在本国内部的扩展过程，其困难性与负载程度要大许多，所以零售商国际化失败的例子也愈发频繁。事实上，主要的国际零售企业在海外市场的失败从过去70年就一直层出不穷，每个时代都有零售国际化失败的代表性案例。20世纪30年代，布兹（Boots）连锁店由于其美国的所有者经营失败而把股权购回到英国股东的手中。20世纪50年代，西尔斯（Sears）在澳大利亚的合资企业经营失败并在1960年从古巴市场撤出。20世纪80年代家乐福在美国开办大型综合超市失败，卖掉了在墨西哥的伍尔沃思（Woolworth）和在英国的西夫韦（Safeway）。20世纪90年代，凯玛特（K－Mart）在捷克、斯洛伐克经营失败，阿霍德（Ahold）从中国撤出，雷恩克劳福特（Lane Crawford）在新加坡关门大吉，Tesco和玩具反斗城（Toys ‘R’ us）撤出法国。2001年以后著名国际零售商海外市场失败的现象发生得更多，其中包括玛莎百货（Marks and Spencer）关闭了很多海外店铺（Burt等，2002），C&A从英国撤资，Home depot从智利退出，布兹（Boots）和塞弗拉（Sephora）从日本退出等。下面我们看一下几个典型跨国零售商国际化失败的案例。

6.1.1 沃尔玛在德国的失败

沃尔玛1997年进军德国市场后，问题重重。事实上沃尔玛进入德国的经营危机从一开始就埋下了。沃尔玛从开始进入国际零售业到现在，市场扩张的主要战略之一就是采取大举入侵的方式收购。在德国也同样如此，起初，沃尔玛采取收购的方式打入德国零售市场。1997 年 12 月，沃尔玛以 12 亿欧元的价格收购了 Wertkauf 旗下的 21 家自助店正式进入德国市场。第二年，沃尔玛又以 8.5 亿欧元的价格收购了 Interspar 的 74 家连锁超市。两次收购成功后，沃尔玛一跃成为德国第四大零售商。1999 年沃尔玛又在多特蒙德开设首家大型购物广场。但在进入德国市场后的起初几年中，沃尔玛并没有达到其预期的目标。按照沃尔玛的计划，到 2001 年初，沃尔玛应新增 50 家连锁店。但实际上沃尔玛不得不关闭它的两个大的销售点。同时，沃尔玛只有能力把收购到的所有商店中的三个转化为沃尔玛连锁超市的模式进行经营。虽然沃尔玛在德国的分店曾一度达到 95 家，但 2002 年就被迫关闭 6 家分店。2002 年，沃尔玛的营业额只有 29 亿欧元，市场占有率只有 1.1%，沃尔玛这个美国零售巨人在德国市场只是个小商家。沃尔玛在进入德国的最初几年就由于入不敷出先后经历了部分性的关闭商店，降低经营规模等经营上的失败。2006 年 7 月沃尔玛在德国已经亏损 10 亿美元，不得不宣布全面撤出德国市场，将在德国的 85 家沃尔玛连锁店转让给欧洲对手麦德龙（Metro）。

沃尔玛在德国失败的原因很多，我们可在以下方面寻求解释：（1）没有适应消费者需求。当沃尔玛刚刚进入德国市场时信心百倍，但事实证明，沃尔玛没有很详细的了解德国的消费者。如德国消费者并不喜欢沃尔玛某些经营特点，比如员工必须向顾客微笑等等，诸如此类企图改变消费者喜好的做法，影响了沃尔玛在德国的发展，而且德国消费者认为沃尔玛服务人员过多是一种浪费行为，雇佣这些服务人员会增加沃尔玛的运营成本从而提高消费者的花费。（2）“天天平价”失效。沃尔玛“天天平价”的竞争战略曾无情地挤跨了无数竞争对手，但在德国却行不通。这是因为德国的零售市场竞争异常激烈，很多本土零售企业竞争优势明显。2005 年，在全球 30 家最大的零售企业中，德国独占 6 家，它们分别是麦德龙（Metro）、Schwarz、Aldi、Rewe、Edeka、Tengelmann。这些德国零售商在德国本土零售市场竞争力很强，并且国际化扩张也比较成功。如德国 Aldi 的货架上只卖区区 700 种商品，全是“少得不能再少的生活必需品”，比如卫生纸只有两种牌子。一些 Aldi 店铺甚至在几年前还没有普及激光价格扫描系统，全靠售货员强记所有货品的价格。但相对以折扣促销著名的沃尔玛，Aldi 货品的定价却比沃尔玛还低，深受德国消费者喜爱。在德国市场上受专业店、折扣店和中小超市强烈竞争的夹击，德国大型自选商场日益失去其竞争优势，营业总面积自 1990 年以来明显下降，超过 1 万平米的大型自选商场已寥寥无几。需要特别说明的是，与自选商场不同，德国的现购自运商店（Cash & Carry）/仓储式商场只对公司和消费大户开放，普通消费者未经许可不能入店，因此，德国的现购自运商店被纳入批发类，其定位与大型综合超市或沃尔玛的购物广场是不同的。所以竞争激烈及德国本土企业势力雄厚导致了沃尔玛购物广场“天天平价”失效，生存空间不大。（3）通行的战略模式失效。沃尔玛进入国际市场的主要战略是收购。通过收购，沃尔玛可以很快地得到当地的经营信息，这可以为沃尔玛节省不少成本。但在德国，收购的结果并不乐观。沃尔玛当初收购 Wertkauf 集团和 Interpar 连锁店是一个绝大的投资错误，有 74 家连锁店的 Interspar 几乎就是“垃圾”。沃尔玛先收购的 Wertkauf 只基本上覆盖了德国的西南部地区，所以很快沃尔玛又收购了 Interspar 以覆盖德国整个市场。但 Wertkauf 和 Interspar 在德国都不是很受欢迎，这直接导致了刚进入德国市场的沃尔玛有了一个很差的品牌效应。同时，沃尔玛发现收购的两家公司很难达到一体化的管理，而且很难达到沃尔玛的营运标准。沃尔玛花费了很大一笔资金对收购的店铺进行改革，结果得不偿失，销售额每年都在下降。显然，沃尔玛在德国的战略管理理念没能迎合德国零售市场的需要。

6.1.2 家乐福在日本的失败

2004 年底，日本各家大报都在其经济版面的重要位置刊登了“家乐福退出日本”的消息。从 2000 年 12 月 8 日在日本千叶县千叶市美滨区开设第一家大型店铺开始，到 2004 年 10 月 12 日宣布撤离日本，只有短短不到 4 年的时间，家乐福便从日本全面撤退。究其原因，没有很好的适应本土环境是关键。（1）人力资源本土化不足。家乐福在日本的人力资源本土化程度不高，管理层似乎并不很愿意学习和了解日本，投资日本市场近 4 年时间，制定日本市场战略的决策层中竟然没有一位日本人，所有门店只有一名主管是日本人。由于语言不通等诸多问题，外籍领导与本土员工很难做到有效沟通协调。法国人店长很难理解日本顾客少量多频次的购物行为，以及新年买“福袋”等习俗，很多商机就这样白白流失，造成了很多有形无形损失。（2）价格战略盲目性。家乐福坚持低价战略，而低价来自于低进货成本，这又和家乐福在与供应商谈判过程中往往处于强势地位有关。家乐福在进入日本市场之际就放言要缩短流通渠道，沿用通行的模式，直接与生产商交易。但是这种模式在日本却遭遇了困境。日本的流通渠道相当独特，批发业从江户时代开始发展，至今已经发展到相当成熟的阶段，拥有很强的渠道支配力量。另外，在日本，以大荣为代表的日本零售业也飞速发展。因此受制于商业习惯，日本的生产商不愿意得罪固有客户，交易对象还是以批发商以及本土零售商业为主，在日本规模相对弱小的家乐福注定只能被放在次要的地位。多数生产商对家乐福敬而远之，家乐福不得不妥协，寻求与大批发商合作。但是在进货谈判中，家乐福高高在上、自我为主的谈判风格招致了强势批发商的反感，纷纷退出谈判。结果，家乐福在日本的供应商大多只能是一些中小批发商，在价格上无法取得优势，商品构成也一直处于劣势。许多畅销商品没有能力调配，普通超市能买到的商品，在家乐福卖场中竟然也难觅踪影。更为雪上加霜的是，“喜新厌旧”的日本消费者要求商家在商品构成上“精”而“细”，家乐福推行的低价策略只能贯彻在少部分畅销商品上，并不符合日本消费者的口味。这大大影响了家乐福在日本的绩效。

6.1.3 简评及问题提出

无论沃尔玛还是家乐福，都是全球顶级的零售巨头，但是他们在海外扩张过程中依然逃脱不了失败的厄运。其原因虽然是多方面的，但是最主要的就是没有将在母国市场的竞争优势很好的移植到东道国市场。零售商业所面对的市场或用户是最终消费者而不是产业用户，最终消费者的消费行为与购物习惯在很大程度上要受文化传统、生活方式、民族性甚至语言、地理与气候条件等因素的影响，也就是说，零售商业所面对的市场是一个非常难以“标准化”的市场，因此，很难采用一种全球通行的原则、方法来经营不同国家或地区的零售商业（夏春玉，2003）。从这个意义上讲，在母国市场形成的零售企业竞争优势，在一个新的地区可能无法发挥作用（Burt and Carralero - Encinas，2000）。因此当跨国零售商进入新的海外市场时，不仅需要运用和整合在母国市场支撑其竞争优势的各种专业技能，更需要通过在新市场上的不断学习来实现创新，以产生适应当地需求，有助于在新市场形成竞争优势的新技能。本部分研究我们就将从零售专业技能跨国转移的视角，来探讨零售商竞争优势的跨国扩展问题。

零售专业技能（Retail Know - how）的概念由 Kacker（1985）率先提出，它指在特定环境下零售商运用的商业理念、经营政策与技术。Kacker（1988）又进一步指出，零售专业技能包含两个要素：一是管理要素，指理念、政策和体系；二是技术要素，指在零售选址、店铺设计以及店铺经营管理过程中运用的各类技术。在 Kacker（1988）看来零售技术（Retail Technology）只是零售专业技能的一个组成部分。Dawson（2003）指出零售专业技能（Retail Know - how）可由零售技术要素、零售文化要素、零售业态要素构成，零售技术要素和零售文化要素是零售组织内在的技能要素，其中技术要素包括了零售企业所采用的系统、方法、程序和技巧，文化要素包括各种理念、惯例、规则和经验；而零售业态要素则是零售店铺外在的技能要素，通过商品组合、店铺气氛、店铺服务、选址、价格策略等零售组合要素体现。Alexander 等（2005），Currah and Wrigley（2004），Shaw and Alexander（2006），Jonsson and Elg（2006）强调了零售专业技能与零售知识有着相似之处，只是包含的内容更加具体，指零售商所拥有的或者是可以有效利用的，能够使其体现出超越竞争对手的差别化优势的核心知识。可见，学术界对于零售专业技能的内涵并没有一致的观点。但是可以肯定的是，零售专业技能不同于一般性的技术，它具有技术性和社会性双重特性。技术性在国与国之间有着较大的共同性，当然，国与国之间由于经济发展和市场完善的程度不同，从而为技术性因素实施所提供的条件和环境也会有所不同，这会制约技术性因素的发挥。而零售专业技能的社会性，则与文化背景、民族特性、历史影响和社会组织形式、经济发展程度紧密相关，因而国与国之间会存在显著的差别。

在本研究中，笔者在前人研究基础上，将零售专业技能定义为一定时期，在一定外部环境条件下，由显性技能要素和隐性技能要素复合而成的，能够使零售企业表现出差别化竞争优势的技能组合，其中显性技能是一组基于店铺导向的技能（store - based know - how），包括在店铺选址、店铺商品组配、店铺环境设计、商品陈列、人员服务、价格策略、广告促销方面等技能，是消费者可以直接感知到的；隐性技能则是一组基于过程导向的技能（process - based know - how），包括物流管理、供应商管理、自有品牌发展、财务管理、地产战略、信息技术等方面的技能以及企业文化导向的管理规则与经验，是消费者无法直接感知到的。店铺导向的技能其本质是零售业态的外在表现形式，接近顾客界面，可以向消费者提供功能性的、社会性的、心理的、美学的以及娱乐性的功能；而过程导向的技能更接近企业界面，决定了零售企业运营能力和战略发展方向。店铺导向的技能（显性技能）与过程导向的技能（隐性技能）之间存在着一定的相互作用关系。比如店铺环境设计、商品组合、广告促销等显性技能的形成与调整都需要依靠企业在供应商管理、管理规则、财务管理、信息技术等方面的隐性技能来支撑。另外由于消费者对显性技能的反应行为会产生一条固定的信息流（比如电子销售时点数据），所以显性技能的运作效果又可以通过某些隐性技能（尤其是信息技术）予以分析，从而识别哪些显性技能效用良好，哪些显性技能在一定环境下是失败的，以及需要进行什么样的调整。这一分析过程又有助于提高零售商店铺环境设计、商品组合的效果以及价格策略、促销手段的运用效果，从而使零售业态外显要素（即显性技能要素）的运作效果得以提升。零售专业技能的内涵及构成要素可以从图 6 - 1 反映出来。

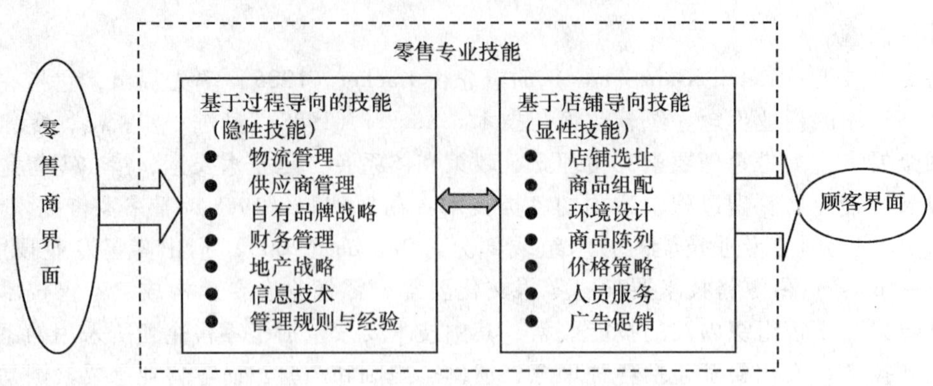

图6-1 零售专业技能内涵及构成要素

6.2 组织学习视角下的零售专业技能跨国转移

6.2.1 零售专业技能跨国转移与组织学习

零售专业技能跨国转移是指零售企业在实施国际化战略时，将母国市场已经形成的专业技能组合适应东道国市场环境的过程。在这一适应过程中，国际零售商必须决定专业技能的各个要素哪些可以进行标准化的复制，哪些应该进行本土化的调整，调整的程度有多大。所以我们所研究的“零售专业技能跨国转移”其实是一种“有效的跨国转移”，其判断标准是转移后的零售专业技能组合能够使国际零售商在海外市场表现出差别化竞争优势。实现有效跨国转移的零售专业技能可能是标准化复制的技能，也可能是本土化的、创新的技能。如果能够进行简单的标准化复制，零售专业技能跨国转移的成本是最低的，但事实上，由于零售专业技能是根据消费者的需求，在特定的社会、文化、经济环境下产生的，也就是说，零售专业技能的形成受到社会信息技术发展的整体水平与社会文化、法律体制的约束，并与不同的环境背景相吻合。在特定环境下发展起来的零售专业技能在不同商业环境下可能是无效率的（Kacker，1988）。从这个意义上讲，零售商在母国市场的专业技能在一个新的文化环境下只有进行有效的本土化和创新，才能使零售商在海外市场获得竞争优势，这一适应海外市场需求的专业技能本土化和创新过程正是由组织学习所驱动的。

所谓组织学习，可以定义为“组织在惯例发生变化的条件下获取知识的过程”，这里的“惯例（routines）”不仅包括公司已经建立或应用的规则、程序、准则、战略、技术等，也包括信条、范式、文化的结构（Levitt and March，1988）。零售专业技能跨国转移过程中的组织学习，其实就是国际零售商在与母国市场不同的海外市场环境下学习本土知识的过程。从组织学习的视角看，国际零售商在海外市场会面临许多不同的文化、政治、经济、法律环境，而且这些不同的环境还在随着时间的发展在不断的变化之中，这使得零售商在海外市场会遇到一系列的困难和障碍，如对有效决策产生影响的高度不确定性、与当地政府和合作伙伴打交道的困难、不同国家或地区消费者对商品和服务需求的差异以及购物习惯的差异等等。这些困难和障碍增加了国际零售商海外市场运营的成本，可能使得国际化扩张过程发生延迟，导致企业海外市场绩效低下，甚至失败。这些困难和障碍的根源在于国际零售商是海外市场的"新来者"，缺乏足够的"本土知识"（local knowledge）。所谓的本土知识是针对某一东道国的语言、文化、政治、社会和经济所特有的知识。获取不断变化的国别性或区位性本土知识对于国际零售商实现零售专业技能的有效转移，增强当地市场的适应能力是至关重要的。但是由于语言、尤其是文化距离的存在，使得本土知识获取只有通过国际零售商在海外市场的实际运作来实现，而且国际零售商越能够深入地嵌入到当地的市场中，就越能够学习到这类本土知识。很多研究者从知识转移的角度出发，根据知识传播、解释和吸收的难易程度将知识分为显性知识和隐性知识。本土知识同样以这两种不同的方式存在，海外市场的显性知识，也可称为客观知识，是那些可以通过报纸、电视、网络、与其他人交流、政府部门、专业的信息咨询机构可以得到的知识，如人口数据、宏观经济统计信息等。但是正如 Polanyi（1958）指出，人类的大部分知识以隐形的方式而存在，本土知识中隐性知识同样占据了更大的比例，隐性知识的最显著特点就是获取它的渠道与其他的知识不同。因为，从它本身的性质来看，隐性知识是无法用文字的形式记载下来的，它主要通过跨国经营嵌入和浸透到当地市场中去学习了解，如具有长期合作关系的供应商溢出的知识，与海外合作伙伴交往的知识等。通过组织学习，有效吸收和融合本土知识，进而将本土知识内化，便可以形成适应当地市场需求的新专业技能，从而完成零售专业技能的跨国转移过程。因此零售商组织学习的效果直接决定了零售专业技能跨国转移的效果。

6.2.2 基于组织学习的零售专业技能跨国转移机制

6.2.2.1 组织学习视角下零售专业技能跨国转移效果的影响机理

由于零售专业技能跨国转移与组织学习的关系紧密，所以从组织学习的视角看，影响国际零售企业组织学习效果的因素，也就直接影响着零售专业技能跨国转移的效果。借鉴 Palmer and Quinn（2005）曾提出的国际零售商学习效应的理论框架，我们可以初步搭建起一个零售专业技能跨国转移效果影响机理的概念模型（如图 6-2），在模型中有四个关键要素：零售国际化经验维度、组织学习程度、学习扩散或转移的轨迹以及组织学习的效果。

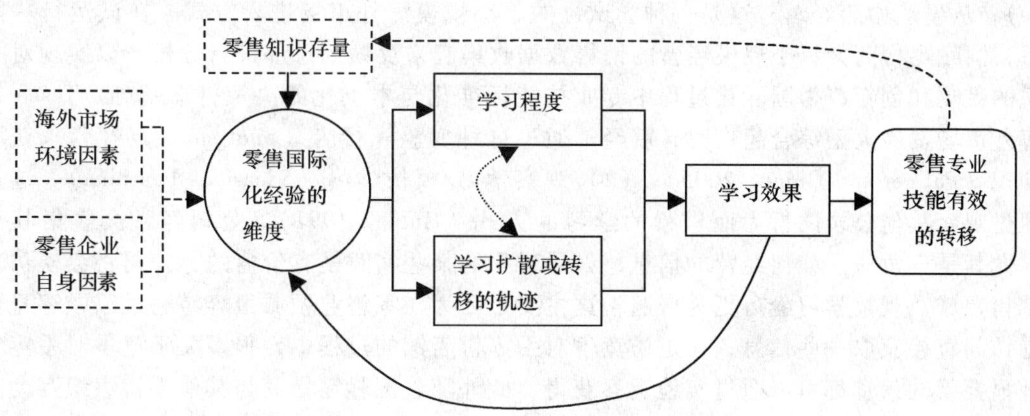

图 6-2　组织学习视角下零售专业技能跨国转移效果的影响机理

零售国际化经验维度是指国际零售商在进入特定海外市场时可以借鉴的各种国际化经验，这些国际化经验来源于国际零售商在长期跨国经营过程中累积的知识存量，大体可以分为三类：一是内部战略过程方面的经验，包括了零售商海外市场选择、进入模式选择、海外市场撤退以及对海外市场控制方面的经验；二是外部战略过程方面的经验，这涉及到零售商面临的国际化环境要素的相互作用，包括了来自海外市场的竞争以及应对政府管制方面的经验；三是内部运营职能经验，包括零售商自身在人力资本、财务、营销、全球采购实践等方面积累的经验（Palmer and Quinn，2005）。国际零售商进入东道国市场时，究竟哪些经验可以利用，必须将海外市场外部环境因素与企业内部自身因素结合起来进行考虑。外部环境因素涉及海外市场文化环境、制度环境、经济环境、技术与基础设施环境等，当东道国市场的环境与某特定海外市场环境相近时，特定海外市场的国际化经验往往可以借鉴（Alexander，1997）。零售企业内部自身因素则包括企业人才物的资源保证和独特的差别化优势（汪旭晖，2006）。组织学习程度反映着零售组织在海外市场吸收本土知识的能力，这种吸收能力（absorptive capacity），是零售组织对外部各种显性和隐性本土知识进行识别、获取、理解、消化并最终融合、创新并固化到组织中的能力，而知识的获取、理解、消化、融合和创新是一个连续不断、交互促进、螺旋上升的过程。有时国际零售商虽然获取了东道国市场的本土知识，但是并不能在随后很好利用，是因为零售企业还没有掌握合适的必备知识，从而对获取的本土知识无法有效理解消化。因此吸收需要企业本身具备一定的知识积累，能够与外部知识处于同一平台上，才能最大程度发现所获取的本土知识的价值所在，这说明吸收能力是先验知识的函数，具有累积性和路径依赖的特点，所以零售商国际化经验维度影响着吸收能力发挥作用的效果。当然吸收能力也会受到其他一些因素，诸如母国市场与东道国市场的心理距离、组织的沟通机制、组织成员的学习意愿、态度与认知等的影响（Zahra and George，2002）。总之，组织吸收能力越强，组织学习效果也就越好。学习扩散与转移轨迹指实现本土知识消化融合直至创新的路径，即学习机制选择的路径，这种路径的选择在很大程度上受到国际化经验维度的影响。对于国际零售商而言，获取本土知识，尤其是隐性本土知识可以通过三种路径实现：（1）经验学习（Experiential Learning）。公司通过直接经验或干中学可以有意或无意地获取本土知识（Arrow，1962；Pfeffer & Sutton，2000）。一些国际零售商在进入海外市场时，往往在大规模投入前，采取一种租约或附属经营的形式（retail concessions），从事店中店经营，这是一种尝试性的、小规模海外市场进入方式。在试运行一段时间后，国际零售商会将小规模经营的销售数据收集起来反馈到总部进行分析，以实现对本土知识的吸收和创新，为国际化过程中专业技能标准化与本土化的决策打下基础。Tesco 在进入海外市场发展大型综合超市时，就经常通过这种实验先行店（pilot stores）经营来获取本土知识（Palmer and Quinn，2005）。（2）观察学习/模仿学习（Vicarious Learning）。这是一种通过观察其他公司的行为而进行的学习的方式（Huber，1991）。公司经常会收集其他公司，尤其是竞争对手如何经营的信息，如果对手的某些实践是有价值的，公司将会模仿。这在零售领域，观察学习显得更为普遍，这主要是因为在零售业领域很容易通过以顾客身份的店铺访问直接获取一些信息，在走访竞争对手零售店铺的过程中，很多关于竞争对手零售业态外显要素的信息都可以通过实地观察获得，此外随着国际零售商与其他零售组织互动交流程度的增加，以及与供应商交往的深入，完全有机会学习到更多的本土知识，比如很多国际零售商通过跨国采购联盟的实践，加深了与其他零售商的互动和了解，在这一过程中，不仅仅是显性技能方面的知识可以获取，一些隐性技能方面的知识也同样可以学习到（Palmer and Quinn，2005）。（3）嫁接学习（Grafting）。这是一种通过兼并、收购、合资、战略联盟的形式进入海外市场，将本土知识内化的过程（Huber，1991），也是一种快速填补本土知识不足的实践，尤其是大规模的收购本土企业，可以迅速获取当地企业已有的知识，避免了自我积累经验的缓慢学习过程。如 2004 年沃尔玛在拉丁美洲出价 3 亿美元，从荷兰同业阿霍德（Ahold）手中并购了巴西的零售业巨头邦普里科（Bompreco），邦普里科（Bompreco）在巴西拥有 118 家分店，经营的事业包括便利店、超市及大型卖场，这次并购使沃尔玛直接获取了巴西的本土知识，使其迅速占领了巴西整个东北部的销售网络（汪旭晖，2006）。Tesco 在捷克共和国收购 K – mart 百货店而进入非食品领域也正是利用了嫁接学习的机制。每一种学习机制的效果，都会受到组织吸收能力的影响，而吸收能力也正是在学习扩散或转移的路径中才能发挥作用。

所以从组织学习的视角看，国际化经验维度直接影响着学习程度和学习扩散/转移轨迹，学习程度（吸收能力）和学习扩散/转移轨迹（学习机制）的交互作用决定了国际零售商在海外市场的学习效果，进而影响着零售专业技能的跨国转移效果。在这一影响过程中，零售组织在海外市场的学习效果也会对国际零售商经验维度的调整产生影响，而零售专业技能转移的最终效果又将增加国际零售商的知识存量。

6.2.2.2　组织学习视角下零售专业技能跨国转移的内在传导过程

理解了零售专业技能跨国转移效果的影响机理，我们还需要进一步对零售专业技能跨国转移的内在传导过程进行深入探讨，以进一步说明组织学习在零售专业技能跨国转移的整个路径中是如何发生作用的。零售专业技能跨国转移过程涉及到专业技能在三个层面的流动：国际总部、东道国市场总部、东道国各个店铺，流动方向既可以是正向的流动，也可以是逆向的流动，对应着零售专业技能的正向流动过程（forward know – how flows）和逆向流动过程（reverse know – how flows），这两种分别沿着国际总部——东道国场总部——东道国各个店铺方向以及东道国各个店铺——东道国市场总部——国际总部方向的专业技能流向，跨越了不同的层级，所以也可称为“等级流（Hierarchical flows）”。同时在零售专业技能跨国转移过程中，还可能存在第三种专业技能流动过程，即不同东道国市场之间的横向流动过程（lateral know – how flows），这种横向流动更多地发生在不同东道国市场总部之间，由于不同的东道国市场总部处于同一个层级上，所以这种流向也称之为“平行流（Lateral flows）”，此外在东道国内部不同店铺之间也会存在平行流，即零售专业技能会在东道国内部不同店铺之间流动。零售专业技能跨国转移的内在传导过程其实也正是上述三种流交互作用的过程（如图 6 – 3）。

在正向流、逆向流、平行流三种流的交互作用下，零售专业技能跨国转移的传导过程呈现一种动态演进的过程。为了更清晰的反映这个过程，我们从组织学习的视角，以零售专业技能的正向传导过程为出发点，进行更深入的阐释。零售商决定进行国际化扩张时，首先要将母国市场形成的初始专业技能沿着不同的层级向东道国市场转移。零售专业技能由店铺导向的显性技能和过程导向的隐性技能构成，从理论上讲，由于店铺导向的技能接近最终消费者，所以在跨国转移过程中本土化的成分必然要多一些；而过程导向的技能属于零售商后台内容，所以在跨国转移过程中标准化的比重可以大一些。这可以从很多国际零售商的海外扩张实践中反映出来，如英国 Tesco 在国际化过程中，一直强调信息技术（如物品标识、数据同步交换、RFID）和管理方式等隐性技能的标准化，而对于显性技能要素的本土化程度在

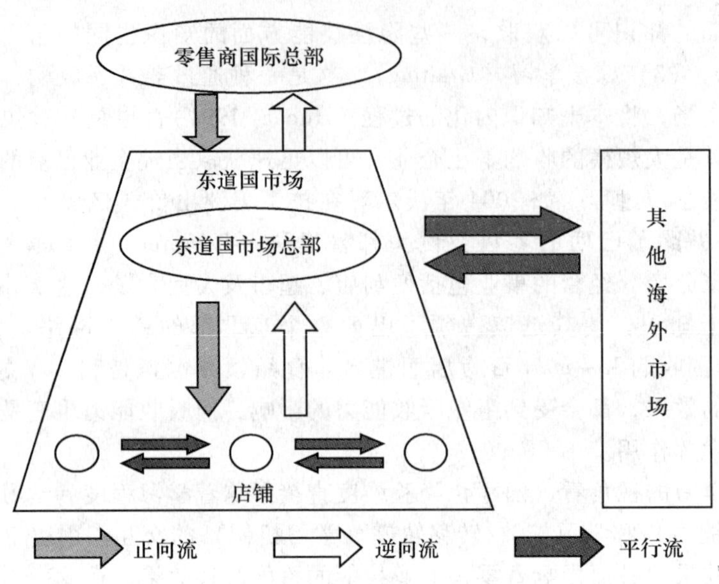

图6－3 零售专业技能跨国转移的内在传导过程

任何海外市场都相当高，即使在进入爱尔兰市场，这个与英国具有极高市场邻近性的海外市场时，在产品组合、价格策略、促销策略、服务策略等显性技能层面都进行了显著的调整与创新（Vignali，2001）。但是由于显性技能与隐性技能之间存在的相互影响关系，显性技能的本土化也必然要求隐性技能的本土化和创新来支撑，所以标准化还是本土化的决策过程依赖于零售企业嵌入本地市场的体验与学习反馈。从零售专业技能传导过程看，母国初始专业技能的不同要素，都将以知识流的形式向东道国市场转移，路经东道国市场总部以及东道国其他店铺的过程中，都要经历一个基于组织学习的零售专业技能适应与创新过程，这一过程都要依靠对东道国市场本土知识的吸收来完成。在零售专业技能从母国市场向东道国总部转移的过程中，零售商要通过组织吸收能力与学习机制的选择，实现对本土知识的吸收，从而做出零售专业技能在东道国市场的适应性判断，也就是说要决定哪些技能要素不需要调整，哪些需要调整，不需要调整的要素可以直接实现知识转移，成为东道国总部新技能的重要组成部分，而需要调整的要素，则必须在组织学习基础上进行适应本土需求的创新，进而通过知识转移将这种创新固化到东道国总部零售专业技能中。需要注意的是在这一转移过程中，零售专业技能适应性的判断及技能创新转移还会受到来自其他海外市场知识的影响，主要是其他海外市场总部的专业技能的影响，这种平行流向的知识流也可以看作是零售商国际化经验维度的重要来源，影响着国际零售商在东道国的学习能力及零售专业技能向东道国转移的效果。

零售专业技能由东道国总部向零售店铺的转移过程，同样经历着本土适应和创新过程，这一过程中，本土适应和创新的效果不仅受到具体的零售店铺层面对本土知识吸收效果的影响，也会受到国际零售商在东道国其他店铺知识的影响，即东道国内部不同店铺之间的专业技能平行流的影响。但是由于国际零售商在东道国各个连锁店铺的经营往往受到东道国总部统一的调控，所以零售店铺层面吸收本土知识并创新成新技能的能力远远弱于东道国总部，而且在零售专业技能从东道国总部向店铺层面转移的过程中，标准化复制东道国总部专业技能的成分一般大于本土化的成分。不过由于零售店铺作为销售终端直接联系当地市场的最终消费者，每一次与顾客的接触都为零售商提供了一次学习当地本土知识的机会，所以店铺层面的组织学习对于零售专业技能调整优化的作用的确值得关注（Currah and Wrigley，2004）。

零售专业技能正向传导过程的终点是在零售店铺层面形成适应当地需求的新技能。这种新技能一方面又会以平行流的形式向国际零售商在东道国的其他店铺转移，另一方面也会沿着零售专业技能跨国转移的逆向传导方向向东道国总部转移。东道国总部接受来自各个店铺的专业技能知识之后，同样运用组织学习能力，将来自不同方向的零售专业技能融合消化，并嵌入到组织中，完善提升东道国总部的零售专业技能水平，这时东道国总部的新技能也会沿着两个方向继续转移，一是向其他的海外市场总部的横向转移，二是向母国市场的全球总部的逆向转移，这种逆向转移的最终结果将促使国际零售商母国初始专业技能的再调整，提高国际零售商全球快速反应能力和整体竞争力。图 6－4 清晰反映了组织学习视角下零售专业技能跨国转移的动态演进过程。

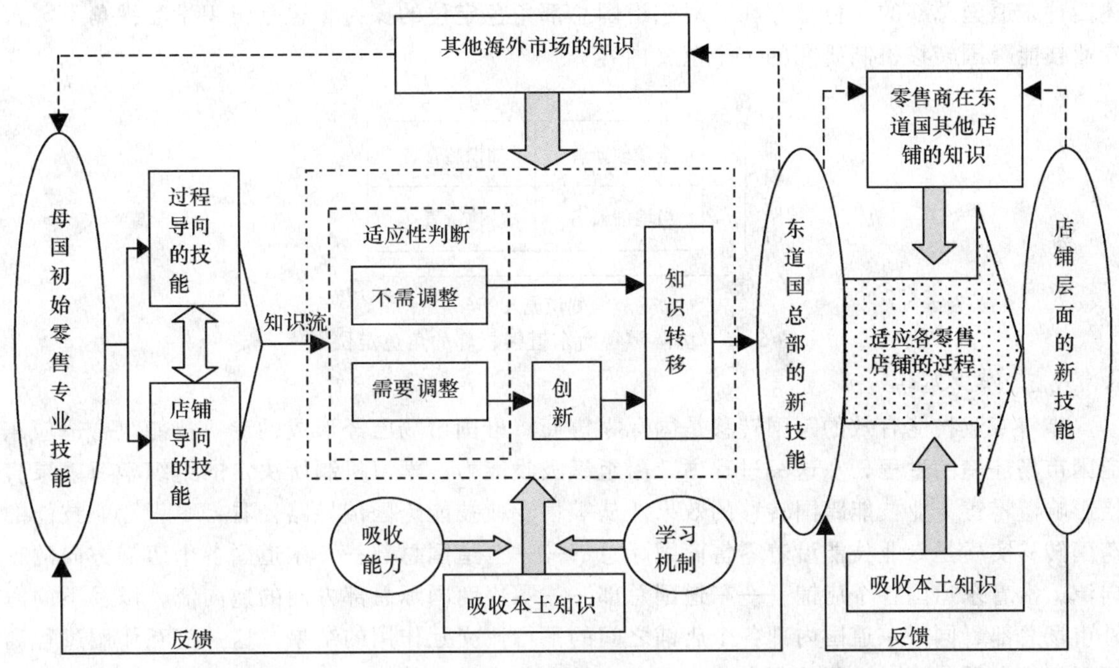

图 6－4　组织学习视角下零售专业技能跨国转移的动态演进

6.2.2.3　东道国总部的角色定位

在整个零售专业技能跨国转移动态演进过程中，由于东道国总部专业技能创新程度大于店铺层面的技能创新程度，所以东道国总部处于一个非常重要的战略地位，这种战略地位非常类似于 Gupta（1991）所提出的跨国公司海外子公司的角色定位。所以我们可以根据母国初始零售专业技能向东道国总部直接标准化复制的比例（即技能知识流不经调整地流入东道国总部的比例，简称“知识流入”）以及东道国总部新专业技能对母国全球总部专业技能提升贡献的比例（即东道国总部新技能知识向全球总部有效流出的比例，简称“知识流出”），将国际零售商东道国总部划分为全球创新者、知识整合者、执行者和当地创新者四类（如图 6－5）。对于全球创新者来说，知识是高流出低流入，知识低流入这意味着在零售专业技能跨国转移过程中，母国初始技能很少能标准化地复制到东道国市场，东道国总部形成的新技能本土化和创新的成分居多；知识高流出则意味着东道国总部新专业技能所形成的知识流能够被国际零售商全球总部大幅度吸收，东道国总部创造的新技能对全球总部专业技能的提升以及国际零售商全球快速反应能力的提高贡献大。这类东道国总部之所以称为全球创新者，就是因为它是全球网络中重要的知识贡献者。知识整合者与全球创新者有相似之处，即东道国总部通过组织学习创造的新技能对全球总部专业技能的提升贡献大，但是在零售专业技能跨国转移过程中，母国初始技能标准化复制的成分更多一些，所以，知识表现为高流入和高流出的特征。执行者在零售专业技能跨国转移过程中基本复制了母国初始技能要素，这类东道国总部组织学习能力相对较弱，最终形成的新技能对全球总部的贡献也较小，表现为知识的高流入低流出。当地创新者是知识的低流入和低流出单元，零售专业技能本土化程度很高，但是限于当地市场的特殊性，在东道国形成的新技能难以在其他地区发挥作用，所以对全球总部专业技能提升的贡献比较小。在现实零售专业技能跨国转移实践中，上述四种东道国总部的角色都存在。对东道国总部角色定位的探讨，也是组织学习视角下零售专业技能跨国转移机制研究的一个重要内容。

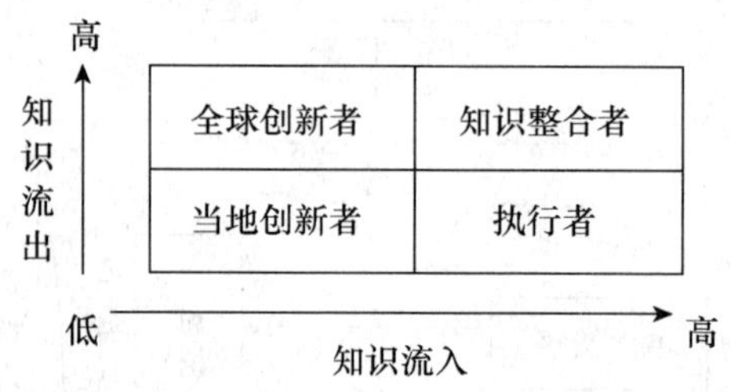

图 6－5　国际零售商东道国总部的角色定位

6.2.2.4　小结

零售专业技能有效的跨国转移是国际零售商将母国市场已经形成的专业技能组合适应东道国市场环境的过程，在这一过程中，由组织吸收能力、学习机制所决定的组织学习效果直接影响着零售专业技能跨国转移的效果。从零售专业技能跨国传导路径看，零售专业技能的跨国转移实质是专业技能沿着零售商国际总部——东道国总部——东道国各个店铺方向的正向流，沿着东道国各个店铺——东道国总部——零售商国际总部方向的逆向流，以及不同海外市场总部、同一东道国内部各个店铺之间的平行流交互作用的结果。这一交互作用过程离不开组织学习，而东道国总部在这一过程中处于非常重要的战略地位。

由于学术界对零售专业技能跨国转移问题的研究起步较晚，相关研究存在一定分歧，且缺乏系统性，所以本研究搭建的零售专业技能跨国转移机制的理论框架，对深入探索零售专业技能跨国转移的一般性规律，进一步丰富和完善零售国际化理论具有一定的贡献，同时对国际零售商的战略选择以及中国本土零售企业的成长也具有一定的借鉴意义。在当前中国零售市场全面对外开放的宏观背景之下，越来越多的跨国零售企业大举进军中国市场，对本土零售企业带来了巨大的压力和生存危机。一些大型本土零售企业在积极应对外资零售企业竞争的同时，试图尝试国际化的发展道路，但是由于严重缺乏理论支撑与实践经验，使得国际化的步履异常艰难。从国际经验看，零售企业国际化发展是造就企业有效规模经济，增强企业国际竞争力的有效途径。对于中国零售企业而言，必须正视国际化的问题，因为随着国内零售市场饱和程度的提高以及企业自身实力的壮大，“走出去”是未来许多大型零售企业的一种发展态势。而在“走出去”的过程中，能否实现零售专业技能的有效跨国转移是成功的关键。鉴于此，零售企业开展国际化战略时，必须清晰认识自身的零售专业技能的构成，通过组织学习，有效吸收海外市场本土知识，积极探索实现零售专业技能跨国转移的路径，正确发挥海外市场总部新知识创造传播的积极作用。在这一过程中，不断增强零售组织不同层面的学习能力显得尤为重要。文末需要特别说明的是，由于中国地域辽阔，每个地区对零售商的需求不同，各个地方政府的政策不同，流通环境也不一样，因此中国零售企业在国内市场的跨地区发展与一些国际零售企业跨国发展在本质上有着相近之处，所以本部分所阐释的零售专业技能跨国转移机制，不仅对我国本土零售企业未来的国际化发展有重要启示，对本土企业近期在国内市场的跨区域扩张同样有着重要的指导意义。

6.3 零售专业技能跨国转移的案例分析

零售专业技能跨国转移的核心也可以理解为一种对技能要素标准化与本土化的过程。本部分我们介绍两个典型零售企业海外市场标准化与本土化的案例，说明零售专业技能跨国转移对塑造海外市场竞争优势的影响。

6.3.1　Tesco 在爱尔兰市场的本土化策略

Tesco 于 1978 年通过收购爱尔兰连锁折扣店的形式进入爱尔兰市场，但是经营业绩不佳，最终于 1986 年将企业出售。1997 年 5 月 Tesco 再度进入爱尔兰市场，并注重本土化策略的实施，取得了成功（Vignali，2001）。

6.3.1.1　Tesco 在爱尔兰市场本土化的原因

英国与爱尔兰本具有极其相近的文化背景，具有很高的市场邻近性，但是 Tesco 向爱尔兰扩张的时候，经营策略依然做了一些调整，主要基于以下考虑：

（1）从零售业态寿命周期角度看，Tesco 的零售业态在英国与爱尔兰处于不同的位置。Tesco 大型综合超市在英国已逐渐步入成长期的后期，接近成熟期，而在爱尔兰却刚刚进入成长期，对许多消费者而言仍是一种新兴的业态。在英国 Tesco 的任务是延缓成熟期的到来，而在爱尔兰 Tesco 则有很大的发展空间，这就决定了在经营过程中 Tesco 应该采取不同的策略组合以应对不同的市场环境的需要。

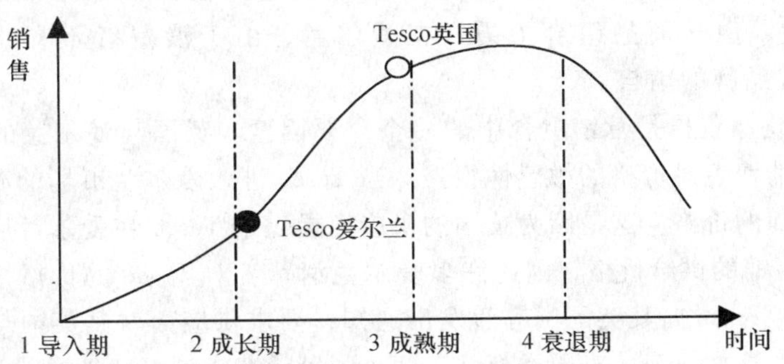

图 6－6　Tesco 的零售业态在英国与爱尔兰处于不同的位置

（2）波士顿矩阵中的定位差异。Tesco在英国与爱尔兰都是行业的领袖，各自都具有较大的市场份额，尽管在母国英国市场越来越饱和，但是公司通过多样化经营进入到了新的领域，依然具有一定的发展机会；而爱尔兰市场还远未被开发，Tesco在爱尔兰具有巨大的成长空间。因此Tesco英国与Tesco爱尔兰都可以被置于波士顿矩阵里面的明星区域，但是两者位置上有所不同，这也决定了在经营策略上应有所调整。

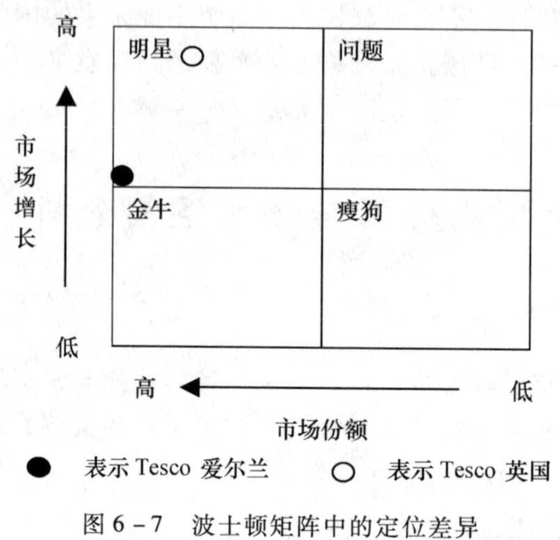

图6－7　波士顿矩阵中的定位差异

6.3.1.2　Tesco在爱尔兰的本土化策略：英国与爱尔兰的比较分析

在零售经营过程中，Tesco在爱尔兰采取了与英国不同的策略，以适应爱尔兰市场的消费者需求，具体来看Tesco在爱尔兰实施的本土化策略表现在以下几个方面：

（1）产品组合。产品与服务构成了零售商国际化经营的核心。国际零售商的成功很大程度上取决于所提供的商品与服务是否满足当地消费者的需求（Czinkota，1982）。Tesco进入爱尔兰市场以后，对6000名顾客进行了市场调查，结果显示爱尔兰消费者偏爱于爱尔兰本土生产的具有宽广的价格竞争性、高质量的国际品牌商品。但是爱尔兰消费者不象英国消费者那么喜欢零售商自有品牌，相反更忠诚于当地品牌与制造商品牌。因此Tesco在收购了所有爱尔兰的奎因斯沃思（Quinnsworth）、斯图尔特（Stewart）与Crazy Prices店铺以后，向爱尔兰消费者声明，原来曾在这些店铺销售的任何爱尔兰品牌的商品都不会从Tesco店铺的商品组合中删除。并且在原来店铺中销售的60个爱尔兰著名品牌的基础上，增加了90个爱尔兰制造商品牌的商品。总体上看，英国与爱尔兰的消费者都很注重商品质量，但从商品组合上看，在爱尔兰，由于消费者不喜欢自有品牌商品，Tesco减少了自有品牌的销售。

（2）价格策略。价格是营销组合中的一个重要因素。英国与爱尔兰的消费者都很注重价格因素，多数消费者对价格的敏感性很强。当Tesco进入爱尔兰市场的时候，同类商品的价格高于英国店铺的价格。这是因为英国的供应商提供给Tesco在爱尔兰店铺的商品价格高于对Tesco英国店铺的供给价格，因此许多爱尔兰消费者对Tesco的价格策略并不满意。于是1997年12月，Tesco向其英国供应商发出通知，要求供应商对其英国与爱尔兰店铺提供统一的供货价格，这样一来，对同类商品，两个国家消费者可以享受到同等的价格。爱尔兰消费者可以享受到比原来更低的价格。

Tesco 在英国的 300 多家店铺引入了“地区价格机制”，这主要是因为英国存在一些富裕阶层更注重商品线范围而不看重价格因素，而还有相当大的消费者却特别看重价格因素，对价格的敏感性高于爱尔兰的消费者。这样一来，针对地区消费者差异，采取不同的定价策略，更有助于店铺效益的提高。但是由于爱尔兰的消费者更注重价格的持续稳定因素，因此 Tesco 在爱尔兰就没有引入这样的地区差异价格机制。

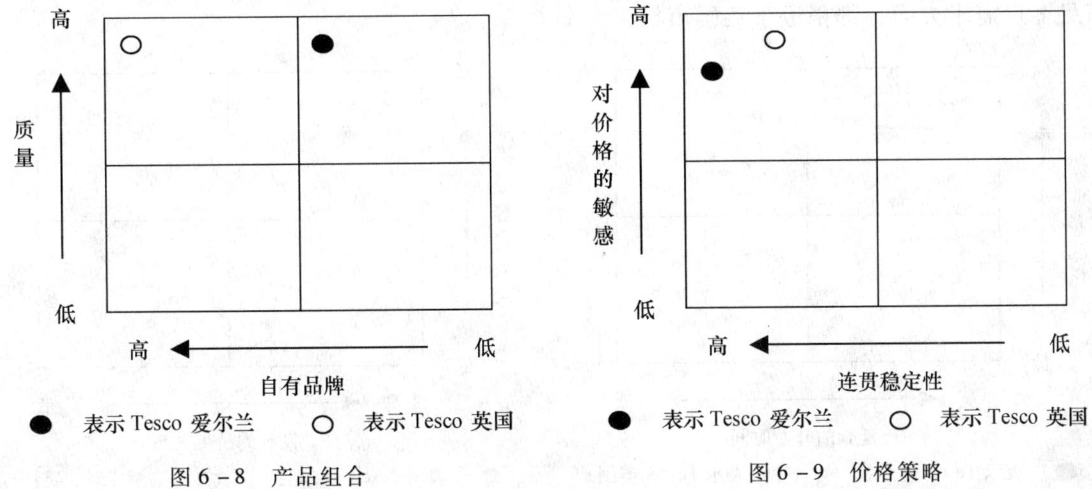

图 6－8　产品组合　　　图 6－9　价格策略

(3) 促销策略。尽管 Tesco 在爱尔兰与英国都很注重电视广告与销售点的促销，但是在爱尔兰的促销策略也并不完全与在英国一样。如在爱尔兰市场，Tesco 更注重销售点的促销；而在英国，Tesco 更注重电视广告的促销（如图 6－10）。

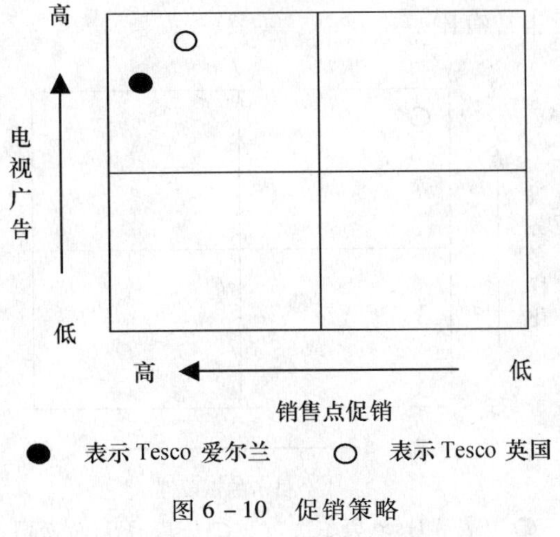

图 6－10　促销策略

(4) 选址与营业时间。在郊区选址是 Tesco 大型综合超市选址的一个基本特点。但是爱尔兰消费者感到过于靠近郊区的选址购物不方便，所以尽管爱尔兰汽车的普及率也很高，由于消费者购物习惯的差异，大型综合超市的选址基本都在城市边缘地区，而不象在英国那样将大型综合超市开在远离城市的郊区。

在爱尔兰消费者需要小型店铺的呼吁下，Tesco 在爱尔兰引入了便利店，首家便利店开在 Belfast，营业时间为 24 小时。但是开业初期，周边的中小零售店铺就对其进行了抗议，原因是他们认为Tesco的24小时开店是一种侵犯其他店铺利益的一种进攻策略，该抗议得到了爱尔兰食品联合会（Irish Grocers' Association）的支持。因此在爱尔兰中小店铺抗议以及相关政策的影响下，在爱尔兰Tesco便利店的营业时间比在英国要短。

（5）客户管理与员工管理。Tesco在英国和爱尔兰都强调客户需求的满足与员工关系良好关系的营造，但是在不同国家的侧重点上稍有差异。在爱尔兰市场，无论是员工关系还是满足客户需求方面，都稍逊于英国市场。

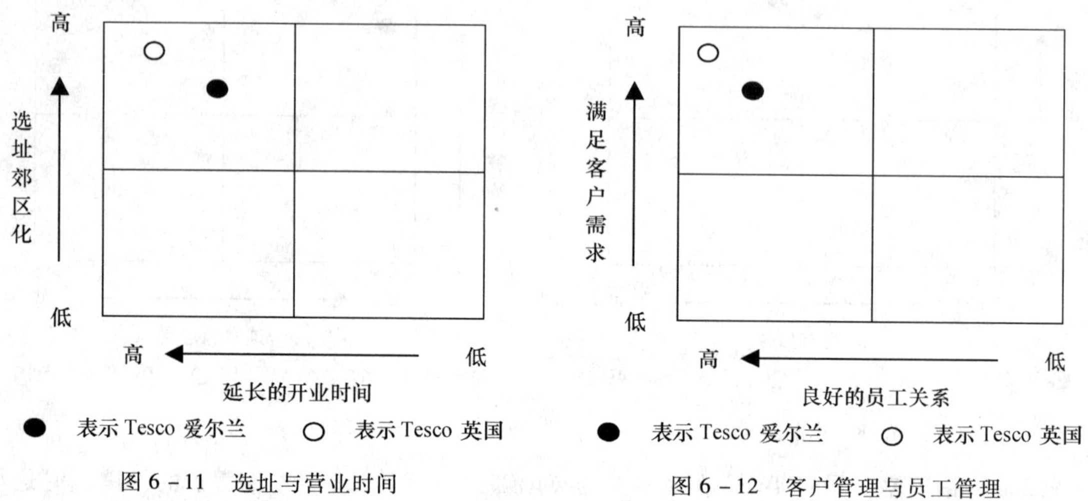

图6-11 选址与营业时间

图6-12 客户管理与员工管理

（6）服务策略。在英国，Tesco非常注重服务的提供，服务的宽度很广，包括提供既可以作为储蓄卡也可以用做购物消费卡的会员卡。在爱尔兰，Tesco只提供给消费者最基本的会员卡，服务提供的宽度非常有限。

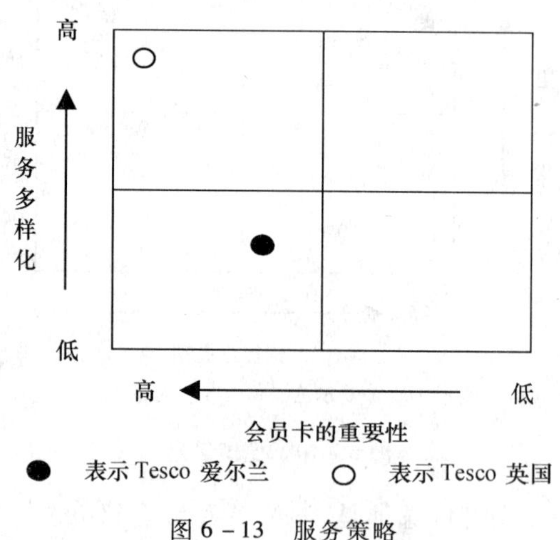

图6-13 服务策略

6.3.2 宜家（IKEA）在中国的标准化与本土化策略

宜家（IKEA）是瑞典的零售企业，是当今世界上最大的家居用品公司之一。1963年宜家在挪威首都奥斯陆开设第一家海外分店，20世纪70年代中期以后，经营触角迅速延伸到了欧美与亚洲许多国家与地区。先后在瑞士（1973 年）、德国（1974 年）、澳大利亚（1975 年）、加拿大（1976 年）、奥地利（1977 年）、荷兰（1978 年）、西班牙（1980 年）、法国（1981 年）、比利时（1984 年）、美国（1985 年）、意大利（1989 年）、波兰（1991 年）、芬兰（1996 年）、中国大陆（1998 年）等 30 个国家开设了海外店铺，总店铺数 200 多家。2001 年，宜家获取了 110 亿欧元收入和超过 11 亿欧元的净利润，成为全球最大的家居用品零售商。1998 年“宜家”家居在中国上海开设第 1 家分店，第 2 年在北京开设第 2 家分店后，京、沪两地的消费者，尤其是年轻人不但常常登门造访，且有时简直就是疯狂采购。2002 年 4 月，在上海漕溪北路又新开一家“宜家”，面积 33000 平方米，是亚洲最大的宜家分店。据悉，2007 年之前，宜家集团将投资 2.5 亿美元，在北京望京小区等地新开 4 个宜家商场；到 2010 年，要在中国开张 10 个标准新宜家。宜家虽然在中国店铺数量不多，但是经营却非常成功，这与宜家恰当的进行标准化与本土化战略密切相关。

6.3.2.1　宜家（IKEA）在中国的标准化战略

（1）渠道策略。宜家在中国采取了国际通行的一层通路的渠道策略：供应商——生产商——宜家店铺。宜家只通过自有店铺销售，保证了顾客需求信息的及时反馈，为满足顾客的服务需求奠定了基础。

（2）轻松自在的购物氛围以及亲身购物体验。轻松自在的购物氛围以及亲身购物体验是全球 170 余家宜家商场的共同特征。购物体验是宜家在全球最大的竞争优势，因此，宜家坚信这种特色在中国市场也会取得成功，事实上证明了这一点。在北京宜家商场，根本看不到“请勿触摸”的标志。宜家鼓励消费者“拉开抽屉，打开柜门，在地毯上走走，或者试一试床和沙发是否坚固”。人们在宜家购物完全成为一种享受（吕萍，2003）。宜家让消费者在一个普通的家具店里看到了未来的家庭图景：原来厨房可以如此整洁、有序；客厅可以如此丰富多彩，功能多样；卧室可以如此温馨舒适。他们在宜家不但买到了称心如意的家居用品，而且学会了许多生活常识和装饰灵感。因此，国际通行的购物体验也成为宜家在中国的竞争优势。

（3）商品的交叉展示及样板间。商品的交叉展示及样板间也是宜家独创的风格，在中国家居市场也是如此。在北京宜家商场的三层，有 58 个家居设计的样板间，有 9 平方米、14 平方米、20 平方米等不同规格的设计。它们会对单身贵族、年轻夫妇、三口之家以及儿童等不同的居住空间提出不同的方案。所有样板间用的都是真材实料。消费者打开柜门，可以看到里面挂的衣服；拉开抽屉，可以看到里面的物品；甚至可以坐在书桌前，拿起笔筒里的笔在桌子上的本子里写几个字，或者坐到沙发上抱着柔软的靠垫休息一下。样板间中的线条、色彩、装饰等细节和谐搭配，为消费者提供既实在又触摸得到的信息（吕萍，2003）。宜家希望消费者能够明白，来这里不仅可以消费，而且可以再创造。进入全球任何一家宜家商场，消费者可以得到免费的卷尺、笔和记录纸。宜家销售的家具是可以随意拆卸、拼装的，消费者可以根据自己的爱好进行再创造。此外消费者还可以自己设计家具的颜色，宜家负责提供所需的油漆。消费者不仅买到了心爱的产品，还买到了 DIY 的乐趣。因此，宜家标准化战略之一——商品的交叉展示及样板间的提供，在中国形成了强大的竞争优势，是任何一家国内家居零售商所无法比拟的。

（4）目录营销。目录营销是宜家的另一个武器。在 1951 年，宜家发行了第一本商品目录，此后，每年 9 月初，在其新的财政年度开始时，宜家都要向广大消费者免费派送制作精美的目录。2001 年，宜家在全球发放了 1.3 亿册目录。2003 年，宜家预计将在北京发行 11

万册目录，在上海发行9万册目录。这些目录上不仅仅列出产品的照片和价格，而且经过设计师的精心设计，从功能性、美观性等方面综合表现宜家产品的特点，顾客可以从中发现家居布置的灵感和实用的解决方案。很多人都把宜家的目录当作装修指导来使用。

6.3.2.2 宜家（IKEA）在中国的本土化战略

（1）选址的本土化。店址由郊区转向繁华地段。在全球各地，宜家一向把自己的商店开到郊区，并且配备宽敞的汽车停车场和其他的便利设施。由于在许多发达国家，消费者都有私家车，交通不成问题，加上人们渴望回归自然的心理，使他们选择郊区作为居住休闲的最佳场所。但是，中国的消费者大多没有私家车，为了获得足够的访问量，宜家把店铺设在了交通便利繁华的地区，并具备一定规模。宜家上海店选址就选在上海繁华的徐家汇商业区旁边。其北京店设在三环线上，同样是交通便利地区，目的是为了获得足够的客流量。

（2）价格本土化。在价格策略上，宜家在全球的定位是低价格，但是这种国际市场的低价格，对中国消费者而言却非常高，因此在中国消费者眼中，宜家已经成为高档次的家居用品。但宜家进入中国初期并没有大幅降低价格。宜家认为高价格有利于树立高品牌形象，宜家希望通过非价格因素在消费者心目中创造认知价值。因此，宜家在中国发展的初期主要是通过品牌、服务的差异建立消费者忠诚，形成竞争优势，而在价格策略上基本保持了国际通行的价位。但是在中国经营一段时间以后，宜家发现目标顾客始终集中在拥有较高收入的中产阶级群体，尤其是20岁到45岁之间年轻、时尚而有钱的女性。一些老百姓甚至把购买宜家家具视为身份的象征。这无疑是对宜家经营最大的一个误解，因为无论在瑞典本土还是北美市场，宜家都是一家典型的“家居便利店”，作为世界上最大的家居提供商，宜家的业务以家居解决方案、为顾客提供质优价廉的便利家具见长。而在中国由于被贴上了“贵族”的标签，导致了宜家在中国客流量大、但是销售量却不高的局面。宜家在中国的销售额增幅一直呈逐年递减的趋势。因此宜家在中国迫切需要回归“平民形象”，实现在中国“为大众服务”的经营理念，这就迫切需要降低价格。从2002年起，宜家调整了价格策略，开始大幅度降低价格，2002年间500余种宜家产品价格降低20%；2003年9月，宜家（中国）又调低了1000多种商品的价格，平均降价10%。通过降低价格，使越来越多的中低收入阶层走进宜家（汤定娜、万后芬，2004）。

（3）采购本土化。采购本土化是宜家本土化战略的重要组成部分，也是其降低成本的一大举措，尤其是可以降低运输成本。由于中国产品物美价廉，目前23%的宜家产品都是通过中国采购并供应全球市场，其中包括灯具、纺织品、家具、塑料制品等所有门类。宜家已在上海、哈尔滨、厦门、蛇口等地建立了5个采购中心，采购量不断增加。宜家还在中国积极发展供应商，现已有362个，这些供应商必须执行宜家对环境和工作条件的标准，以确保供给商品的质量。2004年宜家还将以前在欧洲生产的产品拿到中国来生产，并通过进一步扩大本地采购量来降低成本，以支撑低价格策略。

（4）服务本土化。严格控制各个环节以减少经营成本一直是宜家的制胜法宝。在欧美国家，宜家商店采用自选方式，减少商店的服务人员，并且没有“销售人员”，只有“服务人员”。他们不向顾客促销某件产品，而是由顾客自己决定和体验，除非顾客需要向其咨询。顾客需要自己动手把买到的家具组装起来，而且宜家不提供送货。这些购物的不便利，国外消费者都习惯了。因为宜家在用实际行动告诉顾客，它们在为顾客“省钱”。而中国的消费者却不习惯缺少服务的购物过程。它们更习惯家具厂商在商店里的热情服务，在购买家具等大件时更是将免费送货当作商场应提供的服务。宜家为了适应中国消费者的习惯，也配备了较多的送货车辆，并在消费者的强烈呼吁之下降低了送货费用。

（5）产品设计本土化。宜家在中国采取了直接延伸、适应、创新的产品策略。直接延伸（Straight Extension）是把产品直接推入国外市场，不加任何改动。产品适应（Product Adaptation）是改变产品的设计以适应当地消费者的偏好。在宜家则表现为地区性（Regional version）产品，例如在亚洲地区的唐尼（Donut）杯子更小更轻，以适应亚洲人的手型。产品创新（Product Invention）是指创造一种全新的产品以满足某一国家的需求，或老产品的翻新，把以前的某一种产品形式加以适当改变，正好适合某国现在的需求。例如宜家为中国消费者专门设计了不同款式的筷子，这些产品在其他国家的宜家商场是很难见到的。北京宜家商场的产品构成为：1/3 全球性产品，1/3 地区性（洲际性）产品，1/3 根据中国情况所开发设计的产品（吕萍，2003）。

（6）促销本土化。宜家也非常注重促销的本土化。宜家从 2002 年 9 月 31 日起在北京和上海首播了由其精心制作的 52 集电视系列片“宜家美好生活”，每周一集，每集 8 分钟，解决观众在家居装饰中经常遇到的难题，使其在轻松愉快的气氛中更加了解宜家的产品和服务，欣赏宜家的创意，获得灵感。除此之外，宜家还针对中国的文化风俗不定期地举办主题文化活动，使消费者更多地了解到有关家居方面的知识，帮助消费者创造美好生活，同时也增强了消费者对宜家的认同。例如，在 2003 年 1 月中国最重要的节日“春节”即将来临之际，宜家举办了“欢聚一堂”主题文化活动。按照中国的传统，春节期间会有很多亲戚朋友相互拜访，如何布置好客厅和餐厅，同时创造一种节日的气氛，是消费者最关注的问题。为此，宜家举办了这次主题文化活动，样板间的设计以春节这一基调为主，并向顾客发放宣传册，为消费者提供春节期间布置房间的方案和灵感。这种本土化的主题促销活动加强了宜家和中国目标消费者的沟通，形成了宜家的竞争优势之一。

6.3.3　案例结论

零售商海外经营的标准化与本土化对零售商的经营绩效和竞争优势的形成具有举足轻重的作用。而由于零售商业面对的是一个非常难以“标准化”的市场，因此很难采用一种全球通行的原则、方法来经营不同国家或地区的零售商业。因此零售本土化对于零售商业来说比零售标准化更为重要。以上我们选取了两种不同类型的海外扩张案例。第一个案例 Tesco 向爱尔兰的扩展属于发达国家零售商向发达国家的水平扩张，并且东道国爱尔兰与英国具有极高的市场邻近性，Tesco 的母国市场与爱尔兰市场的心理距离是很小的，但是即使是这样，Tesco 也必须针对爱尔兰消费者的偏好与购物习惯，并且考虑到爱尔兰政府的政策，进行一定程度的本土化调整，尽管许多策略表现得极为相近，但实质上并不是完全的照搬，而是进行了细微的调整。第二个案例宜家在中国的扩张属于发达国家零售商向发展中国家的垂直扩张。这时宜家面临的是一个心理距离较大的市场，这时的本土化策略更加重要。需要注意的是，宜家在中国的经营运用了一些标准化的策略，这些标准化的策略曾经在母国市场对宜家的成功起到了不可忽视的作用，但是这些标准化的策略之所以可以沿用在中国市场，是因为他们符合中国市场的特点与消费者的需求，这是在经过细致周详的考察之后才确定的策略，并不意味着这些策略在任何国家市场都可以进行标准化的复制。根据目标市场的特点确定出合理的本土化边界是零售商海外经营时必须遵循的基本原则。

第 7 章
网上零售企业的竞争优势

7.1 网上购物态势及发展瓶颈

7.1.1 中国网上购物态势

近年来，中国网民数增长迅猛，截至 2007 年 12 月，网民数已增至 2.1 亿人。比 2007 年 6 月增加 4800 万人，2007 年一年则增加了 7300 万人，年增长率达到 53.3%，在过去一年中平均每天增加网民 20 万人。目前中国的网民人数略低于美国的 2.15 亿人，位于世界第二位。

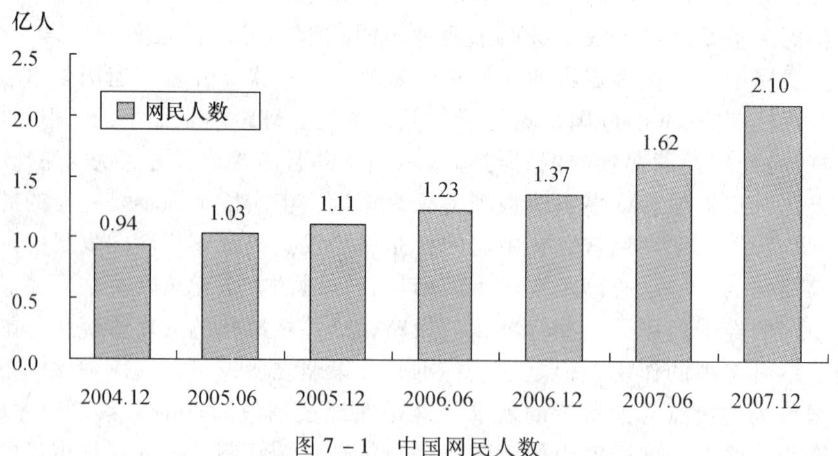

图 7－1　中国网民人数

伴随着网民人数的增加及网络普及率的提高，网上购物逐渐已经成为一种潮流，卖秀、卓越、淘宝、EBUY 等各种购物网站的人气愈发旺盛。网上零售可分为 B2C 和 C2C 两种模式。据易观国际研究显示，2007 年中国 B2C 网上零售市场规模达 46.41 亿元人民币，较 2006 年增长 25%。C2C 网上零售市场经过数年发展，2007 年已占网上零售市场 91% 的市场份额，成为网上零售市场中的最主要组成部分，推动了中国网上零售市场的用户使用习惯的形成和网上零售产业环境的逐步完善。图 7-2、图 7-3 分别展示了 2003～2007 年中国网上零售市场规模以及 2007 年中国网上零售市场细分份额。

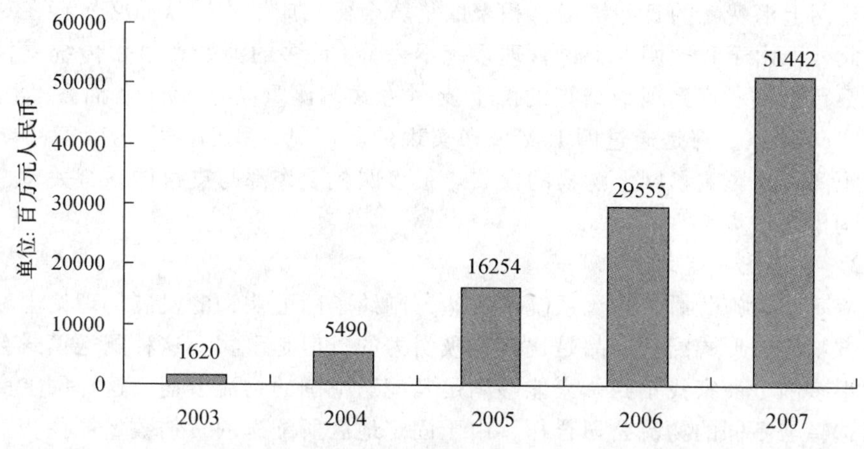

图 7-2　2003～2007 年中国网上零售市场规模

资料来源：易观国际。

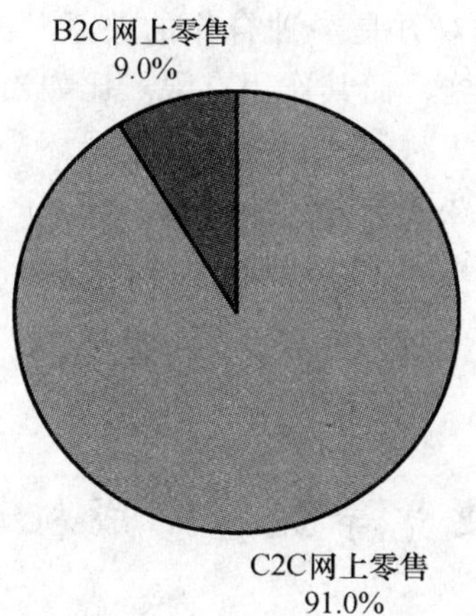

图 7-3　2007 年中国网上零售市场细分份额

资料来源：易观国际。

7.1.2　网上购物发展的瓶颈

网上购物作为一种商务活动过程，其对社会经济的影响远远超过购物过程本身。网络购物的出现不仅给人们传统的生活方式带来一场史无前例的革命，还直接或间接地促进企业、商家、电信、金融、物流等行业的良性发展。然而同任何新生事物一样，网络购物总是让人们喜忧参半，就在人们享受网络购物方便、实惠的同时，网友中不时传来的“被骗事件”，

"送货慢"、"配送服务差"却让我们心生怯意，这些成为制约网上购物发展的瓶颈。

7.1.2.1 网络支付体系瓶颈

网民选择的网络支付方式主要有两种：一种是卖方先交付货物，买方后支付货款的支付方式。另一种是买方先支付，卖方后交付货物。显然，这两种支付方式给买卖双方都带来了一定的信用风险，阻碍了网上购物的良性发展。因此，目前网上"第三方支付"的引入，通过利用第三方使交易货款暂时停留，从而对买卖双方进行约束和监督，这在一定程度解决了信用的不对称，但是从信用角度看，这些支付方式仍然存在一定的风险性，而且对于第三方来说，随着网上消费者的日益增多，积聚的货款金额相应增多，从而必然存在一定的资金安全隐患。此外，由于我国网上支付管理系统不完善，许多的消费者沿用传统支付方式，如邮局汇款、银行汇款、货到现金结算的网下支付方式，比重高达60%。而发达国家网上购物的支付方式98%以上都是通过网上支付来实现的。可见，我国与发达国家的支付体系相差还有一定距离，这影响了网上购物的发展。很多网上欺诈都与支付体系有关，这使得一些消费者对网购望而却步。

7.1.2.2 物流配送瓶颈

国内物流基础设施落后，物流系统不发达，制约了网上购物的发展。理论上看，网上商家采用第三方物流的形式配送商品是比较有吸引力的，但是事实上这种配送模式会遇到很多问题。比如很多网上商家找不到一家能够满足其配送范围的物流公司，这样网上商家只能在不同的地区选择与不同的物流公司合作，由于固定地区所配送的货物数量往往相对偏少，使得网上商家在同物流公司谈判时往往处于不利地位。而且网上商家往往无法对物流配送公司进行有效的管理，这使得送货服务出现很多问题，诸如送货不及时、服务态度不好、售后服务跟进不及时等。主要原因在于双方是一种合作的关系，网上商家无法监控物流公司的配送，只能制订一些相应的制约措施，而其作用有限。比如当地配送公司自行将送货时间限定在周二与周五，人为地延迟了送货时间。当由于货物损坏造成顾客拒收时，送货公司往往推卸责任，使得顾客难以接受。这些问题往往会直接影响到顾客对网上商家的评价，进而会对网上零售商家造成不利影响。也正因为这些原因，才引发了顾客对网上购物配送效率与配送服务的众多抱怨和担忧。

7.2 网上零售企业竞争优势形成机理：一个实证研究

7.2.1 问题的提出

随着网上零售业的迅猛发展，网上零售企业间的竞争也愈发激烈，在这样的背景下，很多学者开始关注网上零售企业的竞争优势问题（宋亦平等，2006；Auger and Gallaugher，1997；Klein，1998）。从顾客角度看，网上顾客忠诚是网上零售企业竞争优势的重要表现，是网上零售企业增加利润的一项最重要的影响因素，尤其是在那些最有可能给企业带来效益的顾客之中，单单是在顾客忠诚方面引起一点小小的变化，都会使最初绩效相似的网上零售企业最终产生很大的区别——或者获得很大的额外回报，或者走向亏损，因此，顾客忠诚是网上零售企业长期获得效益的关键。我们对网上零售企业竞争优势形成机理的探讨主要从网上忠诚顾客培育的视角出发。

然而，维持顾客忠诚，对于网上零售企业来说，却无疑是一个巨大的挑战。首先，互联网极大减少了消费者的搜索成本。消费者只要轻松地点击鼠标就可以比较和选购来自世界各地的商品，只要不喜欢某个企业，随时都可以改购其他企业的商品；其次，互联网降低了企业进入成本，因此使进入者可以畅通无阻的进入网络零售业，结果，网上零售商的数量迅速增加，导致对消费者的争夺战日趋激烈；再次，互联网也减少了企业之间的差异，这是因为网络是以开放的技术为基础的，因此企业的网页就很容易被竞争者模仿或者复制，这便在无形中增加了网上零售企业试图通过差异性来吸引消费者的难度（Urban 等，2000；Vatanasombut 等，2004）。

那么对于网上零售企业而言，如何才能真正赢得忠诚顾客呢？为了有效解决这一问题，不少学者对网上零售顾客忠诚的影响因素进行了探究，但是研究结论并不一致（Srinivasan 等，2002；Lin 和 Lu，2000；Gommans 等，2001；Gefen，2002；Anderson 和 Srinivasan，2003；Luarn 和 Lin；2003）。一些学者认为感知价值、顾客满意、顾客信任都有可能对网上零售顾客忠诚产生影响（Eugene 和 Sulivan，1993；Srinivasan 等，2002；Mukherjee 和 Nath，2007）。但是在零售经营实践中，顾客感知价值、顾客满意、顾客信任同顾客忠诚之间的关系，以及顾客感知价值、顾客满意、顾客信任之间的交互作用是非常复杂的，在受到其他干扰因素的情况下，上述变量之间的关系会出现显著变化（Oliver，1999）。以顾客满意与顾客忠诚的关系为例，根据美国贝恩公司的一项调查显示，在声称对公司产品满意甚至十分满意的顾客中，有 65% ~85% 的人会转购其他产品，这意味着满意的顾客也可能“跳槽”，而去改购其他企业的产品和服务（Reichheld，1996）。尤其是在信息技术时代，顾客转换行为发生的频率更高，有研究表明，超过 50% 的顾客在两次浏览网站后就转换到其他地方了（Reichheld 和 Schefter，2000）。这充分说明了满意与忠诚之间的关系会因一些外在原因而呈现变化性，一些研究者认为这些变化性主要源自转换成本（switching costs）的影响（Fornell，1992；Jones 和 Sasser，1995）。也就是说，转换成本作为一个调节变量对零售顾客忠诚起着重要影响作用。

但是纵观国内外现有的对网上零售顾客忠诚的研究文献，或者仅仅把转换成本看作直接影响顾客忠诚的一个因素，或者没有把转换成本纳入到顾客忠诚的模型之中，忽视了转换成本对影响顾客忠诚各路径的调节作用（桑辉，2007；Koo，2006）。所以本部分拟在对国内外相关研究进行系统回顾的基础上，建立考虑转换成本调节作用的网上零售顾客忠诚形成机理的概念模型，并通过实证研究考察中国消费者网上购物忠诚的影响因素及转换成本在其中的调节作用，从而为网上零售企业更好的制定营销策略提供依据和参考。

7.2.2　文献回顾

7.2.2.1　顾客感知价值

顾客感知价值是衡量企业竞争优势，预测顾客重复购买意向的最重要指标（Murray，1991），但至今国内外学者还没有对顾客感知价值的概念形成完全统一的观点。Zeithaml（1988）认为顾客感知价值的核心是感知利得（perceived benefits）与感知利失（perceived sacrifices）之间的权衡，其中所谓的感知利得指的是顾客从购买的产品中所能获取的各种价值的集合；所谓的感知利失主要包括顾客付出的各种成本（货币成本、时间成本、搜寻成本、学习成本、情感成本等）、认知努力以及各种风险（财务风险、社会风险和心理风险等）。Parasuraman（2000）将顾客感知价值的构成因素归纳为产品质量、服务质量以及价格，尤其强调"服务质量"是顾客感知价值的一个重要的构成因素，因为仅仅依靠优质的产品和合理的定价都不足以在市场上维持持久的竞争优势，而服务质量要比产品质量和价格更加难以被竞争对手所有效模仿。但是网上顾客感知价值与传统的顾客感知价值所包含的维度有所差异。一些学者从网络商店本身给消费者的体验的角度对网上顾客感知价值的构成进行了探讨，如 Jarvenpaa 和 Todd（1997）认为在网络环境下顾客感知价值由产品感知、服务感知、购买体验以及消费者网上交易风险组成；也有学者从顾客使用网络的需求为起源提出了网上顾客感知价值的构成要素，如包括经济性、信息、互动自主、社会化、社会逃避、基于交易基础的安全与隐私以及基于非交易基础的隐私（Korgaonkar 和 Wolin，1999）。Keeney（1999）整合了前人的观点，认为网上顾客感知价值包括节省金钱价值、节省时间价值、便利性价值、购物品质价值、娱乐价值、交易安全价值、隐私权重视价值、环境保护价值。

7.2.2.2 顾客满意

顾客满意通常被认为是顾客重复性购买、口碑效应和顾客忠诚的重要决定因素，它能够通过阻止顾客的背叛行为来提高企业的利润率（Reichheld，1993）。因此，理论界和实践界都把追求较高的顾客满意度看作企业经营管理工作的一项重要目标（Oliver 等，1992）。目前学术界普遍接受"顾客满意就是一种期望与感知的认知比较过程"这一说法（Yi，1990；Oliver，1997），即认为顾客满意是顾客购买或消费某一特定服务后，对消费经历的一种评价和判断（Szymanski 和 Henard，2001）。后来又有学者提出，满意不仅仅是一个认知的过程，也包含着情感因素（Babin 和 Mitch，1998）。而就顾客满意的概念本身，存在两种不同的界定方法：一是交易导向的顾客满意，即顾客对特定购买交易行为的事后评价（Howard 和 Sheath，1969）；二是累积性顾客满意，即顾客基于全面购买与消费经验而进行的总体评价（Fornell 等，1996）。

7.2.2.3 顾客信任

顾客信任是随着关系营销学派的出现而逐渐被研究者关注，但是不同学者对顾客信任的定义各不相同。Rotter（1967）将顾客信任定义为"个人对其他可以依赖的个人或群体的言语、许诺、口头或书面的陈述所持有的期望"。Moorman 等（1993）将顾客信任定义为"某人对某一交易伙伴具有信心并认为可依赖的意愿"，这一定义中的信任同时包含信念和行为意愿两个维度，这两者缺一不可，如果一个人认为对方是可信的却不愿依赖对方，那么这个人对对方只有有限的信任（limited trust），而如果依赖对方却对对方的可信性有疑问则更多的是体现权力和控制，而不是信任。但 Morgan 和 Hunt（1994）却认为，只要一方对交易伙伴的可靠性和诚实性具有信心，就存在信任，所以行为意愿只是信任的结果，而不是作为信任概念的一部分。与传统购买方式相比较，网上购物的顾客面临更大的购买风险和不确定性，许多消费者不能接受上网络购物的最大原因是不愿意在网站上透露个人资讯（Sun - Joon，2002）。因此，在网络交易中，网络商店若能建立并维系消费者对其的信赖，则可降低消费者感知风险，提高消费者忠诚度。

7.2.2.4 顾客忠诚

顾客忠诚理论来自对消费品领域的研究（Jacoby 和 Chestnut，1978）。以前研究者大多从行为视角定义顾客忠诚，认为顾客忠诚是指顾客对于某服务提供商非常信任，并经常购买某品牌商品或只去某企业购物。然而这种观点因缺乏概念基础及忽视了动态性而被广泛批评。20 世纪 90 年代初期，态度忠诚理论被提出（Hallowell，1996；Dick 和 Basu，1994），Dick 和 Basu（1994）将顾客忠诚细分为四种不同的状态：行为忠诚、情感忠诚、认知忠诚、意向忠诚。汪纯孝等（2003）认为顾客的认知性忠诚感、情感性忠诚感、意向性忠诚感实质上是态度忠诚的三个组成部分，只有同时具有态度忠诚感和行为忠诚感的顾客才是真正的忠诚顾客。应该说顾客忠诚理论发展至今已经比较成熟，但是网上顾客忠诚却是一个新兴的概念，只有少数学者就网上顾客忠诚给出其相关解释，并且就其内涵来说，学者们还没有形成一个统一的说法。Reichheld（1996）认为网络顾客忠诚度与实体店铺的顾客忠诚度一样，表现为购买频率增加、购买数量与金额增加以及价格敏感度降低。Smith（2001）同样也认为网络顾客忠诚（e－loyalty）与传统的顾客忠诚（loyalty）在本质上都是相同的。但是也有一些学者认为网上顾客忠诚与传统的忠诚有着显著的不同，主要表现在网上忠诚的一些特殊属性上，如 Gillespie 等（1999）认为网络顾客忠诚度还包括消费者在一定时间内访问网站的次数、每次停留的时间与每次浏览信息的深度等，所以对于网上顾客忠诚的测量指标需要重新界定。

7.2.2.5　转换成本

转换成本的完整概念最早是由 Porter（1980）提出，他认为转换成本是顾客在更换运营商时所必须面对的固定成本。事实上，转换成本作为顾客从一种产品或服务向另一种产品或服务转移时所感知的成本，是一个复杂变量，不同学者从经济学、心理学和营销学等不同角度，对转换成本的构成进行了归纳。如 Fornell（1992）把转换成本看作是顾客从一位服务提供商转换到另一位服务提供商时所感知到的经济和心理成本。Jones 等（2002）把转换成本定义为由于转换服务提供商所感知到的时间，金钱和努力的成本。Dwyer 和 Tanner（2002）认为转换成本包括放弃已有的价值、经济性的惩罚，欲寻找、评估、以新的服务商取代既有服务商的相关费用。Burnham 等（2003）认为转换成本包括程序性转换成本、财务性转换成本、关系转换成本，程序性转换成本主要由经济风险成本、评估成本、学习成本、建立成本组成，这种转换成本主要涉及顾客在时间和精力上的花费；财务性转换成本包括利益损失成本和货币损失成本，这种转换成本是指顾客可计量的财务资源的损失；关系性转换成本，包括个人关系损失成本和品牌关系损失成本，这种转换成本主要是指顾客在情感上或心理上的损失，涉及了顾客因为身份或契约关系的打破而导致的心理及情感上的不舒适感。桑辉（2007）研究了网上顾客转换成本的影响因素及其结果，认为产品复杂性、产品异质性、在线关怀性、在线便利性、使用的态度和相关经验对顾客转换成本具有不同程度的影响，顾客感知的程序性转换成本可能随着感知产品复杂性或者在线关怀型的提高而增加，而在某种程度上，对那些使用过其他产品或服务供应商的顾客，因为其具有的相关经验而可以减少程序性转换成本。顾客感知的财务性转换成本可能通过扩大产品复杂性的感知，提供在线关怀而得到提高。关系性转换成本可以通过提高产品的复杂性、在线关怀性，顾客更广泛的产品使用，提高在线使用的便利性来得到提高。近年来，一些学者开始关注转换成本在顾客忠诚形成机理中的调节作用，如 Serken 等（2005）、Yang 和 Petterson（2004）都发现转换成本可能会影响顾客满意到顾客忠诚之间的连接，较高的转换成本可能提升了顾客满意度与忠诚度之间的关系。但是转换成本在网上零售顾客忠诚影响机理中的调节作用，并没有得到有效验证。这与网上零售业本身兴起较晚，并且影响网上顾客忠诚的各因素所包含的构面在学术界还没有达成共识有一定关系。

7.2.3 研究假设与模型构建

7.2.3.1 基本理论假设

本研究探讨转换成本在网上零售顾客忠诚形成过程中的调节作用，需要首先构建网上零售顾客忠诚形成的基本模型。网上顾客忠诚是行为忠诚和态度忠诚的统一。行为忠诚侧重于顾客对产品或服务的重复购买，态度忠诚则更倾向于顾客对产品和服务的一种偏好和依赖。所以行为忠诚会增加公司的市场占有率，而态度忠诚则会提升公司品牌形象和市场价值，只有行为上的忠诚而没有态度上的忠诚只是一种虚假忠诚（Chaudhuri 和 Holbrook，2001）。在本部分中，我们将行为忠诚和态度忠诚区分开来，更好的探究不同维度顾客忠诚形成的影响因素。但是行为忠诚与态度忠诚之间往往存在一定的关系，在大多数情况下，如果顾客在与服务提供者交往过程中持有赞许和信任的态度，甚至产生依恋的情感，则顾客发生重复购买行为的可能性就非常大（Dick 和 Basu，1994），据此，本部分对态度忠诚与行为忠诚之间关系提出如下研究假设：

H1：网上零售顾客态度忠诚对网上顾客行为忠诚有显著正向影响。

网上顾客信任被认为是顾客对网络零售商的诚信（信守承诺）、善意（满足顾客利益和意愿）、能力（满足顾客需求的能力）和可预见性（行为的一贯性）所保持的意念（Gefen 等，2003）。Sirdeshmukh 等（2002）的研究显示，信任直接影响顾客忠诚。Ko 等（2001）的实证研究结果表明，顾客对企业的信任感对顾客的意向性忠诚感有正向影响。Chaudhuri 和 Holbrook（2001）发现顾客的信任感影响顾客的态度忠诚感和行为忠诚感。因此本部分提出以下研究假设：

H2：网上零售顾客信任对网上顾客态度忠诚有显著正向影响；

H3：网上零售顾客信任对网上顾客行为忠诚有显著正向影响。

满意度常常被认为是顾客忠诚度的前因（Anderson 和 Sullivan，1993；Fornell，1992）。但是满意度与忠诚度的关系有时呈现非对称性，Oliver（1999）认为忠诚的顾客传统意义上都是满意的，但是满意却不总是转化为忠诚。Ranaweera 和 Prabhu（2003）认为，在满意与忠诚之间存在“顾客信任”的中间作用影响，也就是说顾客满意对顾客忠诚的影响可能通过顾客信任作为中介。还有一些针对网上购物过程中顾客满意与顾客忠诚之间关系的研究表明，网上购买行为的满意度影响着顾客重复惠顾意向、意向性忠诚、情感忠诚与认知忠诚（Harris 和 Goode，2004）。据此，我们作如下假设：

H4：网上零售顾客满意对网上顾客态度忠诚有显著正向影响；

H5：网上零售顾客满意对网上顾客行为忠诚有显著正向影响；

H6：网上零售顾客满意对网上顾客信任有显著正向影响。

很多研究表明，顾客感知价值是影响顾客忠诚和购后行为的关键所在（Woodruff，1997）。Sirohi 等（1998）、Jones 和 Sasser（1995）的研究都发现，感知价值同顾客忠诚意向正相关，而这种作用只在高度竞争环境中存在。但赵卫宏（2007）认为网上顾客感知价值并不直接地影响顾客忠诚，而是通过满意度和信任间接地影响顾客忠诚，Fornell 等（1996）也认为顾客感知价值同时也是顾客满意的前置因素，并通过顾客满意间接影响着顾客忠诚。

Gomez（2004）等在研究顾客感知价值对顾客满意的作用时发现，增加顾客的感知价值，顾客满意度将明显增加。据此，我们尝试作如下研究假设：

H7：网上零售顾客感知价值对顾客态度忠诚有显著正向影响；

H8：网上零售顾客感知价值对顾客行为忠诚有显著正向影响；

H9：网上零售顾客感知价值对顾客满意有显著正向影响；

H10：网上零售顾客感知价值对顾客信任有显著正向影响。

7.2.3.2　转换成本的调节作用

近几年来，转换成本的调节作用开始逐渐被学者们所关注。Yang 和 Peterson（2004）研究了转换成本在服务感知价值和忠诚之间的调节作用，结果证明只有当感知价值在平均水平以上时，转换成本的调节作用才十分显著。他们认为，当顾客具有较高的感知价值时，尤其在转换成本较高的时候，他们很大可能不会转换买家。因为他们认为很难找到提供更好的服务的买家，并且转换所需要的成本太高。此时，转换成本便具有阻止顾客转换的作用。20 世纪初，转换成本在满意与忠诚之间的调节作用被很多学者所证实（Serken 等，2005；Lee 等，2001），但是研究结论并不一致，Lee 等（2001）发现转换成本在满意与忠诚之间起着正向的调节作用，Serken 等（2005）却认为转换成本在满意与忠诚之间具有反向的调节作用。另外，Yang 和 Peterson（2004）发现只有当顾客满意在平均水平以上时，转换成本在满意与忠诚之间的调节作用才十分显著。尽管各个学者的观点不完全相同，但是可以肯定转换成本在满意和忠诚之间的调节作用是确实存在的。还有一些研究验证了转换成本在顾客信任与顾客忠诚之间存在调节作用，顾客转换成本越高（越低），信任越容易（不容易）形成忠实（Burnham 等，2003；Neilson，1996）。但是以上研究大多都以非在线购物的消费者为研究样本，没有反映出网上购物的特性，而且只是把忠诚作为一维变量来进行分析，没有区分行为忠诚与态度忠诚，这样便会容易形成一个模糊的结果（Mukherjee 和 Nath，2007）。本研究为了系统研究网上转换成本在网上顾客忠诚形成中的调节作用，提出如下假设：

H11：网上转换成本会对模型各变量关系产生调节作用。

根据以上提出的假设，我们可以初步构建本研究的概念模型，如图 7-4 所示。

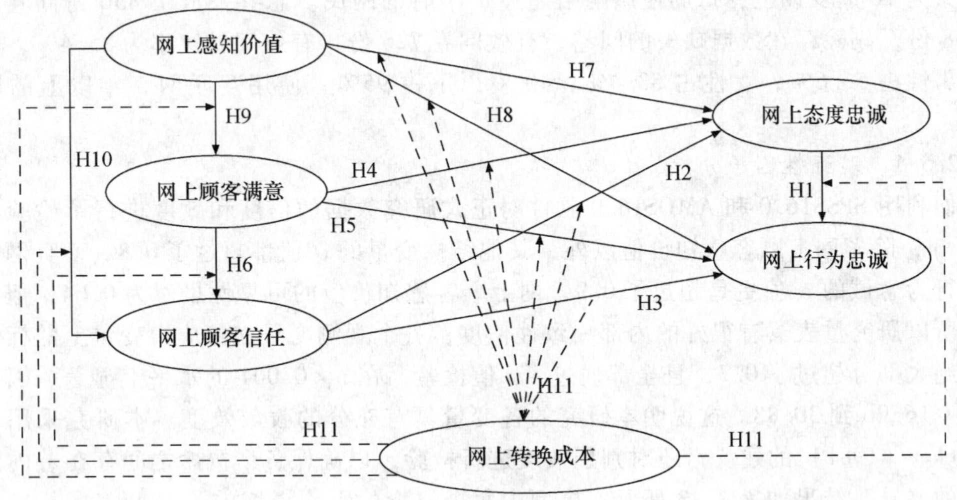

图 7-4　概念模型

7.2.4 研究方法

7.2.4.1 量表开发与设计

遵循 Churchill（1979）提出的量表设计原则，我们按照如下步骤来获得测量题项：①在对国外文献研究的基础上，找出适用的题项。网上感知价值的问项主要参考 Keeney（1999），Caruana 等（2000），Sweeney 和 Soutar（2001）；网上顾客满意的问项主要来源于 Mcdougall 和 Levesque（2000），Anderson 和 Fornell（2000）；网上顾客信任的问项主要来自 Lee 和 Turban（2001）；网上顾客忠诚（包括行为忠诚和态度忠诚）的问项主要参照了 Sirohi 等（1998），Lee 等（2001），Dick 和 Basu（1994），Chaudhuri 和 Holbrook（2001）等的研究成果；网上转换成本的问项则主要依据 Burnham 等（2003），Jones 等（2002），Serken 等（2005）。而后针对原始测量题项，经过 2 轮英汉互译对照，形成了初始量表。②为了确保量表的效度，在尽可能保持原量表的基础上，根据概念框架的需要，结合相关理论概念，以及对 12 名具有丰富网上购物经历的消费者的深入访谈，自行发展了一些题项，以弥补现有文献的不足和适应概念框架的需要。③在此基础上，笔者确定了 30 个问项，均采用 Likert 7 点量表格式设计，“1” 表示完全不同意，“7” 表示完全同意。

7.2.4.2 探索性因子分析

在做大规模样本调查以前，我们开展了小样本的探索性因子分析，搜集 109 份样本，对问卷进行预测试，回收 95 份，将数据用 SPSS16.0 统计软件进行探索性因子分析。结果显示 KMO 为 0.667，并通过了 Bartlett's 球度检验（$p<0.000$），表明数据具有因子分析的条件。根据指标项在一个维度中的因子载荷值要高于 0.5，而在其他维度中的载荷不超过 0.4，并且尽可能保证每一维度有不少于三个指标的原则，删除不达标的 8 个题项，得到了用于验证性因子分析的正式量表（见表 7－1）。

7.2.5 正式调研分析

正式研究在 2008 年 5 月 6 日至 2008 年 6 月 6 日期间，通过问卷调查的形式采集数据，调查对象为 18 周岁以上，每周使用网络超过 1 小时的网民。总共发放了 850 份问卷，回收问卷 758 份，剔除存在数据缺失的问卷，有效问卷 726 份，有效问卷比率为 85.4%。在应答者中，男性占 56.6%，女性占 53.4%；40 岁以下占 95%；使用互联网 5 年以上的顾客占 39%。

7.2.5.1 验证性因子分析

我们利用 SPSS16.0 和 AMOS16.0 软件对正式研究数据的信度和效度进行了检验。由表 7－2 可知，除了网上顾客感知价值以外，其他结构变量的 α 值都超过了 0.8，而且网上态度忠诚和行为忠诚的 α 值更是超过了 0.9，网上顾客感知价值的可靠性虽然为 0.64，但也可以接受，所以研究量表具有很好的内部一致性信度；各个观测变量在相应潜变量上的标准化载荷系数绝大部分超过了 0.7，且全部通过了 t 值检验，在 $p<0.001$ 的水平上显著，因子载荷的 t 值从 16.96 到 30.88。这说明本研究的各变量具有充分的收敛效度。本研究采用 Fornell and Larcker（1981）的建议，还对判别效度进行检验，以确保各个概念之间存在着内涵和实证方面的差异，结果如表 7－3 所示，模型中每个概念的平均提炼方差（AVE）的平方根均大于该概念与其他概念的相关系数，这表明本研究使用的量表具有很好的判别效度。此外，

表 7－1　　测 量 量 表

题项名称	题项数	测 量 内 容
网上顾客感知价值（PV）	4	PV1：就我在该网站购物的价格而言，十分划算 PV2：与我得到的相比，在该网站购物花费的时间是值得的 PV3：就我在该网站交易的过程而言，十分安全 PV4：该网上零售商提供的服务是“超值”的
网上顾客满意（CS）	3	CS1：我对我在该购物网站的购物经历非常满意 CS2：我对我在该购物网站的购物经历非常愉快 CS3：我对该购物网站非常满意
网上顾客信任（CT）	4	CT1：我相信不需监督，该购物网站也会审慎地处理我的个人数据 CT2：我认为该购物网站不会损害顾客的利益 CT3：我认为该购物网站不会欺骗顾客 CT4：我相信该网站的品牌可以确保其产品和服务的质量
网上转换成本（SC）	4	SC1：选择另一家购物网站需要花费我的时间和精力 SC2：对于其他购物网站能否带来很好的服务，我不太确定 SC3：如果中止与该购物网站的关系，我会感到有些不适 SC4：如果放弃使用这个网站，我会损失在这个网站上所累积的优惠
网上态度忠诚（CAL）	3	CAL1：我认为我是该购物网站的忠实顾客 CAL2：我愿意持续使用该购物网站的服务，因为该购物网站对我而言是最佳选择 CAL3：在该购物网站消费后，我会想建立长久的交易关系
网上行为忠诚（CBL）	4	CBL1：我非常愿意在该购物网站上购物 CBL2：我会推荐给别人我所使用的购物网站 CBL3：只要该购物网站继续提供目前的服务，我就不会更换目前使用的网站 CBL4：我会鼓励我的朋友和亲戚到此购物网站上去交易

测量模型与数据的拟合度指标为：$\chi^2=503.51$；df＝194；RMSEA＝0.047；GFI＝0.94；AGFI＝0.93；PGFI＝0.72；NFI＝0.94；PNFI＝0.79；CFI＝0.91；IFI＝0.96，NNFI＝0.95，表明测量模型和数据具有较好的拟合度。

表 7－2　　观测变量的信度和效度检验结果

结构变量	观测变量	标准化载荷系数	T 值	信度（α）
网上顾客感知价值（PV）	PV1	0.72***	21.38	0.64
	PV2	0.81***	25.66	
	PV3	0.62***	17.79	
	PV4	0.59***	16.96	
网上顾客满意（CS）	CS1	0.90***	28.58	0.85
	CS2	0.91***	29.20	
	CS3	0.64***	18.69	
网上顾客信任（CT）	CT1	0.61***	17.49	0.86
	CT2	0.84***	26.65	
	CT3	0.80***	25.08	
	CT4	0.92***	30.65	

续表

结构变量	观测变量	标准化载荷系数	T值	信度（α）
网上转换成本（SC）	SC1	0.82***	25.78	0.85
	SC2	0.76***	23.40	
	SC3	0.69***	20.39	
	SC4	0.92***	30.49	
网上态度忠诚（CAL）	CAL1	0.91***	31.24	0.93
	CAL2	0.91***	30.88	
	CAL3	0.88***	29.70	
网上行为忠诚（CBL）	CBL1	0.82***	26.22	0.90
	CBL2	0.87***	28.60	
	CBL3	0.86***	28.10	
	CBL4	0.78***	24.10	

注：*** 代表 $p<0.001$

表7-3　相关系数矩阵与平均提炼方差（AVE）的平方根

	PV	CS	CT	SC	CAL	CBL
网上顾客感知价值（PV）	0.69					
网上顾客满意（CS）	0.64	0.83				
网上顾客信任（CT）	0.30	0.65	0.80			
网上转换成本（SC）	0.30	0.25	0.29	0.80		
网上态度忠诚（CAL）	0.41	0.47	0.47	0.38	0.90	
网上行为忠诚（CBL）	0.45	0.43	0.24	0.59	0.50	0.83

注：对角线上的数字为AVE的平方根，对角线下方是各潜在变量的相关系数。

7.2.5.2 基本模型的路径检验

在确认了测量模型的信度和效度以后，我们通过AMOS16.0软件，采用最大似然估计的方法来计算模型拟合优度指标和各路径系数的估计值。拟合优度指标反映了结构模型整体的可接受程度。分析结果显示，绝对拟合指数 $\chi^2/df=2.10$，RMSEA = 0.039，GFI = 0.96，AGFI = 0.95，PGFI = 0.70，NFI = 0.96，PNFI = 0.78，CFI = 0.98，IFI = 0.98，NNFI = 0.97，说明设定模型的拟合优度很理想。

接下来，我们对设定模型的标准化路径系数进行了检验，如表7-4所示。从模型结果上看，10条假设路径中有两条没有通过显著性检验，即网上顾客信任对网上顾客行为忠诚，网上感知价值对网上顾客信任都不存在显著影响。对网上行为忠诚影响最大的是网上顾客满意（路径系数0.32），其次依次为网上态度忠诚（路径系数0.31）、网上感知价值（路径系数0.18）；对网上态度忠诚影响最大的也是网上顾客满意（路径系数为0.25），其次依次为网上顾客信任（路径系数0.23）、网上感知价值（路径系数0.16）。此外，网上感知价值对顾客满意存在显著的正向影响（路径系数0.64），网上顾客满意对顾客信任也存在显著正向影响（路径系数0.60）。

表 7-4　　模型的路径检验、拟合优度和假设检验结果

假设路径关系	标准化路径系数	T 值	结　论
网上态度忠诚→网上行为忠诚（H1）	0.31***	5.43	支持
网上顾客信任→网上态度忠诚（H2）	0.23***	3.78	支持
网上顾客信任→网上行为忠诚（H3）	0.04	0.76	不支持
网上顾客满意→网上态度忠诚（H4）	0.25***	4.03	支持
网上顾客满意→网上行为忠诚（H5）	0.32***	5.14	支持
网上顾客满意→网上顾客信任（H6）	0.60***	11.77	支持
网上感知价值→网上态度忠诚（H7）	0.16**	3.02	支持
网上感知价值→网上行为忠诚（H8）	0.18**	2.87	支持
网上感知价值→网上顾客满意（H9）	0.64***	13.72	支持
网上感知价值→网上顾客信任（H10）	0.08	1.15	不支持

注：** 代表 $p<0.01$；*** 代表 $p<0.001$。

7.2.5.3　转换成本调节作用的检验

为了探究转换成本对最终模型变量关系的调节作用，我们首先利用 SPSS16.0 中的 TwoStep 聚类分析将整个样本根据转换成本自动归并为两类，其中一类为高转换成本样本，另一类为低转换成本样本。于是我们把原始数据依照聚类分析的结果分解为两个子样本以验证变量关系的变化。两样本数量分别为 334 和 392，均达到了结构方程分析对样本量的最低要求。

我们对两个样本分别作结构方程分析，首先比较了拟合优度指标（见表 7-5），发现在高转换成本样本和低转换成本样本下，各项拟合优度指标与总样本相比略有下降，但都满足指标的最低要求。我们进一步比较路径系数和 T 值发现，在高转换成本和低转换成本的样本中，网上顾客信任到网上行为忠诚，以及网上感知价值到网上顾客信任的路径都没有通过 T 检验，这和总样本的情况一致。网上顾客满意到网上态度忠诚、网上顾客满意到网上行为忠诚以及网上感知价值到网上行为忠诚这三条路径（表中阴影部分），在高、低转换成本环境下呈现出较大的差异。

下面，我们尝试对不同转换成本的模型进行恒定性检验（invariance test），以此来进一步分析转换成本对各路径的调节作用。恒定性检验是检验模型在不同样本间是否具有显著性差异的方法，包括对模型的变量数、观测变量对其相应结构变量的负载以及结构变量之间的路径系数等方面的检验。恒定性检验按照条件限制逐渐苛刻，可分为模型形态相同检验、因子负荷等同检验、误差方差等同检验、因子方差等同检验和因子协方差等同检验。由于我们只需检验转换成本对路径系数的影响效应，故只进行前两种检验。

首先对模型进行形态检验，结果见表 7-6，各项指标均拟合得较好，说明从模型形态上看，该模型在高、低转换成本样本中具有普适性。下面进一步进行因子负荷等同检验，虽然 NNFI，CFI，GFI，RMSEA 等指标拟合得较好，$\Delta\chi^2_{d.f.=10}=41.46$，该数字在 $p<0.001$ 的水平上具有统计显著性，说明因子负荷等同检验不能通过，也就是说，在不同的转换成本环境中，模型的路径系数出现了显著的变化。于是，又进一步探求究竟哪些路径发生了显著变化。

表 7－5　转换成本对路径关系的调节作用

原假设路径关系	总样本模型		高转换成本样本模型		低转换成本样本模型	
	标准化路径系数	T 值	标准化路径系数	T 值	标准化路径系数	T 值
CAL→CBL（H1）	0.31***	5.43	0.26***	3.98	0.30***	4.33
CT→CAL（H2）	0.23***	3.78	0.20**	2.71	0.24**	2.89
CT→CBL（H3）	0.04	0.76	0.03	0.55	0.10	1.30
CS→CAL（H4）	0.25***	4.03	0.39***	4.86	0.21**	2.85
CS→CBL（H5）	0.32***	5.14	0.45***	5.36	0.23**	2.69
CS→CT（H6）	0.60***	11.77	0.61***	8.96	0.60***	6.10
PV→CAL（H7）	0.16**	3.02	0.13**	2.71	0.16**	2.88
PV→CBL（H8）	0.18**	2.87	0.25***	4.01	0.12**	2.71
PV→CS（H9）	0.64***	13.72	0.69***	11.34	0.60***	9.32
PV→CT（H10）	0.08	1.15	0.03	0.55	0.11	1.63
模型拟合优度	χ^2＝262.62；df＝125； RMSEA＝0.039；GFI＝0.96； AGFI＝0.95；PGFI＝0.70； NFI＝0.96；PNFI＝0.78； CFI＝0.98；IFI＝0.98 NNFI＝0.97		χ^2＝268.75；df＝125； RMSEA＝0.054；GFI＝0.93； AGFI＝0.91；PGFI＝0.68； NFI＝0.93；PNFI＝0.76； CFI＝0.96；IFI＝0.96 NNFI＝0.95		χ^2＝231.685；df＝125； RMSEA＝0.051；GFI＝0.93； AGFI＝0.90；PGFI＝0.68； NFI＝0.93；PNFI＝0.76； CFI＝0.97；IFI＝0.97 NNFI＝0.96	

注：** 代表 $p<0.01$；*** 代表 $p<0.001$。

表 7－6　模型的恒定性检验

路　径	模型拟合优度						
	χ^2	NNFI	CFI	GFI	RMSEA	d. f.	$\triangle\chi^2$
模型形态检验	500.44	0.95	0.96	0.93	0.037	250	—
因子负荷等同检验	541.90	0.95	0.96	0.93	0.037	260	41.46***
CAL→CBL	500.64	0.95	0.96	0.93	0.037	251	0.21
CT→CAL	500.62	0.95	0.96	0.93	0.037	251	0.18
CT→CBL	501.97	0.95	0.96	0.93	0.037	251	1.53
CS→CAL	507.25	0.95	0.96	0.93	0.038	251	6.81**
CS→CBL	510.25	0.94	0.96	0.93	0.038	251	9.81**
CS→CT	500.44	0.95	0.96	0.93	0.037	251	0.00
PV→CAL	501.48	0.95	0.96	0.93	0.037	251	1.05
PV→CBL	509.06	0.95	0.96	0.93	0.037	251	8.62**
PV→CS	501.64	0.95	0.96	0.93	0.037	251	1.20
PV→CT	503.21	0.95	0.96	0.93	0.037	251	2.77

注：** 代表 $p<0.01$；*** 代表 $p<0.001$。

我们先检验网上态度忠诚到网上行为忠诚（CAL→CBL）的路径系数，在 AMOS 程序中，设定该系数在恒定检验中保持不变，把其他路径系数设置为自由，结果如表 7－6 所示，

$\chi^2 = 500.64$，$\Delta\chi^2_{d.f.=1} = 0.21$，该数字在 0.05 统计水平上并不显著，从而说明模型能够通过恒定性检验，并进而说明转换成本对该路径的调节作用没有通过验证。同理，检验其他 9 条路径，结果发现，只有网上顾客满意到网上态度忠诚（CS→CAL），网上顾客满意到网上行为忠诚（CS→CBL）以及网上感知价值到网上行为忠诚（PV→CBL）的路径系数产生了显著变化，其他各路径系数的变化均小于统计临界值，说明变化是不显著的。

通过以上的分析可以看出，转换成本确实对最终模型起到了较为显著的正向调节作用。而这种调节作用主要体现在高转换成本环境中，网上顾客满意到网上态度忠诚的路径系数，网上顾客满意到网上行为忠诚的路径系数，以及网上感知价值到网上行为忠诚的路径系数明显高于低转换成本环境下的系数，这说明在高转换成本条件下，同样的顾客满意能使消费者产生更强的态度忠诚感和行为忠诚感，同样的网上感知价值能使消费者获得更强的行为忠诚感。

7.2.6　实证研究总结与讨论

7.2.6.1　研究结论

本研究发现，网上顾客满意是影响网上行为忠诚与态度忠诚的最重要因素，尤其是对网上行为忠诚的影响程度更大。而顾客满意主要源于网上顾客感知价值，在测量模型的各个路径中，网上顾客感知价值到顾客满意度的路径系数最高，同时网上顾客感知价值也直接影响着网上态度忠诚和行为忠诚，对行为忠诚的影响程度更大。这充分说明网上顾客感知价值在顾客满意和顾客忠诚形成过程中起着重要的作用。但是网上顾客感知价值对网上顾客信任并不存在显著直接影响，这是由于网上购物与实体店铺交易存在很大差异，顾客不能直接接触商品与店铺，难以根据网上店铺提供的商品图片、文字描述、服务条款和价格判断出店铺的可信任程度。因此顾客对网上店铺的信任往往建立在购后评价基础之上，而并非购前的感知。此外，我们发现网上顾客信任对网上行为忠诚的直接影响也不显著。这其实和本部分样本零售企业网上销售的商品类别有关，本书选取的网上零售企业多为网上图书零售商（如当当、卓越），销售的商品主要是图书、CD、VCD、小百货、小礼品、化妆品、休闲服装、游戏软件、小数码产品等。这些商品具有标准化程度高、形式规范、单位价格不高、替换性强的特点，消费者在网上购买这类商品更多考虑的是更优惠的价格和更为便利的购物体验，并不会因为信任而直接促成对商品的直接购买。实际上，购物时对信任要求较高的商品往往很少通过网络进行销售，如汽车、房屋等，更关注信任的消费者也往往不采用网上购物的方式进行消费。

本研究通过对转换成本在网上顾客忠诚形成机理中调节作用的检验，发现转换成本对三条路径产生作用，即正向影响网上顾客满意到网上态度忠诚、网上顾客满意到网上行为忠诚、网上感知价值到网上行为忠诚的关系。这可以从以下原因进行解释：转换成本从消费者角度看是一种投入，消费者网上购物时需要首先注册成为会员，要熟悉零售网站的风格，熟悉寻找商品的路径，这都需要时间与精力的投入。而有时为了享受网上零售商提供的优惠活动，消费者必须先通过该零售商网站购买足够多的次数，并消费大量的金额才能获得足够的积分。所以转换成本越高，往往意味着消费者前期的时间、精力和金钱投入越多，消费者与特定网上零售商的依赖关系也就越强，消费者也自然更加关注自己在该网上店铺购物的价值感受和满意度感受，即使在该零售网站的价值感受和满意度感受可能略逊于某新兴的网上零售商，但是高转换成本会降低消费者的净效用，阻止消费者转向其他竞争者，使其依然保留在原先零售网站上购物。这时如果消费者原先使用的网上零售商顾客满意度或感知价值提高，更能大幅度提高顾客忠诚，尤其是网上行为忠诚，这也恰恰是网上零售企业追求的终极目标。

7.2.6.2 研究启示

（1）应注重提高网上顾客的感知价值。网上零售企业应认识到网上顾客感知价值是影响顾客满意感、信任感和忠诚感的关键所在，采取有效措施提升顾客感知价值。首先应注重优化购物网站的网页设计，降低顾客网上购物的时间成本。网页界面是零售网站与消费者主要的接触媒介，承担着吸引并留住在线消费者的责任。网页设计不当，会耗费顾客大量浏览时间和精力，降低顾客的感知。为此，必须重视网站结构设计、导览设计和图象设计，结构设计是指网站在确定所提供的信息内容与范围后，如何有效将信息加以组织整理，并予以分类安排，使顾客能用最少的时间精力就可以找到所关注的商品，了解网站要传递的讯息；导览设计是使顾客在网站中不需花太多时间精力就能非常流畅移动的机制；图像设计目的是希望以较浅显易懂的方式表现所要展示的信息，这些都是为了节省消费者浏览和网上购物的时间，提高顾客感知价值。其次，要注重提高顾客在网上交易的安全性。消费者网上购物最担心的问题是他们的信用卡账号、密码等资料被泄漏或盗用，个人私密信息被公布或用于商业途径。因此网上零售企业必须确保消费者网上交易的安全性和个人信息的保密性。零售网站在索取顾客资料时，在确保顾客购物过程能顺利实现的前提下，不应该强制性的向顾客索取个人信息，相反应在网站上增加保护顾客私人信息的功能设计，在网站的显著位置详细而完整的公布个人隐私政策；而且应该采取数据加密技术，对交易过程进行安全认证。再次，要不断提升服务质量。服务的过程是网站和顾客直接接触，增加情感交流，获得顾客信任的过程，同时也是网上零售商与竞争对手实现差异化的过程。因此网上零售商应注重服务创新，确保产品的按时送达，确保顾客意见的及时处理反馈，并不断增加个性化服务项目，让顾客真切感受到通过零售网站购物能获得“超值”服务。最后还要加强对商品质量的监控，合理制定价格。由于人们对于商品的感知质量水平与实际质量水平可能存在某种差异，因此网上零售商一方面要保证商品本身的质量，另一方面也要尽可能有效地让消费者感受到商品的质量，让消费者感受到物有所值。

（2）正确发挥网上顾客转换成本的调节作用。网上零售企业应该定期进行顾客感知价值与顾客满意度的测评。对于顾客感知价值与顾客满意较好的网上零售商，应该着力提高转换成本，通过转换成本锁定顾客，强化感知价值与满意度对顾客忠诚的正向作用。首先，注重网站设计与操作界面的独特性。独特的网站设计和界面布局，可以给顾客营造一种与众不同的操作体验，当顾客熟悉这种操作体验之后，将不愿意轻易转向其他网站。其次，可考虑实行会员制营销策略。实行会员制时不应以增加会员数为目标，而是着眼于提升会员与网上零售商之间的关系，如可以通过虚拟社区的互动增强会员对网上零售商的情感与认同，这其实是增加了会员的转换成本，使他们更容易成为忠实顾客。再次，给予顾客一定的优惠折扣。利用折扣优惠可以刺激顾客的重复购买以实现顾客忠诚，网上零售商可以给予长期顾客以低于正常价格的优惠；同时利用赠券，在顾客消费积累到一定的规模即可获得其他福利，从而增加顾客的转换成本。最后，增强顾客的情感依赖。网上零售商可以通过提升企业的公众形象和品牌知名度，通过积极的口碑宣传，使顾客感受到现有的服务关系对其自身价值的提升，从而获得情感和心理上的满足，这样，当面对其他网上零售竞争者时，顾客在以往消费经验中所积累的这种满足感和情感依恋就成为了转换障碍，促使顾客做出维持现有关系的决定。但是对于顾客满意度和顾客感知价值很低的网上零售商，则应该降低转换成本，如提供较为便捷的注册方式和与主导网络店铺较为一致的操作界面与购物流程等。这是因为顾客满意度与感知价值的提升需要一段时间，在理想的顾客满意水平与顾客感知价值水平没有形成以前，降低转换成本，反而有助于降低网上顾客满意对顾客态度忠诚和行为忠诚，网上感知价值对顾客行为忠诚的影响程度，使企业在短期内不至于受感知价值与顾客满意的负面影响而流失过多顾客。不过从长远看，随着网上零售商顾客感知价值和顾客满意程度的不断提升，应该逐渐提高转换成本，这样才更有利于赢得忠诚顾客。

7.2.6.3　研究局限

本研究对网上零售商顾客忠诚形成的影响因素及转换成本调节作用的探究，在一定程度上有助于网上零售企业制定合理的顾客忠诚培育策略。但是本研究也存在一定的局限性，主要表现在本研究对于网上零售商的界定，没有考虑到其经营商品的差异及规模的差异，事实上消费者对经营不同商品类别的网上零售商，以及不同规模的网上零售商，其网上顾客感知价值、网上满意与网上信任的构成维度可能会存在差异。所以锁定某一特定类型的网上零售商，探究顾客忠诚形成的影响因素及转换成本在其中的调节作用，或者开展不同类型网上零售商的比较，都将成为未来的一个研究方向。

当当网与淘宝网的案例分析及启示

中国电子商务自 2004 年起复苏，到 2005 年强势攀升，至 2007 年各路豪强争辉，促进了网络零售业的迅猛发展。

2007 年，国家陆续出台了《电子商务发展“十一五”规划》等一批规划、标准、条例与办法，各地方政府也出台了相应的规定，这为进一步推动、规范电子商务市场的发展起到了一定作用。2007 年 1 月 8 日，阿里巴巴集团成立阿里软件股份有限公司，是中国最大电子商务网站阿里巴巴集团继成立“阿里巴巴”“淘宝”“支付宝”“雅虎”后成立的第 5 家子公司。同年 5 月，当当网搬进了位于北京南五环的新物流中心，使得自身运转能力得到进一步提升，随后 11 月 6 日阿里巴巴挂牌上市，首日交易即冲至 200 亿美元的市值。笔者在下文中将以当当网和淘宝网为例，对 B2C 和 C2C 两种经营模式进行比较，从现实透析两者的区别，进而展望中国网络零售业的未来发展走势。

7.3.1　当当网的案例分析

7.3.1.1　当当网简介及经营现状

当当网于 1999 年 11 月成立，总部设在首都北京，资本由美国 IDG 集团、卢森堡剑桥集团、日本软库、中国科文公司构成，中国科文公司拥有网站控制权。成立初期，当当网主要以销售图书、CD、VCD 和在线旅游为主，销售额达到 200 万元。2001 年 9 月，当当网宣布盈利。2004 年开始，当当网兼营百货，礼品、化妆品、休闲服装等商品也成为了销售主力产品。现在，当当网充分利用网络优势，向客户提供品种丰富的产品。当当网上书店经营 20 多万种图书，上万种 CD/VCD 及众多游戏、软件、上网卡等商品，堪称中国经营商品种类最多的网上零售店。它参照国际先进经验独创的商品分类、智能查询、直观的网站导航和简洁的购物流程等为消费者提供了愉悦的购物环境。

目前当当网在出版发行业已经实现了跨省市的连锁经营，成为图书出版行业规模最大的跨省市图书连锁零售集团，这是其他任何新华书店都实现不了的。其次，当当网渗透性非常强，当当网的销售网络目前已经铺向中国的三级城市，中小城市占据了当当网 30% 的销售额。而在加强对三级城市渗透的同时，当当网并没有丢失其在大城市的市场份额，相反，当当网在北京超过了西单图书大厦、三联书店，在上海和广州超过了当地的新华书店，成为最大的图书零售商。在整个 2007 年，当当网实现了三位数的快速增长。

据统计，2007 年，每天有上万人在当当网买东西，每月有 2000 万人在当当网浏览各类信息。以北京为例。当当网在北京的浏览用户数占北京整个网民数 50%，一个月上当当网的人大概有 200 万人左右，而北京网民总数大概 480 万人，可见其渗透率之高。

7.3.1.2 当当网的营销策略分析

（1）网站定位。首先，当当网的发展战略由一开始的网上书籍和音像向 B2C 大卖场转变，并且像公司总裁所说，要模糊当当和网上书店的概念。其次，当当网的目标顾客是覆盖中国大陆、港、澳、台及欧美、东南亚的中文读者，并逐渐向海外市场扩展。最后，为吸引更多的顾客，当当网把低价作为长期的定位。折扣在中国图书、音像领域较少使用，但“有折扣给实惠”却是当当网的准则。

（2）产品策略。当当网经营商品种类繁多，有图书、音乐、音像、软件、杂志、百货、数码、化妆品等等。可见公司正在向 B2C 大卖场这一方向转变。当当开辟了专题商城，如推出的“香港商城”，这种网上购物商城，除了以“低价”为长期优势外，更重要的是严选精品。同时当当提出了“三条腿走路”的产品策略：自卖产品、专业商家入驻和个人交易结合，全面拓展产品的丰富度和个性化。有数据显示当当以数码、家居用品、化妆品为主的百货业比重已经占据当当总营业额的 60%。如此可见，多样化、专题化是当当最明显的产品策略。

（3）价格策略。对顾客来说，同样的商品，价格自然是第一位的。当当打出的口号是“天天低价”。而且低价可以通过网上的比价系统来支持和实现。这个系统通过互联网每天实时查询所有网上销售的图书音像商品信息，一旦发现其他网站商品价格比当当网的价格还低，将自动调低当当网同类商品的价格，保持与竞争对手的价格优势。而且多品种的商品也可以支持低价的策略。同时，为了更好的吸引消费者，当当网从 2008 年 10 月 22 日开始，实行免运费服务，并提高了运货服务，为其将来进一步扩大市场占有率铺平了道路。

（4）渠道策略。当当近 2 万平方米的仓库分布在北京、华东和华南，员工使用当当网自行开发的、基于网络架构和无线技术的物流、客户管理、财务等各种软件支持，每天把大量货物通过空运、铁路、公路等不同运输手段发往全国和世界各地。在全国 66 个城市里，大量本地的快递公司为当当网的顾客提供“送货上门，当面收款”的服务。2008 年 7 月 23 日，当当网宣布，为提高物流服务质量，更好地满足越来越多用户的订货需求，针对北京、上海、广州、深圳四大核心城市的物流进行全面提速，此项措施进一步提升了当当网自身的核心竞争力，在顾客体验方面也是一次代表性的飞跃。

（5）促销策略。第一，当当常年不间断地在各大中小网站做广告宣传，可以起到品牌推广和认知度的提升，进而提升名牌效应。第二，当当网开辟出了一块商品讨论区，通过互动交流得出一些书籍、音像的评论，这些评论能对潜在购买者有很强的购买引导性。第三，与类似豆瓣这样的书评网站做链接以获得更多的流量和关注。第四，免费发放网上购物优惠券和不间断的打折优惠，尤其是节日打折和一些优惠措施会更多。第五，当当网的网络会员制营销实际上也是通过利益关系和电脑程序将无数个网站连接起来，将商家的分销渠道扩展到地球的各个角落，同时为会员网站提供了一个简易的赚钱途径。第六，内部 E－mail 商品营销是向其客户发放商品促销信息的邮件以促销客户购买的营销行为，即定期用 E－mail 向其客户发放新书介绍、节假日商品促销信息、免邮费促销等信息。第七，手机营销，这一方法与 E－mail 营销很相似，只是手段不一样，而内容相差不多。

（6）搜索引擎营销策略。有关数据表明：在一般电子商务网站，搜索引擎带来 100 个点击就可以转化一个订单，而非搜索引擎也许要 300～500 个点击才能转化成一个订单，因此，搜索引擎营销实际上已经成为国内电子商务网站流量的主要来源之一。2005 年，当当网开始考虑重点做搜索引擎的广告投放，发展到现在，搜索已经成为当当继 CPS 联盟后规模最大的推广形式，当当网每年投入大量资金用于搜索引擎领域，不仅使订单成本得到大大的降低，同时也获得了巨大的回报。

7.3.1.3　当当网的物流配送系统分析

当当网配送系统的目标是提供快速、方便、经济的服务。当消费者登陆当当网，在当当网点击购货的“确定键”后，当当网的配送系统就开始运转了。首先，由当当网的销售平台将订货信息传给离客户最近的配送中心。派送中心接到订单，备好货，再通过快递公司或中国邮政在配送区域范围内进行配送，港澳台及海外地区由国际配送公司或 EMS 进行配送。

在配送系统上，当当网模仿亚马逊的模式，建立了自己的配送中心。当当网目前有三个配送中心，每个配送中心的库存量在八万册图书的规模。它的第一家派送中心在北京，后来在上海和广州建立的配送中心也投入运营。在配送中心里，当当网努力改善服务水平，其配货时间已大幅缩短，如 2008 年 7 月 23 日，当当网承诺凡北京城区顾客订单，当日下单次日就可送达；而广州、深圳也新推出了航空线路，一半以上订单隔日即可送达。在加快配送速度的同时，当当网对送货计划也进行细分，分上下午来制定配送计划。

由于中国没有 UPS、FedEx 这样覆盖美国乃至全球的物流企业，所以当当网现在不得不与航空、铁路、城际快递、当地快递公司一起合作，由快递公司配送。当当网与快递公司合作的基础是快递公司必须缴纳一定的保证金，如果出现差错，如配送人员携款逃走，当当网可以从保证金里面扣除。在中国，当当网的快递策略是比较有效的，成本仍然保持较低的水平。但是，出库货物的控制与追踪一直是当当网配送系统的盲区。由于与之合作的快递公司并不由当当网管理，所以查询商品在途中位置的功能难以实现。商品从出库后就失去了追踪的可能。

此外，当当网配送系统还给客户提供包装商品等业务，但是这类服务一般是在配送中心完成的，由于送货活动由其他快递公司完成，且货物在途中时间较长，这就使得包装出现破损的可能增大，反而不利于这些增值活动的开展。

7.3.2 淘宝网的案例分析

7.3.2.1 淘宝网简介及经营现状

淘宝网（www.taobao.com）成立于2003年5月，它由中国最大的B2B电子商务公司——阿里巴巴，投资4.5亿元建立一个网络交易平台，致力于成为全球最大的消费者购物网站。淘宝网这个名字意味着这样的意思，即“没有淘不到的宝贝，没有卖不出的宝贝”。在淘宝网成立之前，eBay易趣是中国唯一的一家C2C电子商务网站，占据着绝对的领导者地位。然而淘宝网从零做起，基于诚信为本的准则，在短短的两年时间内，迎头赶上并超过eBay易趣，迅速成为中国网络购物市场的第一名，占据了中国网络购物市场70%左右的市场份额，创造了互联网企业发展的奇迹。

根据Alexa的评测，淘宝网为中国访问量最大的电子商务网站，居于全世界网站访问量排名的第22位，中国位居第7位。淘宝网2007年交易额突破433.1亿元人民币，从2003年成立到2007年底销售额突破400亿元人民币，淘宝网仅用了四年多的时间，而全球第一连锁零售企业沃尔玛，花了29年时间才实现400亿美元的销售额。

淘宝网倡导诚信、活泼、高效的网络交易文化，坚守“宝可不淘，信不能弃”的经营理念。在为淘宝会员打造更安全高效的网络交易平台的同时，淘宝网也全心营造和倡导互帮互助、轻松活泼的家庭式氛围，已经成为越来越多网民网上创业和以商会友的最先选择。由于淘宝网营造了网上交易的诚信氛围，较好地解决了消费者网上信任的问题，赢得的中国广大消费者的好评和信赖，表7-7显示了消费者对于网站的评价，淘宝网与eBay易趣、拍拍网相比，显然更受消费者的青睐。

表7-7　　三网站购物消费者对C2C网站的总体评估

	5分制分值			相对于淘宝得分的百分比		
	淘宝网	易趣网	拍拍网	淘宝网	易趣网	拍拍网
淘宝网受访者	4.29	3.25	3.44	100%	76%	80%
易趣网受访者	3.94	3.87	3.32	100%	98%	85%
拍拍网受访者	4.28	3.78	3.78	100%	88%	91%

资料来源：中国互联网络信息中心，2006年中国C2C网上购物调查报告，2006.5。

7.3.2.2 淘宝网的营销策略分析

（1）产品定价策略。淘宝网的市场定位是C2C中文电子商务交易网站和第三方平台运营商，其不直接参与交易过程或提供物流配送、售后服务等传统商家的市场功能，他们提供的是电子商务服务这种特殊的无形产品，其产品定价策略迥异于有形产品。2003年，从淘宝网成立开始，就实行免费的策略，即商家可以在淘宝网上免费开店。淘宝网通过这种先免费争取网站流量，培养用户体验，逐步让用户形成信赖，然后在未来再考虑赢利的策略，使其迅速的聚集了大量的人气，成为中国最大的C2C电子商务网站。

（2）安全支付策略。安全支付是C2C网站的软肋，也是中国电子商务发展面临的首要问题。2003年10月，淘宝网推出“支付宝”服务。截至2004年年底，使用支付宝的交易者占其交易人数的50%以上，涉及70%的在线商品。2005年2月，阿里巴巴与多家银行合作推行了独立支付平台支付宝网站及全额赔付制度。虽然 ebay 易趣、搜易得、七彩谷等都曾尝试过不同形式的赔付制度，但支付宝最为完备、大胆，突破了此前业界尚无全额赔付的先例。其后，淘宝网推出的“数字证书”服务即为保障特定 IP 地址用户的支付宝账户安全的有效措施。

据 CNNIC 调查，截至 2008 年 6 月，网络用户使用电子支付手段的比例达到 71.3%，其中比例最大的是支付宝，占电子支付中 76.2% 的比例。这说明网上支付工具的诚信度已经确立，网民对这些银行资金吸纳机构的运作持相当宽容和信赖的态度，诚信交易安全体系基本成型。

（3）会员信用管理策略。淘宝网目前的注册网民已超过千万，且建立了自己的会员管理系统。合格的买家只需遵循其会员基本要求交易则可。但交易期间如有恶意出拍、评价作弊或收货不打款等违规行为者将受到网站警告、降低信用等级、封除 ID 等处罚措施，但都缺乏相应的威慑力。

对卖家的管理就不像对待买家那样脆弱了。对于绝大多数卖家来说，淘宝网上的卖家信用指数是个掷地有声的黄金指标，是买家评估和决定购买行为的关键参考因素。信用指数越高，说明买家的满意度越高，卖家的销售量越大，淘宝网上的钻石、皇冠级卖家大都是信用良好、网售规范的店铺，很多还同时拥有实体店铺或产、供、销一条龙的企业。因此，信用指数是淘宝网站管理卖家的有效方式之一，另外还有差评、警告、违规商品下架和禁止交易等惩罚方式，它们最终都会影响网店的销售业绩，故对卖家行为有相当的约束作用。

（4）娱乐营销策略。淘宝成功的运用了娱乐营销策略，从 2004 年的北京国际广播电视周开始，淘宝网独家拍卖《手机》、《天下无贼》、《韩城攻略》、《头文字 D》等影片中的道具等，斥资 100 万元制作了“傻根”系列广告宣传支付宝。2005 年 9 月 27 日，淘宝网在北京举行了“超级买家”的启动仪式，该节目所有参赛选手均为网络预选的淘宝网个人买家，最终成为“百万年薪超级买家”的龚超一夜成名。凭借这些娱乐手段，淘宝网巧妙地利用传媒的影响力制造了文化轰动效果，宣传了其娱乐、时尚的营销定位，收到了较好的市场宣传功效。

（5）整体支持策略。IM（instant message，即时通讯）工具能迅速进行虚拟场景的实时交流和信息互传，如 QQ、MSN 等。淘宝网所采用的“淘宝旺旺”是完全以淘宝网为生存场景开发的 IM 个人网店专用工具，它整合了特色的动画表情、强大的聊天记录、即时信息、交易管理和支付宝等功能，使中国的 IM 工具出现首次的市场细分，满足了网上交易的需求。

（6）病毒式营销策略。淘宝所采用的病毒式营销，曾为其迅速扩张立下了汗马功劳。淘宝成立初期，通过在大量网站设置弹出式广告，让淘宝网在最短的时间内为最多的网民所知晓，从而让刚刚成立的淘宝网有了足够数量网络购物者登录购物，因而也让已经进驻淘宝网的商家获得了足够数量的交易额，如此一来网络商家和网络购物者都得到实惠，淘宝网也因此逐渐被广大网民所接受。不过淘宝网采用这种以弹出式广告为主的病毒营销模式，虽然在短时间让淘宝网获得了极大的知名度和点击流量，但因为弹出式广告令人厌烦的特点被很多网民所厌恶，甚至有人称其为流氓软件、流氓网站，影响淘宝的品牌形象。考虑到品牌形象和口碑建设，淘宝网后来撤下了所有弹出式广告。

7.3.2.3 淘宝网的物流分析

淘宝网只推荐物流服务公司承担物流服务，为了方便用户进行网上交易，淘宝支付宝公司邀请物流公司为支付宝用户提供特别服务和优惠价格，并制定了《支付宝推荐物流服务的使用规则》，是否按规则执行以最终是否完成送货为准。卖家可以应买家要求或自行选择推荐的物流公司。

（1）支付宝与推荐物流的关系。支付宝公司仅为方便用户交易而做出推荐，并非是用户与物流公司间运输合同关系中主体。用户选择推荐的物流公司，将被视为用户自行与所选物流公司达成一个运输合同，所选物流公司是该合同的承运方，运输过程中发生的费用由用户和物流公司自行结算。相关物流公司针对支付宝用户的运输协议，用户仍可以在此基础上与所选物流公司签订具体的价格协议以及结算方式。支付宝公司没有义务参与合同双方的任何纠纷，使用支付宝推荐的物流，如产生交易纠纷，物流公司的证明将对支付宝最后的裁决有重要影响。

（2）推荐物流的特点。第一，关于订单输入：推荐物流支持送货订单和收获订单，其可以大批量导入订单数据，并支持 XML 格式；推荐物流能够提供日志让用户可以监控导入过程，并提供手工录入界面，可以按照客户生成多张相同的订单。第二，关于订单分类：推荐物流支持不同的订单类型和计费规则，并支持用户自定义规则。第三，关于配送计划：用户可以调整每辆卡车的实际装货情况，推荐物流会根据客户货物的体积、重量和送、收货物时间等信息，自动计算出最优的配送计划，此时配送的具体信息会下载到手持终端。第四，关于计费：系统按照设置的计费规则和最新配送状态自动计费，并为每个货主提供账单。第五，关于技术特点：推荐物流可以通过优化运送路线，改善企业的生产率，并通过配送全周期动态计划和控制，对车队、司机和工人、汽油等资源进行优化；由于减少了应收款，有助于增加财务收益、更合理地使用资源，并更好的提高客户满意度。

7.3.3 当当网和淘宝网的对比及启示

7.3.3.1 当当网和淘宝网的对比分析①

由以上分析，我们可以看到，当当网和淘宝网的经营模式的巨大差异导致了它们在物流配送、交易信用、支付方式、品类、信息沟通、促销和盈利模式等方面的诸多不同。以下我们针对这些方面对当当网和淘宝网进行比较。

（1）在物流配送方面，当当网采取了自建物流配送中心与第三方物流相结合的物流模式。在自营配送方面，已经基本上做到了下单后 24 小时内货物出库，当当网的配送人员穿着统一的工作服，在把货物送达消费者手中时，签着统一格式的配送单，持着当当网的统一正式商业发票，给顾客一种非常值得信赖的感觉。在利用第三方物流方面，目前当当网在全国的 148 个城市拥有签约的物流公司，在这些城市可以实现送货上门。通过物流公司的快递配送，根据消费者的地理位置不同，配送时间从 4 至 10 天不等。淘宝网由于卖家遍布全国各地，网站无法建立一套自己的物流网络，所以完全利用第三方物流，采取了与圆通速递、亚风快递、宅急送等物流公司和中国邮政“e 邮通”合作配送的方式力求提升服务质量，但

① 参见陆弘彦：“中国网络零售业未来走向研究——从‘当当’网、‘淘宝’网的经营模式比较分析谈起”，《广西经济管理干部学院学报》，2007 年第 2 期，第 65 ~ 69 页。

因成本、服务品质、配送公司人员素质、监管力度等方面的问题，快递公司私拆货物、货物丢失、配送延迟的事件时有发生，结果这些合作往往无法令大多数消费者满意。

(2) 在交易信用度方面，因为当当网自身是卖家，凭借其企业信用就可以让消费者放心购物，所以网站的信誉较高，收到的关于欺诈的投诉较少。而淘宝网上任何个人都可以开铺售货，这种个人信用较之当当网的企业信用而言，显然不高。不过淘宝网也一直在尝试通过身份认证、历史交易评价、信用积分制度等措施建立一套行之有效的信用体系。淘宝会员在淘宝网上成功交易一次，就可以对交易对象作一次信用评价。评价分为"好评"、"中评"、"差评"三类，每种评价对应一个信用积分，具体为："好评"加一分，"中评"不加分，"差评"扣一分。因此，信用度的高低在一定程度上能反映一家店铺的销售情况。但是这种信用体系仍然不可避免的会出现卖家用不真实的交易来"炒作"信用的现象，所以淘宝网又采取了一些措施，如规定每个自然月中相同买家和卖家之间的评价计分不超过六分，超出计分规则范围的评价将不计分，并加大处罚力度（甚至取消 ID）等措施，但效果仍然不理想[①]，并不能完全阻止网络欺诈行为的发生。

(3) 在支付方式方面，当当网 80% 的订单采用货到付款，但货到付款只能在当当网站物流体系能辐射到的范围内进行，物流体系辐射不到的偏远地区则无法实施货到付款；此外货到付款可能会引发消费者的道德风险，消费者见到货物后可能以种种理由拒收（比如对货物不满意、发货太慢、包装不美观、偏离预期等），从而加大了企业经营风险。当当网在 2004 年引入了第三方支付平台，目前与当当网合作的第三方支付平台有快钱支付、YeePay 支付、首信支付、Paypal 支付。此外，顾客还可以通过支票支付、电话支付、刷卡电话支付等多种方式为所购产品付款。相关数据表明，信用卡支付、第三方支付等网上支付方式在当当网的支付方式中比重的呈逐年上升趋势。

为克服个人信用方面的弱势，淘宝网在 2004 年与工商银行、建设银行、农业银行和招商银行联手推出的安全支付工具，并且和 VISA 战略结盟，任何一张有 visa 标志的银行卡都支持支付宝。这种通过第三方支付平台（支付宝）进行交易的方式——即买家先付款到支付宝，网站通知卖家发货，买家收货后再通知支付宝放款给卖家，用强大的第三方信用来取代个人信用，从而保证交易完成。第三方支付平台的出现突破了电子商务的信用瓶颈，随着人们对第三方支付方式的认识普及，交易安全的问题将得到比较彻底的解决。

(4) 在商品价格方面，当当采取的是微利政策，但因为背负着网站的建设、维护费用、物流费用还有各种管理费用和税费，使得除了书价，当当网其他商品的价格比淘宝网上同类商品的价格要高出不少。而淘宝网用其免费策略占有了 C2C 大部分的市场份额，同时也带来了激烈的竞争。淘宝网上的搜索和价格排序功能使消费者可以花不到一分钟的时间就把所需商品的最低价格找到。在价格体系极其透明的情况下，大小卖家为了卖出东西，只好降价销售，直到把价格降得无限接近成本，甚至低于成本。某些产品的竞争程度接近"恶性"。竞争带来的低价自然是吸引人气的因素之一（陆弘彦，2007）。

(5) 在与顾客信息沟通方面，淘宝网建立了一套即时通讯系统——淘宝旺旺，买卖双方都可以通过旺旺就商品质量问题、价格问题和交易方式问题进行互动对话，进一步减少双

① 参见潘勇、廖阳："中国电子商务市场柠檬问题与抵消机制——基于淘宝网的数据"，《商业经济与管理》，2009 年第 2 期，第 11～15 页。

方的信息不对称，更有利于交易的达成。如此一来，淘宝网的几十万个卖家都成了淘宝网的“促销员”，他们通过淘宝旺旺对商品进行推销。而当当网没有即时通讯工具，只配备几位“客服”工作人员，通过邮件或电话对交易中一些程序上的事务进行解释。但是当当网也在不断进行着与顾客信息沟通形式的创新，目前当当网已可以对每一个上网购物的顾客进行金额、频次、级别等方面的统计和消费行为分析，并以此为依据开展各种客户维系和客户价值开发的营销活动。一个比较有代表性的方面就是实现了与顾客的个性化沟通：登录当当网的用户会进入“我的当当网”页面，其中有顾客的浏览记录、购买记录、订单处理情况等信息；同时，“为我推荐”栏目还会根据顾客消费的个性化特征为其推荐感兴趣的产品；此外，顾客可以开通“当当网 e 周刊”服务，通过选择自己感兴趣的产品类别，当当网的系统会定期将该类别产品中的热销商品以 E－mail 的形式发到顾客的邮箱中，实现了一对一的沟通服务。

（6）在促销策略上，当当网主要靠它的会员制营销、E－mail 营销、手机营销、搜索引擎营销，通过邮件或手机短信，向顾客发放商品促销信息来更好的吸引顾客，并维持顾客的忠诚度。而淘宝则采用娱乐营销和病毒式营销，通过弹出广告的设置和赞助娱乐节目来有效的宣传企业的产品，在短时间内迅速地扩大网站的知名度。

（7）在盈利模式上，当当网靠的是压低进货价格，赚取价差来盈利，这个模式已经比较成熟，经过 9 年多的市场培育已经有一个比较稳定的客户群体。而淘宝网现阶段所有服务还均为免费。C2C 的收费虽是大势所趋，但不断涌现的竞争对手，使 C2C 的盈利看起来遥遥无期，所以像淘宝网这类 C2C 网站非常迫切需要寻求一个切实可行的盈利模式。

7.3.3.2 对未来网上零售竞争优势培育的启示

从以上方面的对比分析中，我们看到在目前无论是 B2C 还是 C2C，都是尚未完全成熟的，在短期内说谁要吞并谁，或谁要消灭谁都是不切实际的。这两种模式会在一段较长时间内共存，随着网上零售业的进一步发展，未来的购物网站应借鉴当当网和淘宝网的成功经验，进一步的发挥其优势，促进电子商务的快速发展。结合以当当网为代表的 B2C 和以淘宝网为代表的 C2C 存在的不足，我们在这里给出一些优化购物网站、增强网上零售竞争优势的系统对策。

（1）加强个人信用体系的建设。个人信用问题，不是某个网站的问题，而是一个社会问题。实际上，在整个社会信用体系不健全的时候，网站的各种“评价”、“保障”都是杯水车薪，解决不了 C2C 的大问题。以美国为例，它的电子商务之所以在世界上遥遥领先，完善的个人信用体系居功至伟。其信用框架涵盖了法律、专业信用中介服务机构以及政府管理。在多方力量的制约下，缺乏信用记录或信用记录很差的个人在信用消费、求职等诸多方面都会举步维艰。

因此，对于个人的诚信评价，应不仅仅局限在某个网站中，而是应该伴随着个人的各个时期，各个生存地点，通过各个部门的共同努力，来建设个人的一套完整的信用评价体系。使之不仅仅关系到购物的诚信，而是关系到个人的品格问题。通过网络的交易终究是虚拟的，通过网络交易所获得的诚信也终究可靠性不高。我们只有将电子交易虚拟的诚信评价转移到现实生活中，并通过现实生活中的诚信评价等级来影响虚拟的电子交易，才能从根本上来解决 C2C 交易中的诚信问题。

（2）建立统一规范的物流配送体系，不断改进电子商务物流模式[①]。物流配送系统一直是制约中国电子商务发展的瓶颈问题之一。网上零售商缺乏独立完善的专用物流配送系统，则很难控制物流质量，无法监管部分售后服务流程，给网络诈骗提供了可乘之机。B2C、C2C电子商务交易平台的未来应构建资信度高、独立核算的大型物流联盟，既体现网上购物的零距离优势，提供售后服务，从物流环节中盈利，又可有效地减少网络欺诈和顾客流失。更重要的是通过对物流资源的合理、高效整合来占据和控制市场。如C2C网站可以考虑建立自己的物流部门，与各B2C、B2B等物流系统、邮政系统、货运系统及专业的快递公司合作，整合成一个覆盖率广、性价比高的有效物流网络，在几个拥有强大辐射力的城市（北京、上海、广州、武汉等地）建设大型中转站，自行配送或辅以快递业支持。还可以在另一些地区与其他企业或公司合作，构建一个共享的“虚拟仓库”，利用邮政或其他运输系统送达商品。

（3）加强第三方支付平台，改善电子商务支付。在我国电子商务发展的过程中，B2C、C2C电子商务产生了多种支付方式，包括汇款、货到付款、电话支付、手机短信支付、网上支付等方式，并且这些支付方式同时并存。据2008年CNNIC统计，消费者常常采用多种支付方式。其中，汇款用户占总用户数量的14.7%，网上支付占71.3%，货到付款支付占35.7%，其他占0.2%。由此可见，网上支付已经成为电子商务的主要支付方式。但是，我国电子商务存在的一系列问题，使网上支付也面临着严峻的挑战：信用问题致使企业与客户普遍对网上支付的安全性持怀疑态度；网上支付改变了过去的传统支付结算习惯，很多商家、客户难以接受；目前我国很多银行的技术与管理控制能力还不足以支撑网上支付的可靠运转；网上支付方式是否能做到低成本、方便快捷、安全可靠，还有待观察；购买安全性、产品售后服务不能得到保障[②]。

由于现有支付方式存在种种问题，市场日益呼吁网上交易安全支付工具的迫切推出。在这种情况下，第三方支付平台应运而生。2008年我国第三方支付平台占总支付方式的60.5%。其中，主要的支付平台有：支付宝、财付通、安付通、贝宝、云网支付和环迅支付等。第三方支付平台的实质是一种服务产品，其发展与其自身的技术水平、服务质量、市场营销策略密切相关，除此之外，还受到电子商务环境下消费者消费心理的影响。以下是对支付平台的一些建议：

第一，简化操作，节省顾客时间。顾客为了方便才上网购物。因此，为了让客户更加简便的支付，第三方支付平台应该以顾客为导向，尽量简化支付流程，避免填写繁琐的顾客信息。

第二，做好市场定位，提供个性化服务。支付平台应该识别自己的目标顾客，针对他们的需求定制差异化的支付方式。

第三，加强对顾客承诺的执行力度。很多支付平台在推出自己的服务的时候，都会对顾客进行各种承诺，但真正实行起来的时候却会遇到很多困难。因此要加强对顾客承诺的执行力度，尽力避免在履行过程中有问题的出现，防止顾客信任的流失。

---

① 参见鲁瑛：“eBay易趣与淘宝网的C2C电子商务发展状况分析”，《佛山科学技术学院学报》2007年第1期，第51~54页。

② 参见严瑜筱、周延杰：“浅议电子商务下的网上支付”，《集团经济研究》2007年第9期，第266页。

第四，加强支付平台的品牌建设。加强支付平台品质和氛围的建设，包括合理且容易理解的隐私策略、专业的网站设计和内容等①。

（4）实行不同的定价模式，提高电子商务企业的利润。网上零售企业相比传统的零售企业，在价格策略方面更注重个性化、差别化和动态化。同时互联网技术提高了大型网上零售企业对数据的处理及与顾客进行互动和沟通的能力，因此其定价策略更加灵活，不仅体现了顾客的意愿，同时也增加网上零售企业的竞争力。

首先，采用折扣定价策略：折扣定价是指企业根据销售对象、销售的时间和地点、成交方式等等的不同制定不同的折扣，价目表上的价格减去折扣之后作为实际成交价格的定价策略。折扣定价策略是目前我国大型网上零售企业普遍采用的一种定价策略。实行折扣定价策略，有利于网上零售企业提高市场份额和竞争力，扩大企业的知名度，吸引更多价格敏感型的顾客。建议网上零售企业，可以把折扣定价作为其长期的定价策略。这种做法虽然看似牺牲了企业的一部分短期利益，实则有利于正处在市场成长期的网上零售企业的长期发展，促使其扩大企业规模和市场占有率。同时，利用折扣商品作为策略性商品吸引顾客的目光，在无形中也提高了其他非折扣品的购买几率。

其次，采用差别定价策略：差别定价是指企业在出售完全一样或是简单差别化的同类产品时，对不同的消费者索取不同的价格。差别定价被认为是网络营销中的一种基本的定价策略。第一，网上零售企业可以通过增加产品附加服务的含量来使产品差别化。服务可以使核心产品更具个性，同时服务这一元素的加入还可以有效地防止套利。第二，网上零售企业可以采用捆绑定价。捆绑定价是一种极其有效的二级差别定价方法，捆绑同时还有创造新产品的功能，可以弱化产品间的可比性，在深度销售方面也能发挥积极作用。第三，网上零售企业可以将产品分为不同的版本以实现差别化，该方法对于固定生产成本极高、边际生产成本很低的信息类产品更加有效，而这类产品恰好也是网上零售的主要品种。

（5）注重搜索引擎营销和病毒式营销的有效利用。所谓搜索引擎营销（SEM），就是根据用户使用搜索引擎的方式，利用用户检索信息的机会尽可能将营销信息传递给目标客户。病毒式营销，就是通过鼓励个人向他人传递营销信息，从而使得信息的传播和营销呈指数式的爆炸性增长。具体的说，是通过物质诱惑、娱乐吸引等方式激活消费者的购物潜意识，通过提供有价值（物质，娱乐，美学意义上的价值）的产品获服务，“让大家告诉大家”，从而起到非凡的广告效果。

从当当网和淘宝网的成功案例，我们可以看到，有效的利用搜索引擎营销和病毒式营销，可以使电子商务企业成功的降低成本，同时扩大企业知名度。一方面，电子商务网站应有效的选择合适的竞价排名服务，如果企业客户主要是中国人，那么选择一个中文搜索引擎，百度就是不错的选择。因为百度作为全球最大的中文搜索引擎，在中文世界有广泛的传播力。如果企业客户主要是欧美国家人，那么 Google 排名和 Yahoo 搜索都是不错的选择。如果企业是一个小公司，需要在短时间内解决生存问题，那么按效果付费便是一种获得新客户平均成本最低的方法。另一方面，电子商务网站应该正确的应用病毒式营销，如果手法应用不当，反而会产生不利于产品及服务营销的影响。具体做法包括：电子商务企业可以有效

---

① 参见黄牧、罗维、何跃：“中国特色 B2C 及 C2C 电子商务支付方式研究”，《商场现代化》2006 年第 13 期，第 94～95 页。

的利用虚拟社区，吸引更多的人参与讨论，使消费者决定购买之前能够在网站上看到其他人的使用意见，以增强他们的信心；有效的建立自己的客户邮件列表，定期通过电子邮件传送相关文字信息或是载有商品信息的网络动画、网络短片给客户，通过邮件中的广告或链接可以使读者直接进入企业网站，参与企业的各种活动；企业可以利用即时信息工具为客户解答问题，进行售后服务，并鼓励客户将这些信息发送给好友。

（6）从免费阶段过渡到收费阶段，促进 C2C 盈利模式变迁。这里重点阐述 C2C 赢利模式的变迁问题。怎样收取费用，对于我国 C2C 电子商务网站是至关重要的。王丹（2006）曾指出我国 C2C 电子商务网站应该逐渐从目前以服务免费为主的阶段过渡到收费阶段①。如何实现呢？首先，可考虑对基本服务免费，对增值服务收费。在我国，顾客对价格比较敏感，竞争者又在一旁虎视眈眈，如果收费的项目和费用太苛刻的话，很容易造成用户流向竞争对手。那么，如何才能既留住用户，又通过收费盈利呢？不妨采取对基本服务免费，而对增值服务收费的方式。对商品发布、搜索等基本服务免费有助于网站吸引和留住更多的卖家和买家。在此基础上，推荐用户根据自己需要有选择性地使用一些增值服务，并对这些增值服务进行适当的收费，这样可以在保证用户不流失的前提下增加网站的收入。其次，应逐步从免费过渡到收费。如果一下子从免费过渡到收费，很可能会引起用户的不满，受到用户心理上的抵制。因此，网上零售企业可采取“温水煮青蛙”的方式逐渐过渡，即在推出新的产品或服务时先让用户免费试用，然后再适时收费。此外，要不断增加交费用户专用的功能，并有步骤的弱化免费版的基本功能。要注意的是，一定要保证提供给交费会员的增值服务能够有限度地开放给免费版用户使用一段时间——例如以测试的名义。这样的好处是可以让免费用户“知道、感觉到、很了解”增值服务的好处但是却看得到用不上，从而刺激其缴费的意愿。

当前我国 B2C 和 C2C 电子商务市场的发展正处于一个急速上升的时期，其内部的竞争已趋于白热化。现在中国的电子商务市场，正是因为有了竞争的压力，才使得各电子交易网站取长补短，更好的为广大网民服务。通过对当当网和淘宝网的对比分析来看，我国的 B2C 和 C2C 电子商务企业还存在着明显的不足之处，其发展道路还有待进一步的探索。但是我们相信，随着信息技术的发展以及电子商务社会环境的改善，网络商务必然得到真正的应用，B2C 和 C2C 电子商务交易方式必然会得到蓬勃的发展，其方便与快捷将会使越来越多的人受益。

① 参见王丹：“我国 C2C 电子商务网站的盈利模式探析”，《北京大学硕士论文》，2006 年版。

第8章 国际化背景下的中国本土零售企业竞争优势培育

8.1 跨国零售企业中国市场的扩张历程

跨国零售企业进入中国是从中国的改革开放开始的，1992年第一家外资零售企业八佰伴在中国的开业，标志着外资零售企业正式涉足中国零售市场。截至2004年4月，全球零售企业200强中已有12.5%的企业进入中国，另外有12%的企业已经进入亚洲，为随时进入中国市场做准备（李飞，2005）。外资零售企业进入中国市场的战略决策是与中国零售商业领域对外开放政策的变动息息相关的。具体来看，外资零售企业在华发展经历了以下几个阶段：

第一阶段：外资零售企业在华发展的试点阶段（1992～1995年）。

1992年7月，我国政府为了促进第三产业的发展，由国务院出台了《关于商业零售领域利用外资问题的批复》的文件，批准北京、上海、天津、广州、大连、青岛等6个城市和深圳、珠海、汕头、厦门、海南5个经济特区为零售商业对外开放的首批试点城市（这11个城市均位于中国东部沿海地区），由此揭开了外资进入我国零售业的帷幕。该阶段政府批准的外资零售企业可分为两类，一类是来自国外的零售企业，另一类是来自港澳台的海外华人企业，这类零售企业也在当时被中国政府视为外资零售企业。文件规定11个指定城市或经济特区可以试办1～2个外商投资商业企业（上海可以试办4个外商投资零售企业，因为包括了浦东开发区），而在其他城市禁止开办外商零售企业；外资零售商必须以合资或合作方式进行投资，独资的形式是被严格禁止的，而且在合资企业中，股份比例中方必须控股51%以上，企业不得经营批发业务，其进口商品比例也不得超过30%（李飞、宋刚，2004）。在1992年当年就有15家合资企业被国务院批准（见表8－1）。

表 8－1　　　　1991 年至 1997 年首批国务院批准的中外合资零售企业

时　期	企　　业	选　址	海外合作方	中国大陆合作方
1992 年	北京燕莎友谊商城	北京	新加坡新城集团	北京友谊商城
	新东安有限公司	北京	香港新鸿基地产	北京东安集团
	大连国际商业贸易公司	大连	日本尼齐宜（Nichii of Japan）/香港中信	大连商贸公司
	广州华联百老汇	广州	香港国际百老汇	广州糖业烟酒公司
	广州天河广场	广州	香港正大国际	广州佳景商贸公司
	青岛第一百盛	青岛	马来西亚百盛集团	青岛第一百货公司
	青岛佳士客有限公司	青岛	日本佳士客（JUSCO）	青岛市供销社
	汕头金银岛贸易公司	汕头	香港正大国际	汕头中国旅行集团
	上海第一八佰伴有限公司	上海	日本八佰伴国际	上海一百股份有限公司
	上海华润	上海	香港华润集团	上海华联商厦
	上海东方商厦	上海	香港上海实业公司	上海商业开发公司
	上海佳士客	上海	日本佳士客（JUSCO）	上海申华/华悦/中信香港
	深圳沃尔玛	深圳	美国沃尔玛	深圳国际信托投资公司
	天津华信商厦	天津	香港信德集团	天津华联商厦
	天津正大国际商厦	天津	泰国正大集团	天津立达集团
1995 年至 1997 年	华糖洋华堂商业有限公司	北京	日本伊藤洋华堂	中国糖酒公司
	中土畜万客隆有限公司	北京	荷兰 SHVMAKRO 公司，台湾丰群投资有限公司	中国土畜产品进出口总公司
	武汉未来中心百货有限公司	武汉	台湾丰群投资有限公司	武汉中心百货集团

资料来源：国内贸易部：《中国国内贸易统计》；王洛林：《中国外商投资报告》，中国经济管理出版社，1998 年。

这一阶段，中国零售市场的开放仅仅只是一定区域、一定范围的有限开放，国家对于外资零售企业的市场准入以及政府审批程序方面都作了严格的规定。所以许多外资零售企业出于对中国政府政策的不了解，对中国市场的陌生以及前景的不明了，徘徊于中国市场的大门之外。

第二阶段：外资零售企业在华发展的起步阶段（1995～1999 年）。

尽管 1992 年零售对外开放取得了一定进展，但这仅仅是非常有限的成功。15 个海外零售企业均来自东、南亚，与中国的地理距离、文化距离、心理距离都比较近。地方政府不满足于这种严格的国家管制，相关的国内行业部门也抱怨首批选择与批准的 15 家外资零售企业浪费了政府的配额，因为中国真正需要的是来自北美与西欧的大型零售企业。于是在 1995 年，中国政府开始迈出了开放零售领域的第二大步。指定北京可以进行外资零售商连锁经营的试点，而且允许外资零售商有限的涉足批发领域。但是这一阶段中国政府依然坚持外资零售商必须以合资的形式进入中国市场，而且中方必须持有大部分股份。在这样的政策背景之下，两个大型跨国零售企业以连锁的形式落户北京。一个是日本的伊藤洋华堂，另一个是荷兰的万客隆。于 1995 年 6 月在北京成立的中日合资华糖洋华堂商业有限公司，是我国首家连锁商业企业。此外这一阶段，政府还批准了台湾零售企业丰群投资有限公司在湖北投资开办了武汉未来中心百货有限公司（见表 8－1）。

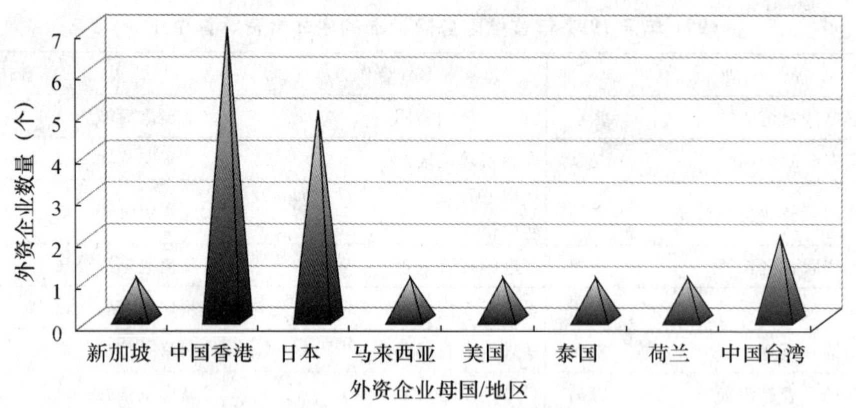

图 8－1　1991～1997 年批准的中外合资零售企业国别（或地区）比较

第三阶段：外资零售企业在华规范发展阶段（1999～2001 年）。

1999 年 6 月，国务院批准发布了《外商投资商业企业试点办法》，把零售业中外合资合作范围扩大到了所有省会城市、自治区和计划单列市，中外合资合作连锁企业试点数量和范围，也都有计划有步骤地逐步扩大。该试点办法进一步允许外资零售企业介入批发领域，同时对中外合资零售经营者的资格进行了新的规定。合资外方经营者，应为具有较强的经济实力、先进的商业经营管理经验和营销技术、广泛的国际销售网络、良好的信誉和经营业绩的企业，且能够通过拟设立的合营商业企业带动中国产品出口。申请前 3 年年均商品销售额应在 20 亿美元以上，申请前 1 年资产额应在 2 亿美元以上。合资中方经营者应为具有较强经济实力和经营能力的流通企业，申请前 1 年的资产额应在 5000 万元（中西部地区 3000 万元）人民币以上。其中，中方经营者为商业企业的，申请前 3 年年均销售额应在 3 亿元（中西部地区 2 亿元）人民币以上；为外贸企业的，申请前 3 年年均自营进出口额应在 5000 万美元以上（其中出口额不低于 3000 万美元）。该办法对于向西部投资的零售企业给予了更大幅度的优惠政策（见表 8－2）。但是仍然只允许外资以合资方式进入，只是对于外资持股比例有了一定的放宽，外资企业持股比例的上限为 65%。港澳台投资的零售企业依然视作外资企业对待，享受上述政策。

表 8－2　　中外合资零售企业的差别化待遇

经营区域	最低注册资本（万元）	最长经营期限（年）
东部沿海及内陆中心地区	零售：5000 批发：8000	30
西部地区	零售：3000 批发：6000	40

在这一阶段，国家对地方越权审批的 326 家违规企业进行了清理整顿，其中 153 家转为内资、退出商业或注销，合并 10 家，163 家边经营边整改。在整改企业中，通过整改转为正式试点企业的 92 家，转为“通过”类的 59 家，未完成的 12 家，其中 5 家已公告属于“五不得”企业，既不享有进出口经营权，不得经营批发业务，不得再扩大经营范围和建设规模，不得开设分店和延长合营年限，不得享受进口自用设备和原材料的减免税政策。这一

阶段，外资零售企业在中国的发展日趋规范化。

第四阶段：外资零售企业在华快速扩张阶段（2001 年～至今）

从 2001 年开始我国正式成为 WTO 成员国，根据入世协议，中国将在入世三年内全面开放国内零售市场，随着中国“入世”，政府已经承诺开放服务贸易市场，并按照市场准入和国民待遇等有关条款来对待外商投资，这意味着中国原有的零售市场准入政策要做出重大调整。很多跨国零售公司看到了他们在中国的发展前景，纷纷开始了中国的快速圈地与扩张运动，以抢占最有利的地理位置和在中国最有利的布局。尤其是 2004 年 12 月中国政府完全取消了对外商投资商业企业在地域、股权和数量等方面的限制，外资零售商业进军中国市场的速度也越来越快，规模也越来越大。2005 年 1～6 月，商务部已经批准的外资零售企业 59 家，为 2004 年批准的外资零售企业的 1.9 倍。内资零售商业企业发展受保护的过渡期缩短了，内外资零售企业即将在公平的市场环境展开全面竞争。

8.2 跨国零售企业中国市场战略

8.2.1　跨国零售商中国市场区域布局战略

8.2.1.1　总体态势

在 20 世纪 90 年代初到中期，跨国零售商在中国的地域网点布局上，仅限于发达地区的上海、广州、深圳、福州、南京、青岛、大连、北京、天津等经济和文化发展水平和开放程度较高的沿海城市。但是从 20 世纪 90 年代后期开始，特别是最近几年，跨国零售商在中国的网点布局，已经从沿海大城市自东向西全面推进（黄昌富，2003）。

通过对 1999～2003 年跨国零售商中国市场布局的分析①，我们发现跨国零售商在中国市场总体集中在东部沿海地区，但是 1999～2003 年间，东部地区外资零售企业门店数呈现先减少后上升的态势，由 1999 年的 777 家，下降到 2001 年的 332 家，而自 2002 年起又逐渐增加到 544 家，进而增加到 2003 年的 608 家。东部地区的一些大城市，如北京、上海也都出现了类似的情况（见表 8－3）。这主要是受 1999 年以前外资大范围违规进入中国市场的影响，导致了一段时期内我国零售业利用外资秩序的混乱，使得在华外资零售企业门店数急剧增多，直到 2001 年政府部门基本完成了对违规外资零售企业的清理整顿，使得外资零售门店数减少，而在入世以后，东部地区的外资零售企业门店又开始趋于稳定的增长态势。需要注意的是东部地区外资零售企业门店数所占比呈现逐渐下降的趋势，由 1999 年的 95.1%，下降到 2001 年的 86.02%，进而下降到 2003 年的 71.03%（见图 8－2），这表明东部地区对于外资零售企业的吸引力在逐渐下降，而中西部地区日

① 我们对这部分数据的处理依据《中国市场统计年鉴（2000～2004）》，而由于该年鉴现在停止出版，我们暂时无法按照同样的统计口径，从其他途径获取 2003 年以后外资零售店铺在不同地区的分布情况，故该部分数据分析限于 1999～2003 年的数据。

益受到外资零售企业的重视，图 8－2 中显示中部地区和西部地区外资零售企业门店数占全国外资零售企业门店总数的比例都呈现上升的态势，尤其是西部地区外资零售企业门店所占比在 2001 年以后的增长最快。跨国零售商把投资焦点放在了中国西部主要有三方面原因：一是出于自身整体扩张战略的考虑，进入中国的跨国零售商要先在经济发达地区建立桥头堡，如家乐福在北京建点、沃尔玛在深圳建点、麦德龙在上海建点，之后延伸至省会，接着再发展到地级市，而西部实际上一直在其视野之中；二是受政府实施的一系列鼓励外资西进的优惠政策的吸引，政府为了发展西部经济，在税收、租金、用地等方面出台了一系列优惠政策以鼓励外资从东向西延伸，从而刺激了外资零售企业西进；三是近年来东部地区零售市场发展空间越来越小，竞争越来越激烈，而西部零售市场发展空间比较大，竞争激烈程度远不如东部，这都成为跨国零售商向西部扩张的重要原因。目前美国沃尔玛、德国麦德龙、法国家乐福和欧尚、日本伊藤洋华堂、英国百安居等均已先后在中国西部的四川成都、云南昆明、陕西西安等地开店。

无论是东部、中部还是西部地区，外资零售企业门店分布都呈现出不均衡性，2003 年东部地区仅上海、广东的外资零售企业门店数就占据了东部地区所有外资零售企业门店总数的75%，其中上海占65.13%，而海南与河北两省所占比例仅为0.82%；中部地区的湖北省外资零售企业店铺数一直居于中部地区之首，并呈现增长的趋势，2003 年湖北省外资零售企业门店数占整个中部地区外资零售企业门店总数的 68.09%；西部地区外资零售企业店铺主要集中在重庆与四川，且外资零售店铺的绝对数量在这两个地区都逐渐增加，入世以后云南外资零售店铺的数量急剧增加，此外在 1999 年西部地区的贵州、陕西、青海、西藏都没有外资零售企业进入，而 2003 年时，除西藏以外的西部地区均已有外资零售企业的门店，这表明外资零售企业进军西部的视野在逐渐扩大。

表 8－3　　1999～2003 年各地区限额以上外资零售企业门店分布

年　份		1999		2000		2001		2002		2003	
		绝对数	比例	绝对数	比例	绝对数	比例	绝对数	比例	绝对数	比例
东部地区	北京	35	4.50%	34	5.21%	25	7.53%	40	7.35%	34	5.59%
	天津	57	7.34%	60	9.20%	12	3.61%	10	1.84%	11	1.81%
	河北	4	0.51%	3	0.46%	4	1.20%	3	0.55%	3	0.49%
	辽宁	17	2.19%	16	2.45%	22	6.63%	25	4.60%	22	3.62%
	上海	583	75.03%	454	69.63%	157	47.29%	346	63.60%	396	65.13%
	江苏	18	2.32%	20	3.07%	22	6.63%	21	3.86%	26	4.28%
	浙江	5	0.64%	8	1.23%	9	2.71%	9	1.65%	13	2.14%
	福建	7	0.90%	12	1.84%	12	3.61%	10	1.84%	14	2.30%
	山东	4	0.51%	4	0.61%	8	2.41%	10	1.84%	22	3.62%
	广东	43	5.53%	38	5.83%	57	17.17%	61	11.21%	60	9.87%
	广西	3	0.39%	3	0.46%	3	0.90%	5	0.92%	5	0.82%
	海南	1	0.13%	0	0.00%	1	0.30%	4	0.74%	2	0.33%
	地区合计	777	100.00%	652	100.00%	332	100.00%	544	100.00%	608	100.00%

续表

年份		1999		2000		2001		2002		2003	
		绝对数	比例	绝对数	比例	绝对数	比例	绝对数	比例	绝对数	比例
中部地区	山西	0	0.00%	0	0.00%	0	0.00%	1	1.59%	0	0.00%
	内蒙古	3	13.04%	4	17.39%	4	14.81%	3	4.76%	2	2.13%
	吉林	6	26.09%	6	26.09%	6	22.22%	6	9.52%	5	5.32%
	黑龙江	0	0.00%	0	0.00%	0	0.00%	0	0.00%	3	3.19%
	安徽	4	17.39%	1	4.35%	2	7.41%	4	6.35%	3	3.19%
	江西	0	0.00%	0	0.00%	0	0.00%	3	4.76%	3	3.19%
	河南	3	13.04%	2	8.70%	4	14.81%	8	12.70%	5	5.32%
	湖北	6	26.09%	8	34.78%	6	22.22%	31	49.21%	64	68.09%
	湖南	1	4.35%	2	8.70%	5	18.52%	7	11.11%	9	9.57%
	地区合计	23	100.00%	23	100.00%	27	100.00%	63	100.00%	94	100.00%
西部地区	重庆	6	35.29%	9	42.86%	9	33.33%	10	7.25%	22	14.29%
	四川	8	47.06%	8	38.10%	9	33.33%	12	8.70%	12	7.79%
	贵州	0	0.00%	0	0.00%	0	0.00%	0	0.00%	2	1.30%
	云南	1	5.88%	0	0.00%	1	3.70%	110	79.71%	111	72.08%
	西藏	0	0.00%	0	0.00%	0	0.00%	0	0.00%	0	0.00%
	陕西	0	0.00%	1	4.76%	2	7.41%	1	0.72%	1	0.65%
	甘肃	1	5.88%	1	4.76%	1	3.70%	1	0.72%	2	1.30%
	青海	0	0.00%	0	0.00%	0	0.00%	0	0.00%	1	0.65%
	宁夏	1	5.88%	1	4.76%	1	3.70%	1	0.72%	1	0.65%
	新疆	0	0.00%	1	4.76%	4	14.81%	3	2.17%	2	1.30%
	地区合计	17	100.00%	21	100.00%	27	100.00%	138	100.00%	154	100.00%
总计		817		696		386		733		856	

资料来源：《中国市场统计年鉴（2000～2004）》。

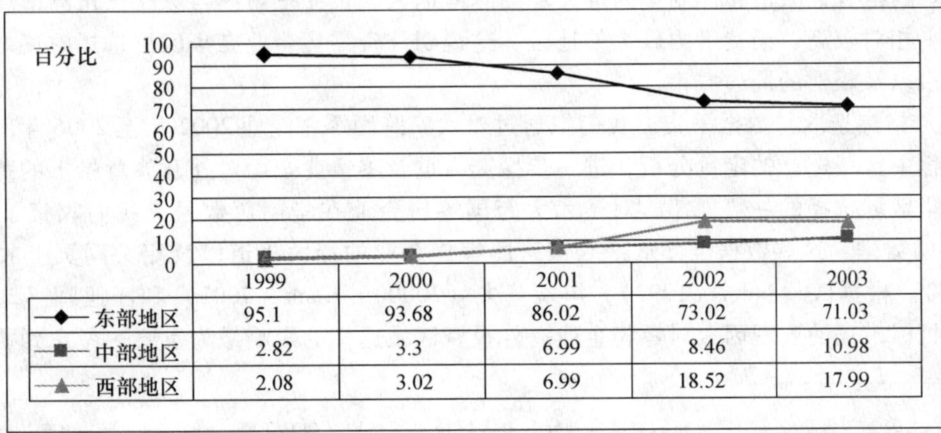

图 8－2　东部、中部、西部地区外资零售企业门店比例

8.2.1.2 基于六大跨国零售商的实证研究

考虑到数据的可得性，本部分我们选择沃尔玛、家乐福、麦德龙、欧尚、易初莲花、乐购六大跨国零售企业作为分析样本，根据六大跨国零售企业中国市场区域选择的变化，进一步检验跨国零售企业中国市场的区域选择行为。

（1）六大跨国零售商在华区域扩张的基本情况。沃尔玛、家乐福、麦德龙、欧尚、易初莲花、TESCO 乐购六大跨国零售商均在中国零售市场占据了重要的市场份额。世界最大的跨国零售商沃尔玛自 1996 年 8 月在深圳开设了中国第一家沃尔玛购物广场和第一家山姆会员店后，截至 2006 年末已在国内 36 个城市开设了 75 家店铺，包括沃尔玛购物广场 68 家店、山姆会员店 4 家、沃尔玛社区店 3 家。从分布区域来看，在华南的店铺数最多，占 36%（27 家），其次分别为东北（12 家）、西南（11 家）、华东（10 家）、华中（8 家）、华北（7 家）[①]；家乐福是仅次于沃尔玛的世界第二大零售商，但是在中国市场的业绩却超过了沃尔玛，自 1995 年进入中国市场以来，一直保持着迅猛的扩张速度，截至 2006 年末，家乐福在中国 33 个城市拥有 92 家大型综合超市，在华东的店铺数最多，占 29.3%（27 家）；德国麦德龙 1996 年与中国锦江集团合资成立的锦江麦德龙现购自运有限公司，在上海设立第一家仓储式商场，而后麦德龙分别以上海、北京、广州、武汉为区域总部所在地，设立了华东、华北、华南和华中四个大区域。虽然开店速度相比其他外资零售巨头比较缓慢，但截至 2006 年末，也已经在中国内地 27 个城市开出了 33 家商场，在华东的店铺数最多，占 39.4%（13 家）；法国的欧尚自 1999 年进入中国至今，已在苏州、成都、北京等 10 个城市开设了 16 家大型综合超市，在华东的店铺数也居于最多，占 75%（12 家）。泰国易初莲花截至 2006 年末在中国内地 31 个城市共开出了 78 家店，华东地区店铺数最多，占 51.3%（40 家）；TESCO 乐购截至 2006 年末在中国内地 19 个城市共开出了 45 家店，华东地区店铺数最多，占 62.2%（28 家）。表 8－4 总结了截至 2006 年末，六大跨国零售商在华店铺分布，图 8－3 反映了六大零售商在华东、华北、华南、华中、东北、西南、西北的分布情况。除了易初莲花以外，其余五大跨国零售商店铺数最为集中的地区，都是企业中国总部的所在地。这六大零售商总共在中国 69 个城市开办了 339 个店铺，其中省会城市和计划单列市的店铺数达 263 个，占 77.6%；位于环渤海湾地区、长江三角洲与珠江三角洲的店铺占 69.6%。我国省会城市和计划单列市，环渤海湾地区、长江三角洲与珠江三角洲都属于经济发展水平相对较高，消费潜力较大的地区，这说明外资零售企业在华区位选择时偏好于经济发达城市以及辐射的周边城市。

（2）指标选取与数据采集。我们拟通过对六家跨国零售企业 2002 年至 2006 年间在内陆扩张过程中区域选择的定量分析，进一步探究入世及零售业全面对外开放背景下的跨国零售企业在华区域选择的一般规律。对于六大跨国零售企业在华门店数量，我们收集了 2002～2006 年的数据，这些数据全部从这六家跨国零售企业的相关报道以及相关网页上收集（见表 8－5）。根据 Alexander（1997），川端基夫（2000），Koch（2001）和汪旭晖（2006）的研究，目标市场的宏观因素对零售企业海外投资区域选择的影响最为重要，考虑到研究的方

① 六大跨国零售企业有门店分布的城市可以分为七大区域，华东地区包括上海、浙江、江苏、山东、安徽；华北地区包括了北京、天津、河北、山西；华南地区包括广东、广西、福建、海南；华中地区包括湖南、湖北、江西、河南；东北地区包括辽宁、吉林、黑龙江；西南地区包括云南、贵州、四川、重庆；西北地区包括新疆、陕西。

表 8－4　　在华主要外资零售企业开店数及地域分布（截至 2006 年末）

企业名称	所在国	主要业态	店铺数	地域分布（括弧中为开店家数）
沃尔玛（Wal－mart）	美国	购物广场	68 家	深圳（11）；东莞（2）；汕头（1）；昆明（3）；玉溪（1）；福州（3）；厦门（2）；晋江（1）；长沙（2）；岳阳（1）；南昌（2）；大连（3）；沈阳（2）；长春（3）；哈尔滨（3）；济南（1）；青岛（1）；潍坊（1）；太原（1）；南京（1）；南宁（1）；天津（2）；北京（3）；贵阳（2）；武汉（2）；重庆（2）；上海（1）；芜湖（1）；金华（1）；嘉兴（1）；无锡（1）；烟台（1）；成都（2）；漳州（1）；泉州（1）；襄樊（1）
		山姆会员店	4 家	深圳（1）；福州（1）；北京（1）；长春（1）
		社区店	3 家	深圳（2）；重庆（1）
家乐福（Carrefour）	法国	大型综合超市	92 家	上海（11）；杭州（1）；宁波（1）；苏州（1）；徐州（1）；南京（3）；无锡（2）；济南（1）；青岛（2）；北京（7）；天津（5）；哈尔滨（5）；沈阳（5）；大连（3）；长沙（1）；武汉（4）；广州（5）；深圳（6）；珠海（1）；东莞（2）；昆明（4）；成都（4）；重庆（4）；乌鲁木齐（3）；合肥（2）；福州（1）；西安（1）；郑州（1）；洛阳（1）；南通（1）；马鞍山（1）；厦门（1）；海口（1）
麦德龙（Metro）	德国	仓储式商场	33 家	上海（4）；无锡（2）；南京（1）；南通（1）；杭州（1）；宁波（1）；武汉（2）；福州（1）；厦门（1）；重庆（1）；青岛（1）；成都（1）；西安（1）；大连（1）；沈阳（1）；长沙（1）；天津（1）；东莞（1）；深圳（1）；南昌（1）；哈尔滨（1）；郑州（1）；昆明（1）；苏州（1）；广州（1）；嘉兴（1）；北京（2）
欧尚（Auchan）	法国	大型综合超市	16 家	上海（4）；苏州（1）；无锡（1）；南京（1）；北京（2）；成都（1）；杭州（1）；宁波（3）；天津（1）；常熟（1）
易初莲花（Lotus）	泰国	大型综合超市	78 家	合肥（1）；北京（8）；广州（3）；汕头（2）；佛山（4）；江门（1）；石家庄（1）；郑州（2）；武汉（3）；南京（2）；无锡（3）；昆山（1）；徐州（1）；淮安（1）；泰州（1）；南通（1）；泰安（1）；济南（2）；西安（3）；上海（20）；天津（4）；成都（3）；杭州（1）；嘉兴（1）；桐乡（1）；绍兴（1）；重庆（2）；潮州（1）；长沙（1）；青岛（1）；温州（1）
TESCO 乐购	英国/中国台湾	大型综合超市	45 家	上海（16）；杭州（3）；宁波（1）；常州（2）；湖州（1）；无锡（1）；天津（4）；沈阳（4）；大连（3）；辽阳（1）；丹东（1）；长春（1）；吉林（1）；佛山（1）；萧山（1）；金华（1）；绍兴（1）；宜兴（1）；东莞（1）

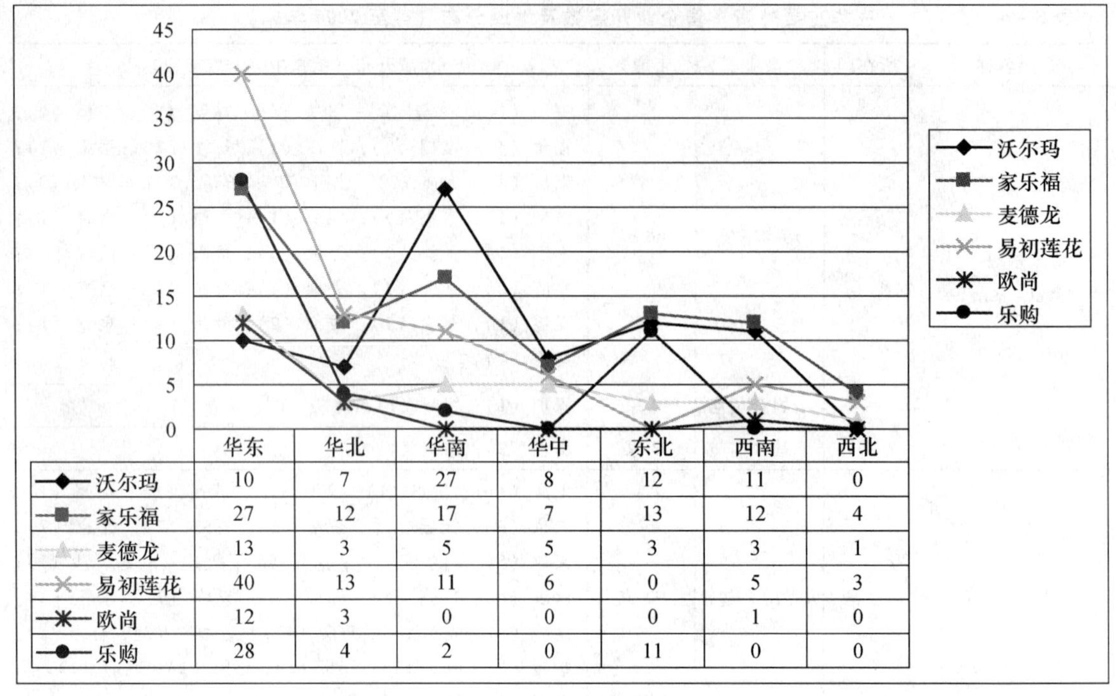

	华东	华北	华南	华中	东北	西南	西北
沃尔玛	10	7	27	8	12	11	0
家乐福	27	12	17	7	13	12	4
麦德龙	13	3	5	5	3	3	1
易初莲花	40	13	11	6	0	5	3
欧尚	12	3	0	0	0	1	0
乐购	28	4	2	0	11	0	0

图 8－3 六大跨国零售商门店的地域分布（2006 年末数据）

便及数据的可获得性，我们认为这些宏观因素指标可以包括 GDP、人口规模、社会消费品零售总额、地区零售门店数、人均可支配收入，由于人口规模可以从社会消费品零售总额和 GDP 上得到解释，而社会消费品零售总额与 GDP 指标在 2002～2005 年中其相关系数在 0.93～0.987 之间，所以为了研究的方便我们只保留三个最为重要的指标：社会消费品零售总额——衡量商业整体发达程度与经济发展水平；人均可支配收入——衡量当地消费能力；限额以上零售企业门店数——衡量当地商业竞争程度。

考虑到跨国零售企业新开店的考察调研工作一般需要提前半年或 1 年，所以人均可支配收入、社会零售总额和限额以上零售企业门店数对外资开店有滞后影响作用，故对于经济指标的搜集我们采取前置一年的方式。跨国零售企业开店数我们采集了 2002～2006 年的数据，所以宏观指标采集时间段对应为 2001～2005 年。对于人均可支配收入、社会零售总额和限额以上零售企业门店数，我们查阅了 2002～2006 年的中国统计年鉴，得到了 2001～2005 年的统计数据。

（3）模型建立和数据分析。

①一般线性回归。我们以某一地区某一年份 t 外资新开的门店数作为因变量 y_t，以前一年度的人均可支配收入 R_{t-1}、社会零售总额 N_{t-1} 以及限额以上零售企业门店数 P_{t-1} 为自变量，则可以建立如下线性回归方程：

$$y_{it} = c_{it} + \alpha_{t-1}R_{t-1} + \beta_{t-1}N_{t-1} + \gamma_{t-1}P_{t-1} \qquad (1)$$

按年度对该模型进行回归，SPSS12.0 软件运算结果如表 8－6 所示。模型结果表明，外资零售企业开店数量受到地区的人均可支配收入、社会零售总额和限额零售企业门店数的影响的显著程度是不一样的。从 2002 年到 2006 年，地区社会零售总额对其开店数量的影响显著，这说明外资开店的数量受到一个地区商业环境的影响，外资在进入中国时，会充分考虑

表 8-5　　六家外资企业各年度中国开店总数量

地　区	2002 年	2003 年	2004 年	2005 年	2006 年
上　海	6	4	7	10	6
浙　江	0	3	1	6	8
江　苏	3	2	8	7	8
山　东	1	3	1	3	2
安　徽	0	0	1	3	1
北　京	0	3	6	5	5
天　津	2	5	4	3	0
河　北	0	0	0	1	0
山　西	0	0	0	1	0
广　东	6	0	6	16	8
广　西	0	0	1	0	0
福　建	0	1	0	2	4
海　南	0	0	0	0	1
湖　南	1	1	0	2	1
湖　北	1	1	2	2	1
江　西	0	1	1	0	1
河　南	0	0	1	1	3
辽　宁	1	5	7	4	1
吉　林	2	1	2	1	0
黑龙江	2	0	5	0	2
云　南	3	0	0	2	2
贵　州	0	0	2	0	0
四　川	1	2	0	6	5
新　疆	0	0	2	0	1
陕　西	0	1	1	2	1
内蒙古	0	0	0	0	0
重　庆	0	0	0	0	0
西　藏	0	0	0	0	0
甘　肃	0	0	0	0	0
青　海	0	0	0	0	0
宁　夏	0	0	0	0	0

到一个地区的总体商业发达水平。地区人均可支配收入在 2002 年、2003 年和 2004 年对外资零售企业的开店数量的影响并不显著，但是在 2005 年和 2006 年则变得非常显著，置信概率超过了 0.95。这说明尽管我国零售行业从 2004 年底对外资全面开放，但是外资进入中国不是盲目无理性的，而是会认真的选择和考察，选取人均可支配收入高的地区进入，因为这样的地区更具有消费潜力。而在 2005 年以前，由于我国零售企业没有全面对外资开放，外资

零售企业进入中国时受到比较多的限制，因此很多外资在选址上可能无法按照规范、理性的投资原则来进行考察，有可能是因为有某种政府资源能够促使其在某地开业就做出了选择，比如地方政府的优惠政策及超国民待遇。限额以上零售企业门店数反映着当地商业的竞争程度，从 2002 ~ 2006 年的模型结果来看，发现对外资开店数没有显著的影响。这说明外资企业在中国选择开店的时候，并不把当地已有的门店看作竞争对手，这是因为外资企业有品牌、管理、资金、渠道等资源优势，和内资企业有很大的差距，他们并不顾忌本土已有的商业竞争对手。事实也是如此，大型跨国零售企业进入后，一般周围商圈的中小零售企业会普遍会感到生存危机与压力，无法和外资抗衡。

表 8 – 6　　模型不同年份的回归结果①

年　份	自变量	标准化后的系数 BETA	t 值	sig	容忍度	VIF	DW
2002	人均可支配收入	0. 127	0. 623	0. 539	0. 459	2. 177	2. 125
	社会零售总额	0. 366	2. 316	0. 028	0. 764	1. 309	
	限额以上零售企业门店数	0. 349	1. 773	0. 087	0. 493	2. 029	
2003	人均可支配收入	0. 367	1. 588	0. 124	0. 476	2. 102	1. 971
	社会零售总额	0. 141	1. 588	0. 045	0. 746	0. 476	
	门店数	0. 149	0. 709	0. 484	0. 571	1. 750	
2004	人均可支配收入	0. 267	1. 189	0. 245	0. 449	2. 226	2. 530
	社会零售总额	0. 311	1. 752	0. 091	0. 719	1. 392	
	限额以上零售企业门店数	0. 176	0. 869	0. 393	0. 552	1. 812	
2005	人均可支配收入	0. 343	2. 497	0. 019	0. 434	2. 303	2. 242
	社会零售总额	0. 553	4. 928	0. 000	0. 652	1. 534	
	限额以上零售企业门店数	0. 126	0. 865	0. 395	0. 390	2. 563	
2006	人均可支配收入	0. 363	2. 439	0. 022	0. 437	2. 290	1. 718
	社会零售总额	0. 404	2. 470	0. 020	0. 362	2. 763	
	限额以上零售企业门店数	0. 206	0. 996	0. 328	0. 227	4. 408	

我们单独以三个自变量对外资开店数量进行回归，发现模型拟合效果都不错，影响非常显著。但是无论从逻辑上看还是从模型模拟效果来看，这三个变量是具有某种程度共线性的。不过从 2002 ~ 2006 年的模型拟合效果来看，其容忍度、VIF 值和 DW 值都属于可以接受的。

②基于 Panel Data 的回归模型。与通常的时序数据模型或截面数据模型相比，Panel Data 模型在分析截面数据与时序数据混合的二维资料时具有独特的优势，表现在充分利用了资料的信息，缓解或消除了时序数据模型中多重共线性的影响，可以反映各种“未知因素”的影响。所以为了更精确的验证前文三个自变量对外资开店数量的影响，我们将利用 Panel Data 模型作进一步分析。

面板数据的一般形式为：

① 因为我们主要考察三种因素对外资零售企业选择开店数量的影响，故我们在表中没有列出常数项。同时，由于三个变量之间不同的量纲导致相关系数差距很大，故我们在此选取标准化后的系数 Beta。

$$y_{it} = c_{it} + \alpha_{i,t-1}R_{i,t-1} + \beta_{i,t-1}N_{i,t-1} + \gamma_{i,t-1}P_{i,t-1} \quad (2)$$

其中 i 代表不同的地区，而 t 则为年份，其余参数含义和（1）相同。

因为时间序列比较短，因此本书不考虑参数随时间的变化，只考虑参数的个体差异，即：

$$y_{it} = c_i + \alpha_i R_{i,t-1} + \beta_i N_{i,t-1} + \gamma_i P_{i,t-1} \quad (3)$$

我们对各个年度的相关数据进行 F 检验后，决定采用变截距模型来建模。具体的三种模型估计和检验结果如表 8-7，其中模型 1 为所有截面单元有相同截距，模型 2 为固定效应变截距模型，模型 3 为随机效应变截距模型。

表 8-7　　三种模型估计和检验结果①

	模型 1			模型 2			模型 3		
	系数	T 值	Prob.	系数	T 值	Prob.	系数	T 值	Prob.
C	-2.588	-4.156	0.000				-2.535	-3.690	0.000
α	0.000	3.934	0.000	0.000	0.865	0.389	0.000	3.595	0.001
β	0.001	5.563	0.000	0.001	2.269	0.026	0.001	4.795	0.000
γ	0.000	0.897	0.372	0.000	-1.760	0.082	0.000	0.188	0.851
R^2	0.566			0.743			0.641		
调整后 R^2	0.556			0.649			0.632		
DW 值	1.781			2.892			2.112		

从三个模型的结果可以看出，地区社会零售总额对外资在我国开店数量有显著的正向影响。而地区的人均可支配收入在模型 1 和模型 3 中都对外资企业开店数有显著的影响，在模型 2 中不显著。地区的限额零售企业门店数对外资企业开店数量的影响不显著。

（4）小结。通过对沃尔玛、家乐福、麦德龙、欧尚、易初莲花、乐购六大跨国零售企业在中国市场区域扩张的定量分析，我们发现：（1）社会消费品零售总额对跨国零售企业中国市场的区域选择有显著的正向影响，这充分反映出地区商业环境对外资区位选择的重要影响作用，另外社会消费品零售总额与 GDP 指标在 2002～2005 年中其相关系数在 0.93 到 0.987 之间，所以这也可以从一个侧面反映出当地的整体经济环境对外资零售企业中国市场区域选择具有影响作用。（2）人均可支配收入对外资零售企业中国市场区域选择的影响的显著性呈现不确定性，这主要是由于在 2004 年零售业全面对外开放以前，很多地方政府依然给予外资零售企业很多的超国民待遇，导致外资零售企业选择区域时往往只看中地区的经济总量、商业整体环境，而对居民消费能力的考察可能不是很充分。（3）地区零售门店数对跨国零售企业区域选择没有影响，这说明跨国零售企业凭借强大的资金实力，希望快速进入中国市场，有时甚至不惜在连续多年连续亏损的情况下，坚持低成本倾销，以快速提高市场份额，所以在这种心态下，往往不会过多考虑当地的商业竞争程度。

8.2.2　跨国零售商的中国市场进入模式

自 1992 年零售领域对外开放到入世以前，中国政府一直规定跨国零售商进入中国市场

① 本书涉及 31 个地区，由于篇幅所限，随机效应模型和固定效应模型中各个截面单元的参数估计量在此不列出。

的唯一法定模式是合资，但是许多跨国零售商为了加快在中国市场的扩张速度，迅速获得较大的市场份额，在进入模式上独取蹊径，大打“擦边球”，在政府规定的框架内进行各种隐性的变通，从而使跨国零售商的中国市场进入模式呈现多样化的特点。

8.2.2.1 跨国零售商中国市场进入模式的主要类型

总体上看跨国零售商中国市场的进入模式主要有以下类型：（1）合资。自1992年零售领域对外开放到入世以前，中国政府一直规定外资零售企业进入中国市场的唯一法定形式是合资，多数外资零售企业都采取了合资的方式进入中国市场。（2）委托管理。由于输入外方管理不受中国政府限制，一些本土零售商便以多种形式委托外方管理，或支付管理费，或让渡部分股权，或采取租赁、承包方式，中方只提取保底利润（陈春花、赵海然，2004），如马来西亚百盛（Parkson）。（3）移植物业。中外合资合作开发房地产（酒店或写字楼）比较容易获得立项，但当酒店或写字楼建成以后，外方往往直接使用建筑的一部分用于零售经营。（4）授权导入。外商授权中国本土企业代理销售外资零售商的品牌商品；或以许可证方式，在中国开展特许经营，如北京的法国 Lafayette 以及日本的崇光 Sogo 百货店。（5）中外合资制造企业的分销店。一些合资的制造企业利用国家允许制造型外资企业在中国境内销售其部分产品的政策，在中国以产品直销或设立特许专卖店的形式销售自己的产品，如法国的皮尔·卡丹（Pierre Cardin）、美国的花花公子（Playboy）。（6）并购。2004年7月，英国第一大、世界第六大的零售商塔斯科（TESCO）集团，斥资1.4亿英镑（相当于21.3亿元人民币）收购乐购连锁超市50%的股权，从而打响了跨国零售商以并购形式进入中国市场的第一枪（2006年末 TESCO 已将在乐购的股份增加到90%）。随后跨国零售商在华并购越来越频繁，百思买控股五星电器、沃尔玛收购好又多、家得宝并购家世界家居以及2007年12月韩国零售业老大乐天百货公司宣布以人民币6.4亿元收购中贸联万客隆（CTA Makro）公司49%的股份，都是跨国零售商在中国市场并购的典型案例。可以预计，未来较长的一段时期内，外资并购将是零售市场的热点。其中，国内有外资背景的上市公司以及业绩较好、竞争能力较强的企业都可能成为并购的首选目标。（7）战略联盟。战略联盟是世界大型跨国公司在发展中出现的一种股权或非股权的合作形式，是企业为了实现其在某个时期的战略目标而与其他具有优势互补的企业所结成的合作关系。在零售领域的自愿连锁实际上也属于这种形式。世界上最大的两个自愿连锁体系 SPAR 和 IGA 分别于2004年的9月和11月与中国的宁波三江、山东家家悦正式签署合作协议，国际自愿连锁组织正式进入中国零售市场。（8）独资。自2004年底我国取消对外资商业的股权限制后，跨国零售商运用独资的方式进入中国市场将越来越普遍，2005年1~6月新批准设立的59家外资零售企业中，外商独资企业38家，比重已经达到了64.4%。

可见，跨国零售商进入中国市场的方式呈现多样化的特点。但需要特别说明的是，在2004年底以前，由于受制于中国政府对外资进入方式的限制（即仅允许外资以合资的形式进入，且对外方持股比例有严格规定①），大部分跨国零售商进入中国市场都采取了合资的

① 1992年7月，国务院出台的《关于商业零售领域利用外资问题的批复》中明确规定外资零售商必须以合资或合作方式进行投资，独资的形式是被严格禁止的，而且在合资企业中，股份比例中方必须控股51%以上。这种股权比例限制直到1999年6月国务院出台的《外商投资商业企业试点办法》才略有所放宽，这时外资企业持股比例的上限为65%。2004年12月中国政府才完全取消了对外商投资商业企业在股权方面的限制。

方式，或者一些在政策规定框架内的各种隐性变通的方式，如委托管理、移植物业、授权导入等。但是在 2005 年以后我国政府完全取消了外资零售企业的股权限制，这将使得外资跨国零售商进入中国市场的模式越来越与国际趋同，并购、独资将成为未来跨国零售商进入中国市场的主导模式。

8.2.2.2　主要跨国零售商的中国市场进入模式

（1）家乐福的中国市场进入模式。家乐福为了把握中国市场的先机，一开始就采取非常手段进入中国市场。以北京国际展览中心的家乐福为例，家乐福和一家中资的中创商业公司在中国注册了合资的“家创商业管理公司”，但是按照中国政府规定，商业管理公司只能做咨询管理，不能投资。也就是说家乐福只能够做商业管理的输出，而不能真正注资连锁企业的经营业务当中。于是中创商业公司又注册了一家空壳的商业公司“创益佳商城”，作为中创全资的子公司，创益佳就可以不受国家有关政策的限制而进行商业经营活动，然后创益佳公司把一切业务全部托管给了合资的家创商业管理公司，作为家创公司的大股东，家乐福集团自然而然地介入了北京创益佳公司在北京国际展览中心的超市连锁店的经营业务中去，并打出了醒目的“家乐福”招牌，靠着这种变通的方式，家乐福对自己的连锁店拥有了绝对的控股权。通过“曲线”进入，家乐福成功避开了政策壁垒，频频玩起“变脸术”，连续若干年的开店从未经过中央政府审批，到处横冲直撞，一再通过地方政府“越权审批”开独资店，一再触及中国政府的政策“高压线”，屡屡打破外资企业持股上限的规定。从家乐福 1998 年年报看，其在华合资公司的持股比例都远远超过当时外资不能持有超过 49% 的规定，从表 8－8 看，家乐福很多子公司持股比例竟然达到 100% 即使 1999 年时外资可持股量已经增到 65%，家乐福依然超标，从表 8－9 中 1999 年家乐福在华子公司持股比率大部分超过法定比例，至少有 8 家可算做独资。

表 8－8　　家乐福 1998 年在华子公司及持股比率

部分家乐福 1998 年在华持股比例高于 65% 的合资公司	家乐福持股比率（%）
青岛明达超市	95
沈阳家乐福超市	100
深圳利安超市	100
武汉家乐福超市	100
珠海乐天大卖场	100

直到 2000 年，家乐福违规开店才真正引起国家有关部门的警觉，并在 2000 年 11 月和 2001 年 8 月连发两道禁令，对家乐福的做法紧急叫停，但家乐福并未停步。所以在 2002 年，国家有关部门勒令家乐福进行全面整改，要求其在华的 27 家店 35% 股权出让给中方企业。因此在 2002～2003 年期间，家乐福新开店的速度因整改而大幅度减缓。但是 2004 年新年过后，家乐福的命运“峰回路转”，整改宣告结束，家乐福重新拿到了商务部开新店的许可，开始了新一轮的圈地扩张。由于前期已经抢占了有利的先机，所以发展势头依然非常迅猛，尤其是在 2004 年末我国对外资零售企业进入的数量、地域及股权比例限制取消以后，家乐福以独资方式开店的步伐大大加快，温州、海口、昆明、新疆、长沙的家乐福店铺相继实现独资，2005 年 9 月又在深圳投资设立了独资企业——深圳家乐福商业有限公司，注册资金为 1200 万美元，由外资 100% 控股，并将以独资公司形式掌控未来在深圳的扩张。在

表 8-9　家乐福 1999 年在华子公司及持股比率

部分家乐福 1999 年在华持股比例高于 65% 的合资公司	家乐福持股比率（%）
大连商创商场有限公司	100
大连朝胜超市有限公司	100
东莞东升超市有限公司	70
南京裕家超市有限公司	75
宁波宁家超市有限公司	100
青岛明达超市有限公司	100
沈阳家乐福超市有限公司	100
深圳利安超市有限公司	100
武汉汉富超市有限公司	100
珠海乐天大卖场有限公司	100

资料来源：郎咸平：《模式：零售连锁业战略思维和发展模式》，东方出版社，2006 年版，第 351～352 页。

独资步伐加快的同时，近年来，家乐福还频频以收购模式快速进入市场，如斥资 2 亿元收购了刘永好旗下的乐客多大卖场上海七宝店。在中国零售业全面对外开放的背景下，家乐福采取国际通行的独资或并购的进入模式将是大势所趋。

（2）欧尚的中国市场进入模式。欧尚 1997 年以合资的模式进入中国上海，但是发展速度比较缓慢。伴随着其在中国市场的摸索，终于独创了一种有别于家乐福等其他零售巨头“违规”进入的模式，加快了扩张的速度。随着 2002 年 9 月 10 日上海大润发超市有限公司与江西印刷集团签订正式开店协议以后，欧尚这种另类进入模式已经逐渐露出冰山一角。欧尚模式是采取欧尚与上海大润发交叉持股的方式来跨出营业执照对它的限制，达到了“开店先行，执照放后”的目的，在没有执照的情况下，让分店遍地开花。欧尚模式的做法是，通过与上海大润发进行交叉持股后，再进行关联交易，进而控股整个上海大润发，达到全面布局中国、后来居上的目的。事实上，这是一种“操捷径追赶型”的策略，这是针对其进入中国市场比较晚的实际情况而制定的。先天优势不足，就选择发展比较好的零售企业进行合资，通过建立“战略联盟”来抢占市场份额。在这个过程中，大润发功不可没，充当了殴尚打擦边球的“二传手”角色。

以进入南昌市场为例，2002 年 5 月，欧尚中国公司已和江西印刷集团草签了有关协议，“欧尚”承诺投资 8000 万元人民币，在南昌建一个营业面积达 3.2 万平方米的大型综合超市。但是当正式协议签定之际，2002 年 9 月欧尚突然宣布放弃了进驻南昌的计划，与此同时上海大润发有限公司与江印集团闪电般地正式签订合作协议，总投资预计 7000 万元人民币，在南昌兴建营业面积为 1 万平米的大型超市。而欧尚与大润发在 2001 年就通过交叉持股结成了以资本为纽带的策略联盟①，所以欧尚放弃进入南昌实际是一种以退为进的做法。欧尚之所以选择上海大润发替代其进入南昌，一则是因为作为台资的上海大润发与真正意义

① 之所以欧尚与大润发结成了以资本为纽带的策略联盟，是因为两家企业宿有渊源。在 1900 年，上海大润发的母公司润泰集团就将纺织业务 17.5% 的股权售予法国欧尚集团。作价 13.14 亿元，使欧尚与润泰集团这两个东西半球的企业开始结为“连娌枝”。

上外资企业欧尚相比，台资企业在政策上更具优势；二则是因为欧尚的物流系统还没有到位，按照欧尚中国的习惯，不超过 300 公里就需要建立一个物流配送中心，以降低开店成本，但是近期南昌周围省市没有再适合欧尚开店的网点，而单开南昌店，建物流中心显然是不划算的，这也是欧尚选择大润发替代其进入南昌的重要原因。

上海大润发在中国的业绩，是欧尚等外资零售企业是远不可比拟的。自 1998 年 7 月份上海大润发在上海开出第一家店后，一发不可收拾，超过了任何一家进入中国的“外资”零售企业，截至 2002 年为止，上海大润发已在中国内地的华东、华南、华中和华北开了 30 多家店，而欧尚在大陆开店速度相对较慢，通过交叉持股的利益捆绑，欧尚与上海大润发采取相辅相成的选址策略，不会产生冲突竞争，如欧尚在省会、大城市开店，上海大润发则从次城市往省会方向渐进。这样一来只要时机成熟，欧尚只需要通过关联交易就可以轻而易举的获得上海大润发的控股权，充分利用大润发已有的店铺网络，以最低的成本和最快的速度完成中国市场的区域布局①。

（3）沃尔玛的中国市场进入模式。沃尔玛自 1996 年以合资的模式进入中国深圳以来，一直严格遵守着中国政府的相关规定，从不越雷池一步，所有新开店铺都经过国家批准，并以合资的模式介入，在股权比例上也从没有违规。但沃尔玛的“遵纪守法”，却使其丧失了许多市场机会，即使在 2004 年末以后，在许多外资零售企业寻求独资、并购等新的市场进入方式在中国市场扩张的背景之下，沃尔玛依然一如既往地选择合资开店。

（4）易初莲花的中国市场进入模式。易初莲花 1997 年以合资的模式进入中国上海，在上海浦东新区杨高南路开了首家店，随后一直将开店范围集中在以上海为核心的长江三角洲地区，最早的发展重点主要在上海，也一直采取合资的模式，但是发展速度比较慢。2004 年底零售市场的完全放开，使得易初莲花扩张的速度大为加快。易初莲花在一面按照国际通行的并购、独资加速开店的同时，开始了回购原有资产股权的行动。据 2005 年 8 月 30 日正大企业公告显示，除了青岛公司之外，易初莲花在华北区域几乎将实现独资化，正大企业下属的全资公司将包括北京、天津、西安、郑州、泰安、济南等分公司。2006 年 3 月上海易初莲花超市的独资工作完成，随后泰国正大又如愿拿下了广州易初莲花的所有控制权。可见独资将成为易初莲花未来中国市场最为重要的市场进入模式。

8.2.3　跨国零售商中国市场业态选择战略

根据相关研究和统计资料，本书研究确定的样本企业总数为 15 个，这些企业均是比较著名的跨国零售企业，分别来自 10 个国家和地区，其中中国台湾地区为 3 家，美国、法国、英国各 2 家，日本、德国、瑞典、泰国、马来西亚和中国香港各 1 家（如表 8－10 所示）。

从表 8－10 可以看出，样本 15 家跨国零售企业共发展了 9 种零售业态。其中，有 9 家样本企业发展了大型超市业态，占总样本的 60%，有门店 486 家，占总样本的 34.2%，在数量上具有绝对优势。可见，大型综合超市是跨国零售企业进军中国的主导业态模式。之所以跨国零售商进入中国市场时偏好于大型综合超市，主要源于以下原因：（1）该业态是国际市场上的一种流行业态模式，且在许多国家的发展都获得了成功；（2）大型跨国零售商

---

① 台商投资的零售企业规模达到一定程度时，其管理和财务成本容易出现“瓶颈”，出售部分股份可以套现，并可帮助其扩大在国际市场的通路资源，所以只要时机成熟，欧尚通过关联交易完成对大润发的控股是完全可能的。

表 8－10　　在华主要跨国零售商基本资料

序号	企业名称	母国/地区	在华业态	进华时间	店铺数
1	沃尔玛	美国	购物广场（大型超市）	1996	68
			仓储式商场	1996	4
			社区店	2002	3
2	家乐福	法国	大型超市	1995	92
			冠军超市	2004	8（已撤资）
			迪亚折扣店	2003	220
3	好又多	中国台湾	大型超市	1997	101
4	欧尚	法国	大型超市（欧尚）	1998	16
			家居建材店（乐华梅兰）	2002	2
5	正大集团易初莲花	泰国	大型超市	1997	78
6	TESCO 乐购	英国	大型超市	2004	45
7	大润发	中国台湾	大型超市	1998	70
8	屈臣氏	中国香港	大型超市（百佳）	1995	10
			超市（百佳）	1984	9
			专业店（屈臣氏）	1989	386
			便利店（百佳）	不详	12
9	太平洋百货	中国台湾	百货店	1993	9
10	伊藤洋华堂	日本	百货店	1996	2
			大型超市（华堂洋华堂）	1997	6
			超市（王府井洋华堂）	2006	2
			便利店（7－11）	2004	130
11	麦德龙	德国	仓储式商场	1996	33
12	百安居	英国	家居建材店	1999	58
13	宜家	瑞典	家居建材店	1998	4
14	家得宝	美国	家居建材店	2006	12
15	百盛	马来西亚	百货店	1993	39

注：除华润万家为2002年底数据以外，其他均为2006年底数据。

凭借强大的资本实力、高效的物流配送系统、现代化的信息技术手段及先进的管理技能，在经营大型综合超市方面具有比较优势，并且已经积累了丰富的经营大型综合超市的经验；（3）该业态模式具备了超级市场与百货店的双重功能又比之具有优势，与中国广大消费者的需求相吻合，可以不与中国传统超级市场（食品超市）在同一水平线上竞争，达到领先市场的目的。正是由于这些原因，才使得外资大型综合超市在中国的发展势头迅猛。

在15家样本企业中10家采取了单一业态的发展战略，占66.7%，而5家采取了多业态的发展战略，占33.3%（见表8－11）。之所以单一业态成为主导，主要有以下原因：（1）母国地区因素。中国台湾地区的3家样本企业（好又多、大润发、太平洋）全部采取单一业态战略。台湾企业管理能力较差，好又多和顶新集团下属的乐购大型超市相继被沃尔玛和 TESCO 收购，尤其是 TESCO 乐购英方持股比例已经达到 90%。大润发和太平洋经营状况相对较好，但由于资金和管理问题，发展缓慢，缺乏引进新业态的环境和能力。总体来看，台湾企业由于其自身的经营管理能力不强，资金相对其他发达国家企业而言较为薄弱，因而目前在中国大陆市场尚未能进行跨业态经营。(2) 市场环境因素。中国市场环境复杂，法律体系不完善、经济发展不平衡、民族众多、文化差异大，跨国零售企业在这样的市场经营其实面临着巨大的文化冲突和不确定性，花费相当长的时间精力来适应中国市场是非常必要的。所以很多跨国零售企业还处于以单一业态探索在华经营之道的阶段，没有多余的精力发展新的业态。(3) 业态本身的因素。一些跨国零售企业最初以仓储式商场和家居建材店的模式进入中国大陆市场，但是这两种业态在大陆市场发展条件还并不成熟。在华的仓储会员店一直水土不服，主要原因在于中国消费者不易接受会员店"花钱买会员卡才能进店购物"、"开车批量购物"等经营模式，房地产商的物业大多达不到仓储会员店要求的地面承重、楼层高度高、配套停车场大（与店面的面积大致相当）等专业标准。此外，会员店因为要有叉车、专用货架等专业设备，初期投入比超市大许多，而且国内会员店一般需要两三年才能培育出稳定而充足的会员顾客，所以会员店赢利也比非会员制超市慢（费明胜等，2008）。家居建材店同样面临着经营的问题，这主要是因为传统建材市场生命力依然旺盛，而国内不成熟的物流条件也使家居建材商店在物流配送方面遭遇困难，难以有效实现成本控制。这使得率先以仓储式商店和家居建材商店模式进入中国市场的跨国零售企业发展举步维艰，只能踏踏实实先专注于当前的业态。

表 8-11　　在华主要跨国零售商的业态战略选择

业态战略	企业名称	企业总数
单一业态战略	TESCO 乐购、好又多、大润发、百盛、太平洋、麦德龙、百安居、宜家、家得宝、易初莲花	10
多业态	沃尔玛、家乐福、欧尚、屈臣氏、伊藤洋华堂	5

但是需要注意的是，多业态经营能够分散经营风险，培育企业的新增长点，从而达到提高企业经营绩效的目的。对于跨国零售企业而言，在主力业态站稳脚跟以后，通过相互关联性和协作性较强业态的组合，实行业态多元化发展，是一个发展趋势，也将成为企业打造竞争力的重要战略之一。

8.2.4　跨国零售商中国市场的本土化

8.2.4.1　跨国零售商中国市场战略定位的转变

在对跨国零售商定位进行研究时，我们引入"定位点"的概念。"定位点"一词在国内由李飞教授率先提出，李飞等（2005）曾用构建的零售公司市场定位策略的钻石模型以及零售公司消费者关联分析工具，对沃尔玛和家乐福在中国市场的定位策略进行了实证分析。在本部分研究中，我们通过几大跨国零售商（沃尔玛、家乐福、麦德龙、欧尚）在母国市场和在中国市场上定位点的差异，就可以发现其进入中国市场的战略定位转变。

李飞等（2006）根据清华大学经济管理学院中国零售研究中心在 2005 年进行的大型连锁超市顾客满意度调查，对中国成功超市的定位点进行了实证研究。该研究根据《2005 年中国连锁经营年鉴》连锁百强排行榜，选出零售额排名比较居前的20家中外资大型连锁超市企业，按照不同企业在店内商品、价格感知、购物便利、购物环境、商店设施、人员服务、结账过程、售后服务、商店政策9个零售组合要素的得分，分别排出它们的优秀程度排序。李飞等（2006）关于定位点识别的具体方法按照如下程序进行：（1）把排位居前的营销属性视为营销定位点，第1、2、3位表示企业在某一营销组合要素带来的利益点上表现最好、次好或者第3好，位居第1位的属性可以视为具有比较竞争优势点；位居第2位（或第3位）的要素，如果与位居第1位（或第2位）的企业满足"不完全相同区域"这个条件，即没有在相同的区域开设店铺，也可以视其为比较竞争优势点或营销定位点。（2）如果一个企业在两个方面都有明显的竞争优势，将更有优势方面视为主要定位点，另一个方面视为次要定位点。如果一个企业在两个（或以上）方面都位居第1（或第2）的位置，根据影响满意度权重的大小确定定位点。（3）非定位点处于行业哪种水平，以是否高于20家企业平均水平作为标准，高于它视为高于行业平均水平，低于它视为达到零售行业平均水平。（4）率先识别出利益定位点，然后再根据利益定位点确定该点所属的营销要素，以解释定位点两个层次的内容。按照这样的研究思路，李飞等（2006）最终发现沃尔玛在中国市场的主要定位点为购物环境，次级定位点为商品因素；欧尚的主要定位点为价格，次级定位点为便利性；麦德龙的主要定位点为商品丰富，位居2位的有购物环境、结账过程、自由退货和售后服务等，次级定位点不清晰；家乐福没有名列前茅的突出属性要素，因此在中国市场没有形成明确的定位点。

那么沃尔玛、家乐福、麦德龙、欧尚在各自母国市场的定位点是什么状况呢？在《卓越的神话》一书中，作者弗雷德·克劳福德和瑞安·马修斯对一些跨国零售商母国市场的定位点进行了分析，沃尔玛的主要定位点是价格，沃尔玛以其价格优势而闻名，但它的价格并不总是最低的。它在价格方面的绝对优势是因为消费者相信，沃尔玛的"天天低价"理念会给他们提供低价范围内的诚实价格，提供不暗中掺假、存在于各类商品中的诚实价格。沃尔玛的诚实以及对消费者看重之处的反映在它的价值观和对顾客的态度中。沃尔玛在商品上领先，是其次级定位点，它的商品质量是高的，但并不是最高的，不及它的竞争对手Target的质量高，在其他属性方面，如服务、易接近性和体验方面，沃尔玛居于行业的中游，即平均水平。这项调查结果都显示，沃尔玛的竞争优势在于价格属性，即每日低价（EDLP：Everyday is low price）。这与沃尔玛公司的自我宣传相一致，在沃尔玛开业的第一家店铺的牌匾两旁就分别写有"每天低价和满意服务"的标语。长期以来，他们一直倡导"每日低价"和"为顾客节省每一分钱"的经营理念。"每天低价"是指不仅一种或若干种商品低价销售，而是所有商品都是以低价销售；不仅是在一时或一段时间低价销售，而是常年都以低价格销售；不仅是在一地或一些地区低价销售，而是所有地区都以低价格销售。价格是沃尔玛的主要定位点已经成为一种共识。家乐福集团在母国市场上以其易接近性或便利性和价格而著称，主要定位点是便利性，次级定位点是价格。关于麦德龙和欧尚在母国市场的定位点我们可以通过国内外一些相关文献进行推断，麦德龙在德国市场的主要定位点是价格，次级定位点是商品；欧尚在法国的主要定位点是商品，次级定位点是价格（陈广，2006；郎咸平，2006）。

表 8－12　　几大跨国零售商的定位点

	母国市场		中国市场	
	主要定位点	次级定位点	主要定位点	次级定位点
沃尔玛	价格	商品	环境	商品
家乐福	便利	价格	不明显	不明显
麦德龙	价格	商品	商品	不明显
欧　尚	商品	价格	价格	便利

可见，跨国零售商在母国市场和中国市场的定位点存在着差异，这说明了跨国零售商进入中国市场过程中，在母国市场的竞争优势表现并没有直接复制到中国市场。

8.4.2.2　跨国零售商中国市场本土化战略

（1）商品组合本土化与采购本土化。不同国家或地区的人口增长、都市化水平、中产阶级比例，以及居民生活方式、消费水平、兴趣爱好、传统习俗、储蓄情况、宗教信仰的差异，都会导致对商品需求的差异。因此做好商品组合的本土化，对国际零售商的经营至关重要。跨国零售商进入中国市场后，虽然本土化商品比例在不同的企业各不相同，但是相同的是所有跨国零售企业都在努力加大这一比例，因为本土化的商品更符合中国消费者的需求。如家乐福中国的每一个分店里都出售豆腐、豆浆这类很“中国”的商品，甚至在中国不同地区的分店里出售的商品都会不同，如在重庆的分店里出售麻辣酱，在北京的分店里出售烤鸭面酱。为了迎合中国消费者爱“挑选、比较”的习惯，家乐福的货架上增加了同类商品的供应量，以方便顾客选购。在成都家乐福超市内，不少主装饰品均采用四川特有的“竹器”——泡菜坛子。为了更好的达到商品组合的本土化，跨国零售商都不约而同的加大了本土化采购。本土化采购不仅可以有效的节约运输成本和配送费用，还能促进与当地政府、商界的关系，建立政策通路。更为重要的是采购的本土化确保了商品结构的本土化，符合当地消费者的习惯。“采购中国”是沃尔玛中国发展战略的一部分，沃尔玛中国公司经营的商品有 95% 以上是由中国生产的。2000 年，沃尔玛在中国直接采购和通过供应商间接采购的中国产品总额，超过了任何一家外贸出口企业的业绩，2001 年，沃尔玛中国的采购额比上年增长 20%。至今已经有 1.5 万家供应商与沃尔玛中国建立了合作关系。家乐福 90% 以上的商品也是从当地供应商那里购买的，而进入中国市场以后，家乐福已在北京、上海、天津、武汉、广州、大连、青岛、厦门、宁波等 11 个制造业发达的城市建立了采购基地。在中国的商品采购方面，家乐福有自己显著的特点，特别是对农产品采用按季节的订单采购。针对农产品生产的分散性，家乐福用一个专门的质量管理体系将分散的农户组织起来，由专门的公司对产品下计划，所选择的农产品供应商必须按照家乐福质量体系的要求和规定种植、包装、配送，如需用有机肥、低毒化学农药等，同时负责收购。家乐福用这种办法直接对接市场，用大销售、大流通来带动生产。易初莲花 95% 的商品属于本地采购，进入中国市场后善于因地制宜地发现极具特色和竞争优势的商品，根据不同地区的产品特色来制定采购计划，修改目标商品清单。例如 2004 年 7 月，易初莲花刚刚在温州签下第一家门店时，就已经看中了温州产品的市场潜力，将温州的轻工产品和农产品纳入采购重点，纳入易初莲花的采购系统。2005 年 12 月，易初莲花成都首店沙湾店经过近两年的筹备正式开业，卖场内 50% 的商品已实现了本地采购。这是易初莲花的母体正大集团“城乡联动”发展模式带来的成果，正大集团早在1978年进入中国市场以后，就一直重点投资农牧业、水产养殖业、种子等行业，在这些领域与农民和经销商建立了紧密的贸易关系，走出了一条“农户+公司”的双赢发展道路，通过这种模式，正大集团在全国各地建立了庞大的销售网络和众多生产基地和加工企业，可以源源不断的向易初莲花全国门店供应商品。正大集团在四川建立了独资、合资企业多达11家，其中以农产品加工企业为主，此次易初莲花沙湾店开业，可以直接“就地取材”，易初莲花门店所需的家禽肉鸡、鸡蛋、肉类、茶叶、种子、葡萄酒等商品都可以本地采购。所以易初莲花将各地的销售系统纳入自身的采购系统之中，结合正大集团强大的商品生产基地，充分体现出采购的灵活性，最大限度地实现商品组合的本土化，提高了自身的竞争优势。这也从一个侧面说明了外显竞争力本土化（如商品组合本土化）的实现在一定程度上需要内含竞争力要素（采购本土化）的支撑。

（2）服务内容本土化。麦德龙最成功的是现购自运制，然而在中国，麦德龙“被迫”转变了其近40年来的“顾客自行运货”的经营理念，对大件商品推出免费送货上门服务。针对中国大多数客户无车、自运困难以及会员们要求提供送货服务呼声高的现状，为了适应中国的“水土”，麦德龙在中国推出了送货服务，并且今后还将考虑继续拓宽服务渠道和服务规模（沙振权、张亮，2002）。虽然这存在风险，却是入乡随俗的举措，反映了服务内容的本土化。麦德龙目标顾客是会员客户，但是会员客户主要集中在国内小型的零售商，为此麦德龙把为缺乏经营经验的私人小企业提供专业性服务视为一种推广自身业务的有效策略，如为想开一家小超市或杂货店的私人业主提供目前市场上最畅销的商品并帮助配货，使私人业主可以用最少的现金配备最齐全的货物；为打算建立一家小型装修队的业主配备所需要的电动工具和手动工具，提供相应装修材料的商品建议清单；为打算开小饭店的业主提供餐具“套餐”、酒水“套餐”等选择。

（3）经营模式本土化。如安利公司在全世界都是以其传销而立足的，可是在中国法律禁止非法传销。所以在中国开设了世界范围内所属的第一家百货店。再比如沃尔玛将专柜（在国外没有）引入在中国开设的店铺中，将供应商的贷款结算周期从3～7天延长到了2个月，这些都体现了运作时针对中国特殊性的调整。还有沃尔玛进入中国之初，熟食部分都是自己亲力亲为，由于不了解中国的饮食文化，起初效果不理想，成本也比较高。为此沃尔玛做出策略调整，将熟食业务外包给本地餐饮商家。以上都是运作模式本土化的鲜明例子，反映着零售文化的本土化倾向。

（4）人力资源本土化。人力资源本土化就是外资企业中由本地人员代替外方人员职位的过程，包括零售企业员工本土化与管理人员本土化。当地的员工与管理人员更了解当地的风俗、习惯、对政治、经济、文化条件有着更深刻的理解，更容易与政府、供应商打交道，更容易将企业的理念融入日常经营之中。此外人力资源本土化还有助于零售企业在当地消费者心中树立“本地企业”的形象，使消费者更易于接受该企业的产品与服务。沃尔玛、家乐福、麦德龙都是人力资源本土化的成功典范。沃尔玛在各国分店的员工与管理层绝大多数都是当地的员工，在中国沃尔玛的员工，90%都来自本土；目前中国家乐福除了少数法国高层管理人员以外，95%的员工都在当地招聘；在易初莲花中国的员工都是华人，任何一家店铺的店长也都是本地人；欧尚从大量的企业内部优秀员工中选拔优秀的、具有管理潜质的人才加入到管理层队伍中。所以在中国除了最早开的几个店大规模从外部招聘管理人员外，从2002年就开始在已有店中选拔新店的管理人员。

（5）物流模式本土化。跨国零售企业进入中国市场，采取的物流模式与在母国市场大多有着明显的差异（如表 8 – 13 所示）。如家乐福在中国主要采取了供应商配送的物流模式，并没有建立中央物流系统，其原因在于家乐福开店分散，就算有中央配送机制也不会有很大效益。因此家乐福在法国倚重的第三方物流模式在中国难以实行。欧尚进入中国市场则采取了与本土法国相近的物流模式，灵活运用了自营配送、第三方物流和供应商配送。

表 8 – 13　　四大跨国零售商本土及在华物流模式比较

	家乐福		沃尔玛		麦德龙		欧　尚	
	本土	中国	本土	中国	本土	中国	本土	中国
自营配送	+		+ +	+	+	+	+	+
第三方物流	+ + + +		+			+	+	+
供应商配送	+ +	+ + + +	+ + +	+ +	+	+	+	+

资料来源：郎咸平：《模式：零售连锁业战略思维和发展模式》，东方出版社 2006 年版，第 380 页。

（6）其他要素的本土化。跨国零售商进入中国市场在很多要素方面都进行了本土化调整。如在研发本土化方面，家乐福与中国政府部门以及科研院校建立了长期、稳定与广泛的合作关系，这对于家乐福适应本土的技术创新起到了积极的推动作用；在选址本土化方面，沃尔玛在美国的选址集中在交通便利的城郊，但在中国却不能固守城郊开店、开车购物的传统，因为大多数中国人还没有汽车，所以在进入中国初期，在深圳市繁华的地段开设了购物广场。

8.2.5　跨国零售商中国市场撤退

跨国零售商在海外市场的经营并不一定能持续，撤资随时都有可能发生，在中国市场也不例外。表 8 – 14 列出了主要外资零售企业从中国市场撤资的实例。这些企业在中国市场失败的主要原因在于脱离了中国的实际，也就是说没有使自己所拥有的竞争优势有效适应中国的国情（陈信康，2003）。

表 8 – 14　　已退出中国市场的跨国零售企业

企业	所在国家	业态	退出日期	接受企业
八佰伴	日本	超级市场	1999 年 6 月 2 日出售所有股权（早在 1997 年实际已经全面退出经营管理）	上海第一百货商店
上海西友	日本	超级市场	1999 年 6 月出售所有股权	上海华联超市
阿霍德	荷兰	大型综合超市	1999 年 10 月出售所有股权（1998 年 1 月曾收购八百伴 22 家店铺）	徐汇副食品公司
巴黎春天	法国	百货店	2000 年 5 月 24 日出售全部股权	上海益民百货股份有限公司
上海佳士客	日本	百货店	2000 年 7 月 24 日出售全部股权	太平洋百货
大荣	日本	超级市场	2004 年 12 月出售全部股权	北京物美
迈凯乐	日本	百货店	2003 年 6 月 25 日迈凯乐向大商转让持有的 70% 股权	大商集团
欧倍德	德国	大型建材专业店	2005 年 4 月 27 日，百安居的控股公司英国翠丰集团宣布收购欧倍德亚洲控股公司在中国投资的零售业务	百安居

资料来源：根据实际调研及相关网站资料整理而成。

比如日本八佰伴 1991 年进入深圳，是中国大陆第一家外资零售企业，但是 1996 年就出现“运转不灵”的情况，继而在 1997 年便向当地法院申请适用“公司更新法”（破产保护法），最终于 1999 年全面完成撤资。八佰伴超市撤资的关键原因在于业态选择的失误，八佰伴中国市场的定位主要是小型的传统食品超市，在业态上与国内超市相比没有先进性，加上发展速度慢，当然难以长期生存。再比如荷兰阿霍德于 1997 年正式进入中国大陆，并与中创集团等中方公司合资成立了上海阿霍德——中汇超市公司，在上海的店铺数量曾经达到 50 家，1998 年还曾收购八佰伴 22 家店铺，但是 1999 年 10 月便因经营原因，被迫出售所有股权，从中国市场全面撤资。阿霍德——中汇超市虽然在业态上采取的是先进的大型综合超市的模式，但在投资决策上存在严重失误，阿霍德在上海建立了按照 100 家店的规模配备的配送中心，但由于中国的农副产品流通方式落后，使配送中心的运作成本很高，再加上合作对象是一家区属企业，要想实现上海全市的发展先天不足，当门店发展规模支持不了配送中心的运作成本时，造成连续几年巨额亏损，最后董事会决定撤资。事实上，日本八佰伴超市和荷兰阿霍德超市几乎与上海的超市是同步发展的。但上海的联华、华联、农工商等国内超市迅速抢占了市场，使这些外国超市无法在短期内达到规模数，成本居高不下，最后退出市场。

中国消费者购物习惯、消费需求与发达国家相比有很大的差距，并且中国地域之间的文化差显著，从而使外资零售商核心竞争力的转移比较困难。如果不能够根据进入市场的实际情况，及时调整经营策略，很难长期获得竞争优势。比如太平洋百货曾经一直坚持全年打折的策略，但是 2004 年公司改变了在内地沿用了 10 年的打折让利销售手段，而更注重品牌，引入了 20% ~30% 的世界一线品牌，保持 50% 左右的中档商品，而大量廉价的量贩类商品则被清理出去，这反映着其针对市场变化的经营策略调整。

需要特别说明的是，从中国市场撤资本身也是跨国零售商的一种战略选择，这也说明了并非外资跨国零售商就一定能在与本土零售商的竞争中获胜。

8.3 中外零售商中国市场战略的比较研究

8.3.1 样本企业描述

本部分研究以八大零售企业作为研究样本，对中外零售商中国市场战略进行比较。

8.3.1.1 本土零售企业样本描述

本土零售企业我们选择国美、百联、大商、物美为样本。国美电器是全国最大的家电零售连锁企业，从 2000 ~2006 年的 7 年间，国美在中国连锁百强中的名次分别为 8、6、4、4、2、2、1，2007 年再度以 1023.5 亿元销售规模、1020 家店铺的业绩位居中国连锁百强第一位，成为国内首个销售额破千亿的连锁企业。百联集团是国内大型流通产业集团的典型代表，拥有百联股份、友谊股份、物贸股份、第一医药和联华超市等 5 家上市公司，拥有一批享誉国内外的知名企业，如第一百货商店、永安百货（华联商厦）、东方商厦、华联超市、联华超市、妇女用品商店、第一医药等，2007 年以 871.39 亿元销售规模位居中国连锁百强第二名，各类型店铺总数达到 6454 家。大商集团也是中国最大零售业集团之一，2007 年销售跨越 500 亿元，利税突破 13 亿元，连续 10 年保持销售年均递增 30% 以上的高速度，在 2007 年中国 500 强企业排行榜上名列第 104 位，位居中国连锁百强第 5 位。北京物美集团 2007 年销售规模达到 279.4 亿元，店铺数达到 718 家，位居中国连锁百强第 7 位，是成功的本土零售企业的代表，2003 年 11 月曾在香港上市，是内地第一批在香港上市的民营商业企业。

8.3.1.2　外资零售企业样本描述

在华外资零售企业选择沃尔玛、家乐福、麦德龙、TESCO 乐购为样本。美国沃尔玛是全球最大的零售巨头，多年连续蝉联《财富》杂志世界 500 强企业之首，目前，在全球开设了超过 7000 家商场，员工总数 190 多万人，分布在全球 14 个国家。自 1996 年进入中国市场以来，发展迅速迅猛，截至 2007 年末，在华店铺已经达到 100 家，2007 年中国市场销售规模达 213.15 亿元人民币。法国家乐福是欧洲第一大、世界第二大零售商，业务范围遍及世界 30 个国家和地区，于 1995 年进入中国市场，截至 2007 年末，在华总店数已达 109 家，销售额在所有在华外资零售企业中排名第一。德国麦德龙也是著名的国际零售商，年营业额高达 500 亿欧元，员工超过 23 万人，1996 年进入中国市场，截至 2007 年末，在华门店数 37 家，较之沃尔玛、家乐福而言，发展速度较慢，但近年来中国市场的销售增长幅度却很大，据麦德龙 2007 年业绩报告显示，2007 年中国的销售额为 95.2 亿元，较 2006 年增长 18.5%，而全球增长为 6%，其在中国的销售增幅是全球业务的 3 倍。Tesco 是英国最大的零售商，在全球销售和市场占有率上仅落后于沃尔玛、家乐福、家得宝，位居世界第四，2004 年以收购台湾顶新集团旗下的乐购连锁超市的形式，进入中国市场，截至 2007 年底，TESCO 乐购已经在内地开出了 52 家分店。

8.3.2　样本企业中国市场战略比较

8.3.2.1　业态发展战略比较

零售企业的业态发展战略一般分为两种：单一业态发展战略和多业态发展战略。从中外大型零售企业中国市场发展情况看，多业态发展和单一业态发展是同时并存的两种方向（见表 8－15）。

表 8－15　中外大型零售企业中国市场的业态模式

	企业名称	中国市场业态种类
外资企业	沃尔玛（Wal－Mart）	购物广场/大型综合超市、山姆会员店、社区店
	家乐福（Carrefour）	大型综合超市、迪亚折扣店、冠军超市（已经退出）
	麦德龙（Metro）	仓储式商场
	TESCO 乐购	大型综合超市
内资企业	国美电器	专业店
	上海百联	百货、标准超市、大型综合超市、便利店、购物中心、专业店、专卖店
	大商集团	百货店、大型购物中心（新玛特）、大型综合超市、专业店
	物美	大型综合超市、便利店、标准超市、药店

沃尔玛拥有购物广场、山姆会员店、折扣百货店、超级市场、社区商店等多种业态形式，但是在进入中国市场时，主要采取了三种业态，即购物广场、山姆会员店以及社区商店，其中购物广场这种类似大型综合超市的业态模式是沃尔玛进军中国市场的主导业态模式，截至2007年12月已在53个城市开设了95家购物广场；山姆会员店是沃尔玛美国市场的主力业态之一，自1996年在中国深圳开设第一家山姆会员店以来，先后在昆明、福州、长春和北京等地建立了会员店，但是会员店在中国遭遇了“水土不服”，很多城市的消费者更青睐于购物广场这种非会员制的店铺，所以昆明、长春等许多城市的山姆会员店最终纷纷转型为购物广场，目前沃尔玛在国内的山姆会员店仅有深圳、福州、北京3家；而沃尔玛社区店只有2家，均分布在深圳。家乐福拥有大型综合超市、超市、折扣店、便利店、现购自运店五种业态，但是在进入中国时主要选择了大型综合超市，2003和2004年家乐福在中国市场先后引入迪亚折扣店和冠军中型超市，但是效益无法同大型综合超市相比，冠军超市一共开了8家门店且过于分散，其价格和新鲜度都不及附近的农贸市场具有竞争力，最终不得不在2006年退出中国市场。所以，目前家乐福中国的业态仅有大型综合超市和迪亚折扣店。麦德龙拥有仓储式商场、百货店、服装专卖店、电器专卖店、大型综合超市、标准超市等多种业态类型，但是在中国市场采取了仓储式商场，目标顾客以中小商人、酒店、餐饮业、工厂、企事业单位、政府、团体为主。Tesco的主要业态包括百货商店、折扣百货店、便利店、超市、超级购物中心，由于该公司通过收购乐购股权的形式进入中国市场，因此目前在中国市场主要沿用乐购大型综合超市的业态形式（TESCO乐购），2008年2月，Tesco在上海引入便利店——特易购便捷店（Tesco Express），增加了其在中国的业态。可见，样本外资零售企业在中国市场上采取的业态种类大大少于在母国市场的种类，虽然一些外资零售企业在中国市场也实施了多业态发展模式，但是主营收入往往都来源于某一种业态，如沃尔玛、家乐福、乐购都只在大型综合超市业态上占据主导优势，而麦德龙始终以单一的业态模式——仓储式商场在中国市场扩张。

与外资零售企业相比，国内四家样本零售企业除了国美采取电器专业店的单一业态发展模式外，其余三家企业在多业态发展上表现更为突出。上海百联拥有百货、标准超市、大型综合超市、便利店、购物中心、专业店、专卖店等零售行业的绝大多数业态，其中最主要的是大型综合超市、标准超市和便利店。大型综合超市目前销售额占34%，品牌企业为世纪联华和华联吉买盛；标准超市目前销售额占41.5%，品牌企业为联华超市和华联超市；便利店目前销售额占8%，品牌企业为快客便利和罗森便利，主要在上海发展。大商集团主要有百货店、大型综合购物中心（新玛特）、大型综合超市、专业店四种业态。物美集团经营业态包括大型综合超市、便利店、标准超市、药店，其中以大型综合超市、便利店居多，截至2007年末物美大型综合超市已有78家。多业态发展虽然有助于目标顾客多元化，分散经营风险，但是多业态的协调问题是一大难题，如百联先采取事业部的框架体系在业务上指导各零售实体，后又将事业部法人化，但是由于整合难度大，至今仍无法成立一统联华和华联两块牌子的法人公司。此外从业态创新能力上看，本土零售企业的业态模式几乎全部复制西方国家的成熟业态，这一方面说明了本土企业的模仿学习能力较强，但另一方面也反映出本土企业缺乏业态模式的创新思维，具有中国特色的、适应本土的业态创新模式很少出现。

8.3.2.2 空间扩张战略比较

空间扩张战略有蜘蛛式和蜜蜂式两种。蜘蛛式是像蜘蛛一样在一个地区密集织网，蜜蜂式则是像蜜蜂一样挑选好地方，即打点法。家乐福在中国的发展最为迅速，在中国市场销售额超过了沃尔玛，与其空间发展模式有关。家乐福一直以蜜蜂式模式扩张，从其进入中国市场前五年的分店选址看，扩张模式不是减少分店的地理距离，而是同时挑选多个繁华城市开店，如上海、重庆、沈阳、武汉、东莞、珠海、北京、天津、大连等，由于所进入城市居民具有很高的消费能力，所以门店销售额也很高。沃尔玛在中国开业之初试图维持其在美国围绕物流中心开店的做法，但是受制于我国零售业开放初期相关法规的限制，这种发展模式效果很不理想，于是很快效仿家乐福的蜜蜂式发展模式，即使新开店的省市距离现在配送中心很远，仍然会在该地开设分店，目前沃尔玛的店铺在华南地区最多，其次是华东地区。麦德龙在中国市场采取了蜘蛛式发展模式，以华东地区为重点进行发展。TESCO 进入中国市场的时间比较晚，主要以乐购原有的门店为基础，而乐购在中国大陆市场则采用了蜜蜂式与蜘蛛式结合的发展模式，重点在上海、辽宁密集式渗透发展，同时也跳跃了其他一些地区，但是所跳跃省市范围不及沃尔玛、家乐福那么广。

表 8－16　四大外资零售企业店铺空间分布（截至 2007 年底）

	沃尔玛	家乐福	麦德龙	乐　购
华东区	17	32	15	31
华北区	9	14	3	6
华南区	31	21	7	4
华中区	13	11	5	0
东北区	14	14	3	11
西南区	14	13	3	0
西北区	2	4	1	0
总　计	100	109	37	52

国美采取蜜蜂式发展战略，店铺分布全国 182 个城市，其中 27 个一级城市，155 个二级城市。上海百联集团经过多年发展，已经形成了以上海为基地，华东为依托，商品零售网点遍布全国的格局。从成员企业（除罗森外）空间发展战略看，采取了先蜘蛛式、后蜜蜂式的战略，在华东地区密集布点织网后，逐步进入东北地区、华北地区和华南地区。大商集团则基本采取了蜘蛛式的空间发展战略，长期以来一直注重在东北地区密集发展，在东北市场取得了很好业绩之后，才开始考虑向山东等其他地区进军。以大商百货店为例，目前大商百货店分布于河南（2 家）、山东（1 家）、吉林（1 家）、四川（2 家）、黑龙江（15 家）、辽宁（28 家），共计 49 家，东北店铺数超过 89.8%。而在大商综合超市中，除通过收购北京天客隆进入北京市场外，其余全部综合超市均集中在东北地区。物美店铺也主要采取了蜘蛛式空间发展战略，集中在北京发展，少数店铺涉足河北、天津和银川。

总之，中外零售企业的空间发展战略各不相同，蜜蜂式发展战略有利于零售企业网点的快速增长，扩大经营规模，但是由于不同区域城市分店距离较远，所以供应链管理是一大问题，对于降低运营成本、提高区域市场知名度和竞争力非常不利。所以这种空间扩张战略成功的关键要辅之恰当的物流模式选择，自营物流模式往往难以适应蜜蜂式空间发展战略的需要，所以采取蜜蜂式空间发展战略能否取得最终成功的关键在于如何取得销售水准与成本控制之间的优化。蜘蛛式空间发展战略有助于在区域市场获取较高知名度和美誉度，可以减低整体运营成本。而蜜蜂式与蜘蛛式结合的发展方式，既叠加了蜜蜂式与蜘蛛式发展战略的优点，同时也叠加了两种空间发展战略的缺点，采用这种战略必须结合自身的发展基础，紧密配合物流战略、营销战略等的适当运用方可获得成功。郎咸平（2006）曾指出，在中国当前环境下，零售企业采取单一空间发展战略的效果好于复合式的空间发展战略。我们认为当前在中国市场上，零售企业最为理想的空间发展战略可遵循两条路径：（1）先蜜蜂式发展，再选择重点区域蜘蛛式发展；（2）先蜘蛛式发展，待在某地区占有绝对优势后，再蜜蜂式跳跃发展。而最初就同时以蜜蜂式与蜘蛛式结合的复合式战略扩张，则会面临众多不确定因素，除非企业拥有雄厚的资本实力和资源保障，否则往往难以做出快速及时的战略资源调整，而容易在竞争中处于被动。

8.3.2.3 物流运作模式比较

跨国零售企业在中国市场的物流运作模式以供应商配送为主，兼顾部分自营配送和第三方物流配送。沃尔玛的自营物流配送体系在美国本来非常发达，但是进入中国后，受制于零售业开放初期政府相关政策的限制，无法实现在特定区域内的蜘蛛式扩张，而蜜蜂式跳跃发展的结果，使得门店与配送中心的距离越来越远，配送中心应有的优势无法发挥出来；加之中国高速公路建设滞后，运输网络不完善大大降低了运输效率；很多公路收费又增加了运输成本。结果沃尔玛在美国赖以成功的高效率物流配送系统在中国根本没有用武之地。所以沃尔玛在2004年末我国零售业全面对外开放以前，在采取自营配送的同时，不得不大量采取供应商配送的物流发展模式，但是中国供应商的信息系统落后，无法配合沃尔玛的技术平台，所以供应商配送效率不高。但是在中国政府完全取消对外资零售企业进入数量、地域、股权的限制以后，沃尔玛开店数量增长迅猛，尤其是收购好又多以后，区域市场的店铺密集程度得到显著提高，这将使沃尔玛高效的物流配送系统优势在中国市场逐渐显露，沃尔玛在物流模式选择上也逐步更加依赖于配送中心的统一配送。此外，近年来沃尔玛中国还开始运用第三方物流进行配送，东方海外物流、招商物流等承担了沃尔玛部分配送业务。家乐福并没有采取常规的集中采购管理体制，没有配送中心，而是权利下放，采取了单一的供应商配送模式。麦德龙在中国市场采取了供应商直接配送、企业自身配送中心配送及第三方物流配送相结合的物流模式，而第三方物流配送的比重居多，2006年麦德龙与中国外运集团正式签署协议，中国外运将负责逐步建立起由9个转运中心和数十条运输线路构成的覆盖目前麦德龙所有门店的物流网络。Tesco乐购在中国市场采取的是供应商配送的物流模式，而随着区域市场店铺密集程度的提高，2008年初正式启用了上海第一个生鲜配送中心，实施自营物流与供应商配送相结合的物流模式。国内样本零售企业在物流策略上，则主要选择了自建配送中心的自营物流模式。不过国美近年来开始尝试第三方物流的配送模式，而物美是较早引入第三方物流的本土零售企业，2001年末与第三方物流公司——和黄天百签署了合作合同，但是3年以后，合作矛盾与摩擦越来越多，导致该模式绩效不佳，于是转而寻求自营配送模式。总体而言，中外零售企业利用第三方物流的比重还很小，这与中国市场第三方物流起步晚，运作不规范有一定关系，但是随着第三方物流市场的逐渐完善，著名第三方物流企业的崛起，以及零售企业自身信息技术的完善，有效利用第三方物流开展配送将是一种高效率的选择。对于中国零售企业而言，在网点分布密集的地区应该建立自己的物流中心，并实行标准化建设、规范化管理；在网点较分散的地区，则最好选择信誉好、经验多、系统先进、权责明确的第三方物流公司签订外包合同，这样可以把建设物流系统的资本投入到其他系统的运营中，获得更高的收益。

表 8 - 17　　中外大型零售企业中国市场的物流模式

	企业名称	中国市场物流模式
外资企业	沃尔玛（Wal - Mart）	自营物流、供应商配送与第三方物流
	家乐福（Carrefour）	供应商配送
	麦德龙（Metro）	自营物流、供应商配送与第三方物流
	TESCO 乐购	自营物流与供应商配送
内资企业	国美电器	自营物流、第三方物流
	上海百联	自营物流
	大商集团	自营物流
	物美	第三方物流、自营物流

8.3.2.4　资本扩张战略比较

无论是跨国零售商还是本土零售商都采取了独资、合资、并购等多种资本扩张方式。只不过不同企业各有侧重，沃尔玛侧重于合资与并购，自 1996 年进入中国开始，在相当长时期内，一直以合资的形式在中国大陆开店，直到 2007 年 2 月出资 10 亿美元购买台湾好又多 35% 股权，预计在 2010 年逐步实现对好又多的完全控股。家乐福更偏重于独资与并购，尽管在零售业对外开放初期，我国政府规定外资仅能以合资形式进入中国零售领域，并对外资持股比例有所限制，但是家乐福一直长期违规开店（包括开独资店或者在合资店中持股比例超标），对此 2000 年到 2002 年，家乐福遭遇政府整改，可随后家乐福快速敏感顺应政策的需要，成功地将整改和开店结合起来，在中国零售市场全面对外开放以后，家乐福迅速提高了以独资、并购手段在中国市场扩张的进程，如在深圳投资设立了独资企业——深圳家乐福商业有限公司，收购了乐客多大卖场上海七宝店，并且回购了在乌鲁木齐、长沙、北京、云南、湖南、新疆等地合资公司的中方股权。TESCO 也是侧重于并购、独资，英国 TESCO 于 2004 年以收购顶新在大陆的附属企业“乐购连锁超市”50% 股份的形式进入中国，2006 年 12 月增资至 90%，2008 年初在广州开设了首家独资店。而麦德龙在中国市场长时间采取的是合资形式，随着中国零售市场的全面放开，对合资店实行增资控股，并开始实施独资开店的运作战略。相比而言，本土零售企业也运用了多种资本扩张战略，并购是最重要的扩张方式。国美电器于 2006 年收购永乐电器，2007 年收购大中电器，2008 年控股三联商社，巩固了其中国家电零售霸主的地位。百联集团 2005 年 8 月通过股权行政划拨方式，收购第一百货、华联商厦、华联超市、友谊股份、物贸中心 5 家上市公司相关股权。百联超商业务旗舰联华超市（0980. HK）先后收购了广西佳用超市、无锡中百超市，百联股份以 1.2 亿元收购宁波长发商厦 90% 股权。2006 年初，百联集团收购上海兴力达广场等。大商集团曾先后收购了辽宁抚顺、锦州、营口、大庆等城市的资产质量较好的百货店，2003 年进入北京，与北京天客隆签订股权转让协议，占有了天客隆 92% 的股份，2004 年又收购了迈凯乐全部日方股份，2007 年收购银泰百货 100% 股权。物美也一直通过并购的资本扩张战略迅速扩张，成功地将北京的超市发、美廉美，天津的大荣等 20 多家大型零售企业购入囊中。事实上不同的扩张战略各有利弊，独资建店，控制程度高，但是成本也高，资金需求量大；合资店，可以达到借鸡生蛋的目的，但是合作双方难以消除分歧；并购店，扩张速度快，但需要资金支持，整合难度也比较大。所以企业必须在综合考察竞争环境，对自身实力进行科学评估的基础上，慎重进行决策。只有用科学决策代替感觉经验决策，才可以制定出真正适合自身可持续发展的资本扩张战略。

8.3.2.5 赢利模式比较

目前大型零售企业的赢利模式主要有以下几类：依靠购销差价获利、依靠类金融模式获利、依靠进场费获利、通过优化供应链的低成本模式获利。购销差价模式是零售企业最传统的赢利模式，通过低成本从供货商进货，以较高的价格卖给顾客，以获得利润。类金融模式则是零售商与消费者之间进行现金交易的同时，延期数月支付上游供应商货款，这使得其账面上长期存有大量浮存现金，并形成“规模扩张——销售规模提升带来账面浮存现金——占用供应商资金用于规模扩张或转作他用——进一步规模扩张提升零售渠道价值带来更多账面浮存现金”这样一个资金内循环体系（如图8－4）。进场费模式是一个备受争议的模式，所谓进场费是指大型零售商在商品定价外，向供货商直接收取或从应付货款中扣除，或以其他方式要求供货商额外负担的各种费用。零售企业利用其流通主导权，向供应商收取各种名目的进场费，容易引起供应商和零售商的冲突。低成本模式则是通过有效的供应商管理，大规模采购而降低成本的一种赢利模式。此外，在百货店或购物中心中还存在一种典型的赢利模式，即出租场地或变相出租场地的联营方式。中外零售企业的赢利模式虽然有所差异（如表8－18），但是进场费模式无意已经成为中外零售企业主要的赢利模式。在样本企业中以家乐福的进场费收取最为严重，向供应商收取的费用包括配货费、上架费、条码费、新品上柜费、节庆费、店庆费、商场海报费、商场促销费、全国推荐产品服务费、老店翻新费、新店开办费等，这些费用成为家乐福的主要利润来源，但这种模式也导致了家乐福与供应商的矛盾冲突不断升级。本土企业国美电器除了收取进场费外，类金融模式运作也较为典型，国美可以延期6个月以上支付供应商货款，这种拖欠使其占有大量的资金，导致了其强烈的多元化冲动，结果多元化投资于资金需求较大的房地产行业，形成了“商业＋地产”的模式。但是进场费模式与类金融模式都不利于零供关系的和谐发展，隐含着供应商联合抵制，资金链断裂的潜在危机，所以如果仅仅以这两种模式作为主要赢利模式，则缺乏可持续性。所以积极探索赢利模式的创新是中外零售企业都应该思考的重大问题。

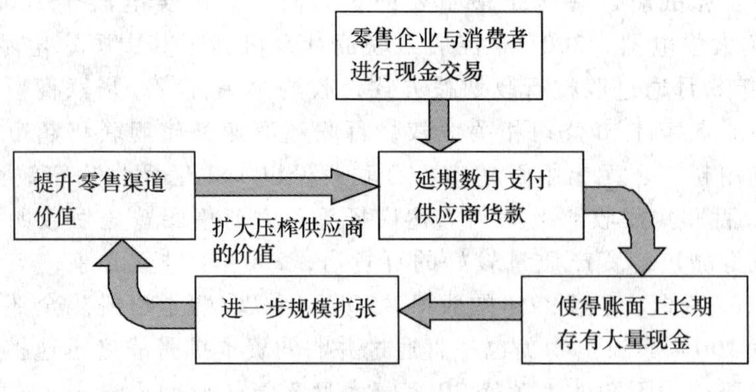

图8－4 类金融模式示意图

表 8－18　　中外大型零售企业中国市场的赢利模式

	企业名称	中国市场物流模式
外资企业	沃尔玛（Wal－Mart）	购销差价＋低成本模式
	家乐福（Carrefour）	购销差价＋进场费模式＋类金融模式
	麦德龙（Metro）	购销差价＋进场费模式＋类金融模式
	TESCO 乐购	进场费模式
内资企业	国美电器	类金融模式＋进场费模式
	上海百联	购销差价＋进场费模式＋出租场地
	大商集团	购销差价＋进场费模式＋出租场地
	物美	购销差价＋进场费模式

8.3.2.6　店铺营销模式比较

店铺营销模式指的是零售企业在众多零售营销组合要素上策略的组合，这些零售营销组合要素主要包括产品、价格、便利、服务和环境五个方面（弗雷德等，2002）。我们根据李飞等（2006）的研究以及笔者的调研资料整理，可以将样本零售企业零售营销组合要素的消费者感知情况由表 8－19 反映。

表 8－19　　中外零售企业零售营销组合要素比较

	沃尔玛	家乐福	麦德龙	乐购	国美电器	上海百联	大商集团	物美
商品	☆☆☆☆☆	☆☆☆	☆☆☆☆☆	☆☆☆☆	☆☆☆	☆☆☆	☆☆☆☆	☆☆
价格	☆☆☆☆	☆☆☆☆	☆☆☆☆	☆☆☆☆☆	☆☆☆	☆☆☆☆	☆☆☆☆	☆☆☆
服务	☆☆☆☆☆	☆☆☆	☆☆☆☆☆	☆☆☆	☆☆☆☆	☆☆☆☆	☆☆☆☆☆	☆☆☆
环境	☆☆☆☆☆	☆☆☆☆	☆☆☆☆	☆☆☆☆	☆☆☆☆	☆☆☆☆	☆☆☆	☆☆
便利	☆☆☆☆	☆☆	☆☆☆☆☆	☆☆☆☆	☆☆☆	☆☆☆	☆☆☆	☆☆

注：星号多少与顾客评价高低正相关。

零售组合要素获得五个星号的说明消费者评价最高，也是零售企业在该要素上最为出色，这些最为出色而成功的要素组合构成了企业独特的店铺营销模式。沃尔玛在商品、服务、环境方面消费者评价最好，说明其几个方面的零售营销策略最为成功；同理麦德龙在商品、服务、便利方面最为成功；乐购在价格方面最为成功；大商在服务方面最为成功。其他企业虽然没有消费者评价最高的要素，但是在不同零售组合要素上的重要性程度也可窥见一斑。事实上，零售企业只需要在 1 个营销组合要素方面做得出色（5 分），另 1 个方面做得优秀（4 分），其他 3 个方面达到行业平均水平，就足以获得竞争优势。所以零售企业应该结合自身资源、能力及竞争环境，仔细评价各营销组合要素，寻求店铺营销模式的创新路径。

8.3.3　中外零售企业比较的小结

对典型中外零售企业在业态发展战略、空间扩张战略、资本扩张战略、赢利模式、物流运作模式、店铺营销模式上的对比分析，对于本土零售企业未来的成长和竞争优势培育有着重要启示。本土零售企业在激烈的竞争环境下，应该更注重业态的原始创新；空间发展上可采取先蜜蜂式后蜘蛛式发展或者先蜘蛛式后蜜蜂式发展的路径，但是对于资本实力不强的企业而言，第二种路径选择更为有效；应因地制宜的采取多种物流模式，并积极应用第三方物流；注重资本扩张模式选择的科学性评价，对于大规模的并购行为务必处理好文化与资源的有效整合问题；采取立体化的赢利模式，逐步改变以进场费和类金融为主的赢利模式结构，注重渠道和谐发展；在店铺营销模式上不必效仿其他企业，而应该在科学定位的基础上，寻求自身差别化优势，进而实现零售营销策略的创新。

8.4 本土零售企业竞争优势培育路径

在国际化背景下，本土零售企业竞争优势的培育路径应立足于跨国零售商与本土零售商的战略互动。跨国零售商与本土零售商的战略互动是零售国际化过程的重要环节。在当前外资大举进入，中国零售市场竞争日趋激烈的宏观背景下，本土零售企业应该根据跨国零售企业中国市场的战略特点，有针对性的制定反击策略，而本土零售企业的反击行为又会影响到跨国零售企业原有战略的实施效果，从而迫使跨国零售企业采取反应对战略，这时本土零售企业应该密切关注跨国竞争对手的战略调整情况，及时进行新的应对策略的设计。因此，跨国零售企业与本土零售企业的行为是一个长期持续的互动博弈过程。我们将在构建跨国零售企业与本土零售企业战略互动模型的基础上，分析中外零售企业中国市场的战略互动行为，在互动中培育本土零售企业的竞争优势。

8.4.1 跨国零售商与中国本土零售商战略互动模型

跨国零售商与中国本土零售商战略互动模型由两个具有一定连带关系的子模型构成。

8.4.1.1 相互作用型模式

相互作用型模式强调跨国零售商与本土零售商之间的竞争是相互作用的，它们通过在竞争中了解竞争对手的竞争战略与特点，分析和预测竞争对手下一步的竞争行为，从而不断地改变自身的竞争策略。一般来说，跨国零售商的海外市场进入，对东道国的本土零售商会产生一定的冲击，使许多本土的传统店铺和中小店铺的经营面临严重困境，这将迫使本土零售商不得不认真研究外资跨国零售商的市场战略，积极地向外资跨国零售商学习，进而调整自身原来的定位与战略组合，以期在与跨国零售商的竞争中占据一席之地。而本土零售商战略的调整又影响到跨国零售商原来的战略实施效果，使其针对本土零售商的战略反击行为，对原有战略进行修正调整。总之，在较长一段时期内，跨国零售商与本土零售商在竞争过程中相互影响、相互学习，不断调整过去的竞争战略，制定新的竞争战略。这种相互作用的动态博弈过程，形成了跨国零售商与中国本土零售商战略互动的基本模型（见图8－5）。

8.4.1.2 双重共生型模式

所谓双重共生型模式是指零售商在战略形成过程中，不仅仅将自身作为竞争战略制定的主体，把竞争者作为竞争战略制定的客体，而是把企业自身与竞争对手都纳入到战略制定的框架体系之中。双重共生型模式强调在战略竞争互动过程中，企业和竞争对手具有双重特

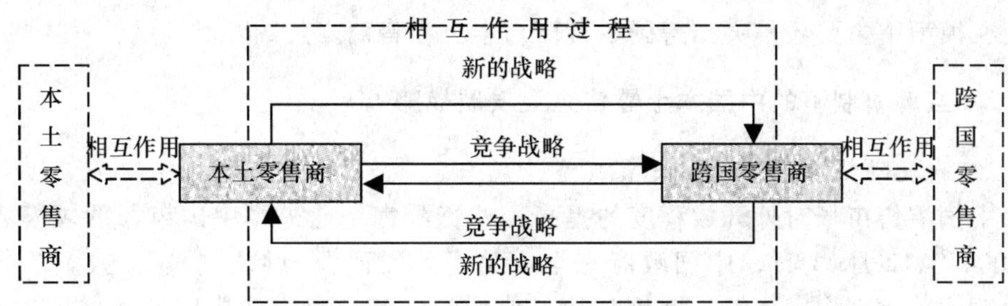

图 8－5　相互作用型模式

征，它们同时既是采取行动的主体，也是行动需要考虑的客体。

跨国零售商与本土零售商竞争的主要目的是为了实现企业自身的发展战略目标，而不是单纯地打击竞争对手。当企业从竞争者角度出发，考虑到竞争者的行动出发点和战略目标，双方就可以从传统的竞争思维模式中走出来，建立一种基于竞合依存关系的共生型竞争模式（见图 8－6）。

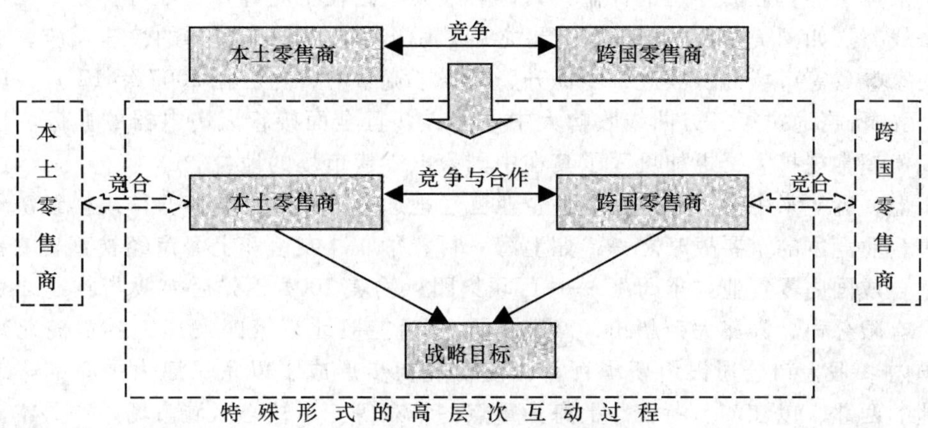

图 8－6　双重共生型模式

中国零售商业全面对外开放以后，零售市场的竞争将更趋白热化。我们认为竞争的最高层次是合作，在竞争过程中寻求合作机会，通过合作来提升自身的竞争优势，是当前跨国零售商与中国本土零售商必须认真思考的重大课题。

8.4.1.3　两个子模型之间的关系

相互作用模型是跨国零售商与中国本土零售商战略互动的基础模型，而双重共生模型描述的是跨国零售商与本土零售商之间的一种特殊形式的相互作用关系，更多地强调跨国零售商与本土零售商在互动竞争的基础之上展开战略合作。两者虽然存在一定关联，但是由于相互作用模型更侧重于竞争，而双重共生模型更侧重于合作，因此可以作为并列关系构成跨国零售商与本土零售商的战略互动模型。

需要注意的是，两个子模型中所描述跨国零售商与本土零售商之间的关系，在进入同一市场的跨国零售商之间，以及本土零售商之间同样存在，也就是说本土零售商与本土零售商之间，跨国零售商与跨国零售商之间也会存在着不同程度的战略互动关系。因此跨国零售商与本土零售商的战略互动是在多维互动关系交叉演进过程中的动态博弈。但是为了研究的方便，我们在模型中主要还是突出跨国零售商与本土零售商之间的互动。

8.4.2 互动机制下的中国本土零售企业发展战略

8.4.2.1 互动机制下的规模发展战略

随着中国零售市场对外开放程度的提高，外资零售企业进军中国市场的规模越来越大，尤其是2004年12月11日，中国政府完全取消了外资商业地域、股权、数量的限制以后，外资以并购形式进军中国市场的速度加快。典型的外资零售企业中国市场并购案包括2004年英国第一大、世界第六大的零售商TESCO集团收购台湾乐购连锁超市50%的股权（2006年末TESCO已将在乐购的股份增加到90%），2005年百安居收购全球第四大建材零售商“欧倍德”中国业务，2006年全球最大家电零售商百思买（BestBuy）收购中国第四大家电连锁商五星电器约66%的股份，2006年美国家得宝收购天津家世界建材超市，2007年沃尔玛收购好又多35%的股权等等。外资零售企业以并购模式在中国市场扩张，有利于其规模的迅速扩大，这将使本来规模优势就不显著的本土零售企业面临更大冲击。为了与外资抗衡，近年来本土零售业的并购也日益频繁，其最大动因在于应对外资零售企业中国市场的规模化扩张战略。如国美在百思买收购五星之后，做出了收购永乐电器的快速反应，这使得国美在全国家电零售市场的份额进一步提升，增强了竞争力，随后在2007年12月，国美电器以36亿元的价格通过第三方曲线收购大中电器，并且全面接管大中电器的业务。这无疑使国美的规模超常规扩大，更加巩固了其在中国家电零售市场的地位。

事实上，近年来中国大型本土零售企业已经把通过重组和并购来获得规模经济作为应对外资零售企业竞争的重要战略之一，如上海一百、华联、友谊和上海市经委直属的物资总公司归并整合成国内零售业“航母”——百联集团；物美2004年先后控股与收购北京超市发连锁股份有限公司、天津大荣超市，2006年又先后控股北京第四大连锁零售商北京美廉美超市和国内A股上市公司银川新华百货，使物美初步形成了以京、津为中心的华北，以银川为基地的西北，以江苏、浙江、上海为重点的华东等三个核心区域市场。一些本土中小零售商则尝试通过发展自由连锁来增强规模优势，实现快速扩张的目的，如2005年大连太阳系便利店连锁经营有限公司与20家自由联盟主签订协议，共同组成“星河商业联盟”，旨在集中零散的中小零售商，提高采购优势，降低进货成本，达到利益共享。

8.4.2.2 互动机制下的市场区域战略

（1）目标市场战略。中国市场地域广阔，外资跨国零售商的触角还不可能伸遍中国各个市场角落，也不可能在各个市场区域都占据有利的市场地位。目前和未来一个时期内，跨国零售商主要是进入中国本土大城市和部分二级城市，基本很少涉足大量的中小城市及农村市场，这为本土零售商提供了发展空间。尤其是占我国人口70%的农村市场，其商品零售额还不到全国社会商品零售总额的40%，广大农村居民日常生活用品消费主要来源于集贸市场、村中的个体小杂货店，商品零售服务设施和服务质量相对于城市都大大落后，这就为零售企业开拓农村市场，扩大销售规模提供了广阔的发展空间。因此对于本土零售商而言，应该开展目标市场战略，可以锁定中小城市和农村市场进行切入，实施重点培育和突破战略。如上海农工商超市从1997年2月就开始在上海周边的一些二、三级城市开店，头3年时间，农工商一直连续亏损，但是坚持多年以后，农工商现在80%以上综合超市都实现了盈利。所以本土零售企业应该注重选择市场缝隙，在外资不能快速进入的城市或区域快速扩张，是未来本土零售商目标市场战略的核心所在。

（2）国际化战略。外资跨国零售商的进入对国内零售业无疑增加了竞争的压力，而以新的视角积极寻求海外发展空间则成为中国本土零售商发展的新思路。眼下一些本土零售商已经开始了海外扩张的尝试，如联华超市出征欧洲市场，上海新天地购物中心进入日本大阪，国美进入东南亚市场等。目前中国一些大型本土零售企业发展迅猛，如上海百联、大连大商、国美，虽然它们的规模还不能与外资跨国零售巨头同日而语，但已有了较为充足的海外扩张的财力和人力保障，而且这些本土零售商具有多年跨地区发展的成功实践，也为国际化扩张积累了一定程度的经验。因此今后有实力的本土零售商应该积极地寻求国际化的发展道路，将其作为参与国际竞争，与外资跨国零售商抗衡的一个重要战略。但在国际化进程中，应按照“循序渐进、先易后难”的原则，率先进入与中国心理距离比较小的国外市场，如东南亚地区，包括印尼、马来西亚、菲律宾、新加坡、泰国、越南、柬埔寨、文莱、老挝等国，等到在这些具有市场邻近性的国家地区取得一定的国际化经验以后，再跳跃式地进入其他具有高利润增长空间的发展中国家，最后再进军欧美发达国家市场以打造世界级的零售商品牌。

8.4.2.3 *互动机制下的业态选择与创新战略*

根据互动机制原理，中国本土零售商可以通过采取与跨国零售商的业态错位战略来避免正面冲突，寻找合适的发展空间。目前外资跨国零售商在中国市场上比较热衷于大型综合超市、仓储式商场、购物广场等业态模式，而且凭借强大的资本实力与高效的物流配送系统，在这几种业态上都具有明显优势。所以在同一市场竞争区域内，以这几类业态为主要模式的本土零售企业将处于明显劣势，因此寻求与跨国零售巨头的业态错位将是一种战略选择，如本土零售商可以通过超级市场、精品专业店、专卖店、便利店等业态的开发，实现与跨国零售商在同一市场区域内的错位经营。

此外，本土零售商还应该积极地寻求既迎合中国本土消费者需求，又能在与跨国零售商竞争过程中形成差别化优势的业态创新模式。多年来，我们一直是复制引进西方国家的零售业态模式，忽视了西方发达国家业态演进的规律，忽视了不同的业态应与不同的社会经济发展水平相对应的内在要求。事实上，与外资零售企业相比，中国本土零售企业更加熟悉本地市场，更了解当地消费者的购物习惯与消费需求，因此比跨国零售商更有条件率先开发出适应当地消费者需要的、符合中国国情的新型零售业态。目前一些本土零售企业在这一方面已经开展了一些有益的尝试，如上海伍缘折扣店和启点超市就可谓创新的本土业态模式。上海农工商旗下的伍缘折扣店，在大卖场的不方便和便利店的高价位中找到了市场空间，定位于“居民身边的大卖场”，其业态的基本特征是“贴近社区，就近方便；商品优选、生鲜低价；自有品牌，定牌经营；环境舒适，购物简单”。每家伍缘店面积在200平方米左右，店堂分折扣自选区和5元商品均价区两部分，折扣自选区的商品80%是生鲜食品和副食品，如猪肉、农工商大米和鸡蛋、蔬菜、水果、油、真德豆制品、调味品、饮料、熟食，体现了“少而精”和“时令性、适销性”的特色，而且商品价格比大卖场便宜10%左右。在5元商品均价区，以日常生活用品为主的商品达5000多个品种，均以5元的超低价上架供应。5元商品的特色主要体现在三方面：一是日常必需品的物美价廉，晴雨伞、手柄砂锅、全棉汗背心、一次性纸杯、垃圾袋、洗衣粉、卫生巾等大部分商品售价比市场价低40%左右；二是商品新颖，卡通造型的窗帘扣、烟灰缸，动物造型的坐便器盖套，天然竹片压制成的碗盆，草拖鞋等等都是5元均价区的热销商品；三是品种多、更新快，商品月更新达近四百种。上海启点则是一家以1元、5元、9元为主的超市，结合超市、折扣店、均价店的特点，形成独特的经营风格。在定价上，增加了均价商品的价格弹性；在目标顾客上，以学生和中等收入的时尚女性为主；在商品经营上，强化了休闲食品和饰品。在未来一段时期，适应中国本土消费者需求的业态创新，将成为本土零售商反击外资跨国零售商的有力武器。

最后，在业态选择与创新战略方面，本土零售商还应该注重多业态发展的战略取向。绝大多数跨国零售商都实施多业态的发展战略，如沃尔玛拥有折扣店、仓储店、购物广场、山姆会员店4种业态；家乐福也采用特级超市、超级市场、折扣店等多种业态。我国本土零售商应适应多业态发展的潮流，通过多业态发展来提高其市场竞争力。目前上海百联集团、大连商场集团、北京王府井集团、武汉武商集团等国内老牌百货企业，都纷纷放弃单一业态，走上“百货+超市+便利店（或专业店）”的多业态发展之路。

8.4.2.4　互动机制下管理与技术创新战略

外资跨国零售商给中国本土零售企业带来的不仅仅是冲击，而且也带了示范效应。中国本土零售商应该在与外资零售商的交往过程中，注重对外资零售商物流、服务、技术、商品组合等方面的新思想与理念的学习。根据本土零售商自身的特点，再借鉴与吸纳多个外资跨国零售商先进的管理经验，本土零售商可以赢得使自己超越其他竞争对手的全新的专业技能。

从目前我国本土零售企业发展现状看，一些企业在积极探索管理和技术创新模式。如湖南友谊阿波罗集团是管理和技术创新最为成功的百货企业之一，该企业在改革过程中形成了具有推广价值的“友阿模式”。该模式的中心内容是经营一体化，由传统的“进销合一”创新为“进销分离”，由传统百货店的“三级管理、两级核算”的单店管理模式，创新为“统一管理、统一核算”的高度统一的管理体制。这套制度成为友谊阿波罗打造现代百货业商店——“春天百货”的关键一步。“友谊阿波罗经营管理一体化”模式，对全国大型百货业商业企业具有普遍的借鉴意义。目前，王府井、武商等大型百货集团纷纷仿效，获得了很大的成功，使百货业在经营管理上焕发出了新的生命力。

由于本土零售企业在技术层面整体落后于外资零售企业，所谓未来加强信息技术与物流供应链技术的创新是非常重要的，主要应该努力运用并完善电子收款机、条形码技术、POS数据读取系统、人工智能（AI）或专家系统、射频技术（Radio Frequency，RF）、地理信息系统（Geographical Information System，GIS）、全球定位系统（Global Positioning System，GPS）以及快速反应系统（Quick Response，QR）、有效消费者回应系统（Efficient Customer Response，ECR）、企业资源计划系统（Enterprise Resources Planning，ERP）、商品分类管理（Category Management，CM）、电子订货系统（EOS）、EDI系统、电子资金转账系统（EFT）、买方管理库存（VMI）、持续补货系统（CRP）等技术，以真正实现零售经营的现代化，提高零售运作效率。

8.4.2.5　互动机制下的合作战略

2004年末以前，中国政府规定跨国零售商进入中国市场时必须采取合资方式。这就注定了目前市场上大多数跨国零售商都与本土零售商存在一定的合作关系。但是必须承认，很多时候，跨国零售商是不得已才采取合资形式的，如果有其他选择的话，它们会选别的方式，这也导致了随着政府管制的放松，合资企业的独资化趋势将会加剧。而我们这里提出的互动机制下的合作战略，是跨国零售商与本土零售商完全自愿结成的长期稳定的战略合作关系，通过这样战略合作，双方都可以获得一定的利益。家乐福成功地借助联华在上海站稳了脚跟，就是战略性合作的一个范例，家乐福目前在全国各地中心城市还在不断复制“联华—家乐福”模式，和当地最好的本土零售商合作，不仅领先于所有外资竞争对手，而且保持了良好的盈利态势。2003 年 2 月天津著名的国有老字号零售商业集团——天津劝业场与家乐福公司共同出资组建超市经营企业——天津劝业家乐福超市有限公司，也是本土零售商与跨国零售商战略合作的例子。

我们认为目前在中国市场上，跨国零售商与中国本土零售商完全具备战略合作的可能性，或者说这种战略合作的条件已经成熟。从跨国零售商角度看，与本土零售商有效的战略合作至少可以为跨国零售商带来以下优势：（1）可以获得新的市场进入机会。跨国零售商在中国市场上的竞争对手不仅仅是中国的本土零售商，中国市场上跨国零售企业之间的竞争也是很残酷的。对于某一市场的后进入者来说，需要一段时间来熟悉当地的情况，同时也会受到先进入该市场区域的跨国零售商与一些大型本土零售商的反击性进攻。因此在这种情况下，与适宜的中国本土零售企业合作就成了跨国零售商在该市场迅速推进的重要手段之一。（2）获得有利的区位优势。零售商业区别与制造业的最大特点就是具有商圈限制。良好的选址对于零售经营的成败至关重要。但是一个城市有利的选址位置不是无限的。越是市场后进入者，就越难以获得理想的选址区位。因此与中国本土零售企业合作，成为跨国零售商占据有利区位的手段之一。（3）利用本土零售商优势为自身服务。通过有效的战略合作，跨国零售商利用中国本土零售商的本土经验及对市场的熟悉，有效地开展本土化经营，还可以利用本土零售商成型的销售渠道及供应商网络，使其更容易与当地政府与供应商打交道。相反，从中国本土零售商角度看，与跨国零售商的合作是民族商业参与国际竞争，走向世界的需要；通过与跨国零售商的合作，可以学习跨国零售企业先进的管理与技术，促进自身的发展。因此跨国零售商与中国本土零售商在更宽广的条件下展开战略合作，将是一个发展趋势。

但是跨国零售商与本土零售商的合作关系是企业与其他企业竞合博弈过程中理择的结果。为了促进建立高效而稳定的合作关系，在经常不断地博弈中，跨国零售商和本土零售商，尤其是本土零售企业必须具有较强的合作意识，同时要充分地认识到合作的重要性，不能由于外资企业的强大，而“避而远之”，而应设法去“亲近”它。在合作初期要以一定的激励因素相互吸引；在合作过程中降低成本、共担或转移风险并共享利益，促成双方利润的增加；并增加合作双方对未来收入的预期与依赖，从而引导跨国零售商和本土零售商合作关系自主优化，向着有利合作的方向发展，使合作双方实现共同的期望和目标。

8.4.3　互动机制下的政府政策取向

跨国零售商与本土零售商中国市场战略互动的过程，涉及双方战略的博弈调整，但是这一过程受到政府相关政策的约束与引导。所以在研究中外零售商中国市场战略互动问题时，有必要专门分析政府政策与零售企业战略行为的交互影响，探究未来有利于促进跨国零售商与本土零售商和谐发展的政策取向。

8.4.3.1　政府已采取的政策措施

对于跨国零售商的进入，中国政府在保持对外开放总策略的前提下，实施了逐步开放的政策和扶持本土大型零售企业的策略。

（1）针对外资零售商的管理措施。中国政府对于外资零售商的政策是随着外资零售商在华扩张状况以及中外零售商的力量对比而不断变化的，总的趋势是逐步开放。但是中央政府和地方政府在政策把握上出现了不协调，致使出现了“开放过度”的质疑。在相当长的时间内，地方各级政府常把吸引更多外资作为主要政绩，于是纷纷“政策突围”，给予外资零售商极大的优惠与“超国民待遇”，进一步降低了外资零售商的“准入门槛”，如中央政府规定的外资持股比例上限65%经常被突破，许多地方政府绕过中央政府与商务部，直接批准外资零售商进入当地市场，结果导致越来越多的外资零售商通过政策缝隙，违规进入中国市场（严怡瑾，2004）。在这样的背景下，1997年8月，国务院发布了《国务院办公厅关于清理整顿非试点外商投资商业企业有关问题的通知》，要求对合资零售企业进行清理整顿，并禁止地方擅自批准外资零售企业的进入。2000年11月、2001年8月国务院又连发两道禁令，列出了需要整改的216家非试点外商投资商业企业名单。通过清理整顿，外资零售商在中国的发展日趋规范化，许多优秀的本土零售商逐渐涌现出来。随着中国本土零售商的成长壮大，2004年商务部正式发布了《外商投资商业领域管理办法》，降低了对外方投资者的限制性资格要求和对外商投资商业企业的注册资本要求，并且在放宽市场准入的同时，进一步简化了审批程序。

（2）加强城市商业网点规划建设。在外资零售商急于在中国市场圈地扩张，本土零售商普遍感到威胁的背景下，2001年和2002年，原国家经贸委曾两次发布政策性文件，敦促直辖市、计划单列市、省会城市尽快制定商业网点规划，并在2003年初第三次下发《关于加强城市商业网点规划工作的通知》，明确规定，凡是未曾制定商业网点规划的城市，将不得申报外商投资商业企业项目。截至2005年4月底，全国38个中心城市除了长沙、拉萨、深圳3个城市外，都已上报了商业网点规划初稿。上海、大连等城市还实行了开店的审议会制度。但是，由于种种原因，盲目进行店铺扩张的势头并没有得到有效的遏制。

（3）给予商业企业国债贴息优惠及政策性贷款支持。为使本土零售企业尽快成长壮大，政府已经采取了一系列措施扶持国内大型零售企业。从2001年起，原国家经贸委把以往只限用于工业企业技术改造的国债贴息优惠政策，也给予一部分具备市场发展前景和竞争实力的商业企业。2002年进入国债技改项目的总体金额约200亿元，其中商业连锁约占65亿元，据初步统计，2002年就有58个商业流通项目获得支持。2005年5月，商务部与国家开发银行签署了《商务部、国家开发银行支持流通业发展开发性金融合作协议》，国家开发银行将安排500亿元人民币的政策性贷款，重点支持国内大型流通企业的发展，以使这些企业能够有效与外资零售企业抗衡。

8.4.3.2 未来政策取向

在中国零售领域对外开放程度日益提高的宏观背景下，为促进跨国零售商与本土零售商的和谐发展，政府方面主要实施了逐步开放的政策和资金扶持本土大型零售企业的策略，并启动了商业网店规划制度。但是，由于中央政府和地方政府政策衔接的问题，导致了跨国零售商的店铺局部饱和的态势；加之公平有序的市场竞争秩序尚未建立和完善，恶性竞争和损害供应商和消费者利益的现象时有发生。为了使跨国零售商与本土零售商更加和谐的互动发展，我们建议政府未来的政策重点应集中在以下三方面：

（1）加强商业网点规划的科学性与可操作性。针对外资大型店铺在一些地区开办过度的现状，政府已经启动了商业网点规划制度，但是网点规划的科学性与可操作性还有待于进一步加强。今后政府部门应努力推动产学研的有机结合，充分利用当地高等院校、科研机构的研究实力，建立起商业饱和度指数的评价体系，并认真做好城市商业饱和指数的测评工作，使商业网点规划的制定更加科学合理。另外，由于外资大型商业项目对本土商业的冲击最大，所以未来作为商业网点规划的补充，还应专门制定和完善针对大型店铺设立的审查制度，审查的标准可以是当地人口密度、现有商店的数量和服务地域范围、新开店可以创造的就业机会等等。大型店铺审查应组织专门的听证会，听证会人员由行业自律组织、周边同业单位、消费者代表，及商业、城市规划、交通、环保等各类专家组成，有关职能部门将根据听证会意见，对申请的大型商业项目进行审批或调整。

(2) 建立公平的市场竞争秩序。迄今为止，某些地方政府仍然在批租土地、采购、税收等方面给予外资零售商一系列优惠，使本土零售商处于极不公平的竞争劣势地位。在中国零售商业全面对外开放的宏观背景之下，政府部门应从“优惠政策引资”的习惯思维中走出来，取消外资零售商享有的种种优惠待遇，创造维护一个公平的市场环境。此外，政府还应通过制定相关政策，打破地区封锁，切实解决零售企业跨地区开店时在工商登记、税务交纳方面的问题，建立起公平的工商管理和税收环境，彻底扫清中国本土零售商之间在跨区域收购、重组等方面的体制、人事等障碍，为中国本土零售商的资源整合与规模化发展创造良好的条件。

(3) 保护和扶持本土中小零售企业的发展。目前政府对本土零售企业的扶持仅限于大型企业，但社会上大量存在的是中小零售企业，而且中小零售企业在吸纳就业方面的整体贡献远远大于大型零售企业。因此有计划地扶持一些业态理念先进，具有发展前景的中小零售企业，是政府今后应该采取的战略性措施。

参考文献

[1] Ahtola, O. T. Hedonic and utilitarian aspects of consumer behavior: an attitudinal perspective. In: Elizabeth Hirschman and Morris B(eds.). Advances in Consumer Research. Holbrook, Provo, UT: Association for Consumer Research, 1985, 12: 10.

[2] Ailawadi, K. L. The retail power – performance conundrum: what have we learned? Journal of Retailing, 2001, 77 (3): 299 – 318.

[3] Ailawadi, K. L., Harlam, B. An empirical analysis of the determinants of retail margins: the role of store brand share. Journal of Marketing, 2004, (4): 147 – 165.

[4] Alexander, N. International Retailing. Oxford : Blackwell business, 1997.

[5] Alexander, N., Shaw, G. and Curth, L. Promoting retail innovation: knowledge flows during the emergence of self – service and supermarket retailing in Britain. Environment and Planning A, 2005, 37: 805 – 821.

[6] Anderson, J. C., & Narus, J. A. Partnering as a focused market strategy. California Management Review, 1991, 33: 95 – 113.

[7] Anderson, E. W., Fornell C. Foundations of the American customer satisfaction index. Total Quality Management. 2000, 11 (7): 869 – 882.

[8] Anderson, E. W., Sullivan, M. W. The antecedents and consequences of customer satisfaction for firms. Marketing Science, 1993, 12 (2): 125 – 143.

[9] Anderson, R. E., Srinivasan, S. S. E – satisfaction and e – loyalty: a contingency framework. Psychology and Marketing, 2003, 20 (2): 123 – 138.

[10] Arrow, K. The Implications of Learning – by – doing. Review of Economic Studies, 1962, 29: 166 – 170.

[11] Auger P, Gallaugher, J. M. Factors affecting the adoption of an internet – based sales presence for small business. Information Society, 1997, 13 (1 – 3): 55 – 75.

[12] Babin, B. J., Mitch G. The Nature of satisfaction: an update examination and analysis. Journal of Business Research, 1998, 41 (2): 127 – 137.

[13] Bäckström, K., Johansson U. Creating and consuming experiences in retail store environments: Comparing retailer and consumer perspectives. Journal of Retailing & Consumer Services, 2006, 13 (6): 417 – 430.

[14] Baker, J., Grewal, D., Parassuraman, A. The Influence of Store Environment on Quality Inferences and Store Image. Journal of the Academy of Marketing Science, 2004, (4): 328 - 339.

[15] Baker, J., Parasuraman, A., Grewal, D., Voss, G. B. The Influence of Multiple Store Environment Cues on Perceived Merchandise Value and Patronage Intentions. Journal of Marketing, 2002, 66 (2): 120 - 141.

[16] Batra, R., and Sinha, I. Consumer - level Factors Moderating the Success of Private Label Brands. Journal of Retailing, 2000, 72 (2): 175 - 191.

[17] Bellenger, D. N., Robertson, D. H. Hirschman, E. C. Impulse buying varies by product. Journal of Advertising Research, 1978, 18: 15 - 18.

[18] Birtwistle, G., Clarke, . I., and Freathy, P. Store Image in the UK Fashion Sector: Consumer versus Retailer Perceptions. The International Review of Retail, Distribution and Consumer Research, 1999, 9 (1): 1 - 16.

[19] Bitner, M. J. Servicescapes: The impact of physical surroundings on customers and employees. Journal of Marketing, 1992, 56: 57 - 72.

[20] Bloemer, J., de Ruyter, K. On the Relationship between Store Image, Store Satisfaction and Store Loyalty. European Journal of Marketing, 1998, 32 (5/6): 499 - 513.

[21] Bloom, P. N., Perry, V. G. Retailer Power and Supplier Welfare: The case of Wal - Mart, Journal of Retailing, 2001, 77 (3): 379 - 396.

[22] Bou - Llusar, J., Camisón - Zornoza, C., Escrig - Tena, A. Measuring the relationship between firm perceived quality and customer satisfaction and its influence on purchase intentions. Total Quality Management, 2001, 12 (6): 719 - 734.

[23] Broadbridge, A. and Calderwood, E.. Rural grocery shoppers: do their attitudes reflect their actions? . International Journal of Retail & Distribution Management, 2002, 30 (8): 394 - 406.

[24] Burnham, T. A., Frels, J. K., Mahajan V. Consumer switching costs: a typology, antecedents, and consequences. Journal of the Academy of Marketing Science, 2003, 31 (2): 108 - 126.

[25] Burt, S. and Carralero - Encinas, J. The role of store image in retail internationalization. International Marketing Review, 2000, 17 (4/5): 433 - 453.

[26] Bushman B. J., What's in a Name? The moderating role of public self - consciousness on the relation between brand label and brand preference. Journal of Applied Psychology, 1998, 78 (5): 857 - 861.

[27] Buzzell, R. D., Quelch, J. A., & Salmon, W. J. The costly bargain of trade promotion. Harvard Business Review, 1990, 58: 141 - 149.

[28] Caruana A, Money, A. H., Berthon, P. R. Service quality and satisfaction: the moderating role of Value. European Journal of Marketing, 2000, 34 (11): 1338 - 1352.

[29] Chaudhuri A, Holbrook, M. B. The chain of effects from brand trust and brand affect to brand performance: the role of brand loyalty. Journal of Marketing, 2001, 65 (2): 81 -

93.
[30] Chowdhury, J., Reardon, J., Srivastava, R. Alternative modes of measuring store image: an empirical assessment of structured versus unstructured measures. Journal of Marketing Theory and Practice, 1998, 6(2): 72 - 87.
[31] Christensen, M. and Tedlow, R. S. Tedlow. Patterns of disruption in retailing. Harvard Business Review, 2000(1): 42 - 45.
[32] Churchill, G. A. A paradigm for developing setter measures of marketing constructs. Journal of Marketing Research, 1979, 16(2): 64 - 73.
[33] Cooke, J. A. VMI: very mixed impact? . Logistics Management & Distribution Report, 1998, 37 (12): 51 - 54.
[34] Cross, G. J. Continuous replenishment planning: an untapped gold mine. Transportation and Distribution, 1993, 34 (12): 49.
[35] Croxton, K. L., Garcl'a - Dastugue, S. J., Lambert, D. M., Rogers, D. S. The supply chain management processes. The International Journal of Logistics Management, 2001, 12 (2): 13 - 36.
[36] Currah, A. and Wrigley, N. Networks of Organizational learning and adaptation in retail TNCs. Global Networks, 2004, 4 (1): 1 - 23.
[37] Czinkota, M. R. Export Development Strategies: US Promotion Policy, New York: Praeger, 1982.
[38] Darden, W. R., Orhan Erdem and Donna K., Darden. A comparison and test of three causal models of Patronage Intentions. In: William R. Darden and Robert F. Lusch (eds.). Patronage Behavior and Retail Management. New York: North Holland, 1983: 29 - 43.
[39] Davenport, T. H., Harris, J. G., De Long, D. W., Jacobson, A. L. Data to knowledge to results: building an analytic capability. California Management Review, 2001, 43 (2): 117 - 139.
[40] Dawson, J. A. International transfer of retail know-how through foreign direct investment from europe to china. In: Dawson, J. A. et al. (eds.) The Internationalisation of Retailing in Asia. London: Routledge-Curzon, 2003: 136 - 154.
[41] Dick, A. S., Basu K. Customer loyalty: toward an integrated conceptual framework. Journal of the Academy of Marketing Science, 1994, 22 (2): 99 - 113.
[42] Dodds, W. B., Monroe, K. B., Grewal, D. Effects of Price, Brand, and Store Information on Buyers' Product Evaluations. Journal of Marketing Research, 1991, 28 (3): 307 - 319.
[43] Dodds, William B., Kent B. Monroe, Dhruv Grewal. Effects of price, brand, and store information on buyers' product evaluation. Journal of Marketing Research, 1991, 28: 307 - 319.
[44] Donovan, Robert J., Rossiter, John R. Store atmosphere: an environmental psychology approach. Journal of Retailing, 1982, 58 (1): 34 - 57.
[45] Doyle, P. and Fenwick, I. Shopping Habits in Grocery Chains. Journal of Retailing, 1974, 50 (4): 39 - 52.
[46] Dwyer, F. R., Tanner, J. F. Business marketing: connecting strategy, relationships and

learning, New York: McGraw - Hill, 2002.

[47] Emiliani, M. L. The inevitability of conflict between buyers and sellers. Supply Chain Management, 2003, 8 (2): 107 - 115.

[48] Engel, J. F., Kollat, D. T., Blackwell, R. D. Consumer Behavior, NY: Holt, Rinehart and Winston, 1986.

[49] Erdem, S. A., & Harrison - Walker, L. J. Managing channel relationships: toward an identification of effective promotional strategies in vertical marketing systems. Journal of Marketing Theory and Practice, 1997, 5: 80 - 87.

[50] Eroglu, S. A., K. A. Machleit. An empirical study of retail crowding: antecedents and consequences. Journal of Retailing, 1990, 66 (Summer): 201 - 221.

[51] Eroglu, Sevgin, G. D. Harrell. Retail Crowding: Theoretical and Strategic Implications. Journal of Retailing, 1986, 62 (Winter): 346 - 363.

[52] Eugence A, Sulivan, M. W. The antecedents and consequences of customer satisfaction for firms. Marketing Science, 1993, 12 (2): 125 - 143.

[53] Everett, P. B., Pieters, R. G., Titus, P. A. The consumer - environment interaction: an introduction to the special issue. International Journal of Research in Marketing, 1994, 11 (2): 97 - 10.

[54] Farris, P. W., & Ailawadi, K. L. Retail Power: Monster or Mouse? Journal of Retailing, 1992, 68 (4): 351 - 369.

[55] Fin, B. and Suh. Y. Integrating Effect of Consumer Perception Factors in Predicting Private Brand Purchase in a Korean Discount Store Context. Journal of Consumer Marketing, 22 (2): 62 - 71.

[56] Fisher, M., Raman, A. Reducing the cost of demand uncertainty through accurate response to early sales. Operations Research, 1996, 44 (1): 87 - 99.

[57] Fisher, M. L. What is the right supply chain for your product? Harvard Business Review, 1997, 75 (2): 105 - 16.

[58] Fornell C, Johnson, M. D, Anderson, E. W., Cha J, Bryant, B. E. The American customer satisfaction index: nature, purpose, and findings. Journal of Marketing, 1996, 6 (4): 7 - 18.

[59] Fornell C, Larcker, D. F. Evaluating structural equation models with unobservable variables and measurement error. Journal of Marketing Research, 1981, 18 (Feb.): 39 - 50.

[60] Fornell C. A national customer satisfaction barometer: the Swedish experience. Journal of Marketing, 1992, 56 (1): 6 - 21.

[61] Frazier, G. L., & Lassar, W. M.. Determinants of distribution intensity. Journal of Marketing, 1996, 60 (4): 39 - 51.

[62] Fugate, D. L. An Exploratory Investigation of the Effects of Manufacturer Disclosure on Consumer Perception of Private Brand Grocery Product Attribute. University of Missouri - Columbia Thesis. 1979.

[63] Gallouj, F. and Weinstein, O. Innovation in Services. Research Policy, 1997, 26 (4 - 5):

537 – 556.

[64] Ganesan, S. Determinants of long – term orientation in buyer – seller relationships. Journal of Marketing, 1994, 58: 1 – 19.

[65] Gardner, M. P., Siomkos, G. J. Toward a methodology for assessing the effects of in-store atmospherics. In: Lutz, R. (eds.). Advances in Consumer Research. Association for Consumer Research, 1985: 27 – 31.

[66] Garretson, J., Fisher, D., Burton, S. Antecedents of Private Label Attitude and National Brand Promotion Attitude: Similarities and Differences. Journal of Retailing, 2002, 78 (2): 91 – 99.

[67] Gaski, J. F. The theory of power and conflict in channels of distribution. Journal of Marketing, 1984, 48 (3): 9 – 29.

[68] Gaski, J. F., Etzel, M. J. The Index of Consumer Sentiment towards Marketing. Journal of Marketing, 1986, 50 (3): 71 – 81.

[69] Gefen, D, Karahanna, E, Straub, D. W. Trust and TAM in online shopping: an integrated model. MIS Quarterly, 2003, 27 (1): 51 – 90.

[70] Gefen, D. Customer loyalty in e – commerce. Journal of the Association for Information Systems, 2002, 3: 27 – 51.

[71] Gillespie, A, Krishan, M, Oliver, K, Thiel, M. Online behavior Stickiness. Vanderbilt University's eLab, 1999. http: //ecommerce. vanderbilt. edu.

[72] Goldman, A. The transfer of retails formats into developing countries: the example of China. Journal of Retailing, 2001, 77 (2): 221 – 242.

[73] Gomez, M, I., Mclaughlin, E, W., Wittink, D. R. Customer satisfaction and retail sales performance: an empirical investigation. Journal of Retailing, 2004, 80 (4): 265 – 278.

[74] Gommans, M, Krishnan, K. S., Scheffold, K. B. From brand loyalty to e-loyalty: a conceptual framework. Journal of Economic and Social Research, 2001, 3 (1): 43 – 58.

[75] Gotlieb, J. B. and Sarel, D. The influence of type of advertisement, price, and source credibility on perceived quality. Journal of the Academy of Marketing Science, 1992, 20 (3): 253 – 260.

[76] Greenland, S. J., P. J. McGoldrick. Atmospherics, attitudes and behavior: modeling the impact of designed space. The International Review of Retail, Distribution and Consumer Research, 1994, 4: 1 – 16.

[77] Grewal, D., J. Baker. Do retail store environmental factors affect consumers' price acceptability? An empirical examination. International Journal of Research in Marketing, 1994, 11: 107 – 115.

[78] Grewal, D., Krishnan, R., Baker, J., Borin, N. The effect of store name, brand name and price discounts on consumers' evaluations and purchase intentions. Journal of Retailing, 1998, 74 (3): 331 – 352.

[79] Grewal, Dhruv, Kent B., Monroe , R. Krishnan. The effects of price-comparison advertising on buyers' perceptions of acquisition value, transaction value, and behavioral inten-

tions. Journal of Marketing, 1998, 62, April: 46 - 59.

[80] Guerrero, L., Colomer, Y., Guardia, M.. D., Xicola, J., Clotet, R. Consumer attitude towards store brands. Food Quality and Preference, 2000, 11: 387 - 395.

[81] Gupta, A. K. Sustainability through Biodiversity: Designing Crucible of Culture, Creativity and Conscience. Copenhagen: Presented at the International Conference on Biodiversity and Conservation held at Danish Parliament, 1991: 8.

[82] Hallowell R. The relationship of customer satisfaction, customer loyalty and profitability: an empirical study. International Journal of Service Industry Management, 1996, 7 (4): 27 - 42.

[83] Handfield, R. B., Bechtel, C. The role of trust and relationship structure in improving supply chain responsiveness. Industrial Marketing Management, 2002, 31: 367 - 382.

[84] Harris, L, C., Goode, M. M. H. The four levels of loyalty and the pivotal role of trust: A study of online service dynamics. Journal of Retailing, 2004, 80 (2): 139 - 158.

[85] Hartline, M. D., Ferrell, O. C. The management of customer-contact service employees: an empirical investigation. Journal of Marketing, 1996, 60 (4): 52 - 70.

[86] Heath, R. Fuzzy results, Fuzzy Logic. Marketing Tools, 1995 (May): 6 - 11.

[87] Hertog, P. D. & Brouwer E. Innovation indicators for the retailing industry: Ameso perspective. Dialogic/Center for Science &Policy, 2000, 10: 25 - 38.

[88] Hipp, C. & Grupp, H. Innovation in the service sector. The demand for service-specific innovation measurement concepts and typologies. Research Policy, 2005, 34: 517 - 535.

[89] Home, H.. Consumers Patronage Behavior in Finland. ternational Review of Retail, Distribution & Consumer Research, 2002, 12 (2): 149 - 164.

[90] Howard, J. A., Sheth, J. N. The theory of buyer behavior, New York: John Willey & sons, 1969.

[91] Huber, G. Organizational learning: the contributing processes and the literatures. Organizational Science, 1991, 2 (1): 88 - 115.

[92] Hui, M. K., L. Dube, J. C. Chebat. The impact of music on consumers' reactions to waiting for services. Journal of Retailing, 1997, 73 (1): 87 - 104.

[93] Jacoby J, Chestnut, R. W. Brand loyalty measurement and management, New York: John Wiley, 1978.

[94] Javenpaa S, Todd, P. A. Consumer reaction to electronic shopping on the world wide web. International Journal of Electronic Commerce, 1997, 1 (2): 59 - 77.

[95] Jones, G. R., Butler, J. E. Costs, revenue, and business-level strategy. The Academy of Management Review, 1988, 13 (2): 202 - 213.

[96] Jones, M. A., Mothersbaugh, D. L., Beatty, S. E. Why customers stay: measuring the underlying dimensions of services switching costs and managing their differential strategic outcomes. Journal of Business Research. 2002, 55 (6): 441 - 454.

[97] Jones, T. O., Sasser, W. E. Why satisfied customer defects. Harvard Business Review, 1995, 73 (6): 88 - 99.

[98] Jonsson, A. and Elg, U. Knowledge and knowledge sharing in retail internationalization: ikea's entry into russia. The International Review of Retail Distribution and Consumer Research, 2006, 16 (2): 239 - 256.

[99] Kacker, M. P. International flow of retailing know-how: bridging the technology gap in distribution. Journal of Retailing, 1988, 64 (1): 41 - 67.

[100] Kacker, M. P. Transatlantic Trends in Retailing: Takeovers and Flow of Know-how. London: Quorum, 1985.

[101] Kaltcheva, V. D. and Weitz, B. A. When should a retailer create an exciting store environment. Journal of Marketing, 2006, 70: 107 - 118.

[102] Kalwani, M. U., & Narayandas, N. Long-term manufacturer-supplier relationships: do they pay off for supplier firms? Journal of Marketing, 1995, 59: 1 - 16.

[103] Keeney, R. L. The value of internet commerce to the customer. Management Science, 1999, 45 (4): 533 - 542.

[104] Keller, K. . L. Conceptualizing, measuring and managing customer-based brand equity. Journal of Marketing, 1993, 57 (1): 1 - 22.

[105] Klein L. Evaluating the potential of interactive media through a new lens: search versus experience goods. Journal of Business Research, 1998, 41 (3): 195 - 203.

[106] Ko, D. R., Luci M, Jos L. Antecedents of commitment and trust in customer-supplier relationships in high technology markets. Industrial Marketing Management, 2001, 13 (4): 271 - 286.

[107] Koch, A. J. Factors influencing market and entry mode selection: developing the MEMS model. Marketing Intelligence & Planning, 2001, 19 (5): 351 - 361.

[108] Koo, D. M. The fundamental reasons of e-consumers' loyalty to an online store. Electronic Commerce Research and Applications, 2006, 5: 117 - 130.

[109] Korgaonkar, P. K., Wolin, L. P. A multivariate analysis of web usage. Journal of Advertising Research, 1999, 39 (2): 53 - 68.

[110] Kotler, P. Atmospherics as a marketing tool. Journal of Retailing, 1973, 49 (4): 8.

[111] Krishnan, T. V. and Soni, H. Guaranteed Profit Margins: A Demonstration of Retailer Power. International Journal of Research in Marketing, 1997, 14 (1): 35 - 56.

[112] Kurnia, S., Schauder, D. and Swatman, P. M. C. Efficient Consumer Response: A Preliminary Comparison of US and European Experiences, The 11th International Bled Electronic. Commerce Conference, Bled, Slovenia. 1998.

[113] Lamming, R. Beyond Partnership: Strategies for Innovation and Lean Supply, UK: Prentice-Hall, 1993.

[114] Lee J, Feick L. The impact of switching costs on the customer-loyalty link: mobile phone service in France. Journal of Services Marketing, 2001, 15 (1): 35 - 48.

[115] Lee, Hau, L., V. Padmanabhan, Seungjin Whang. Information distortion in supply chain: the bullwhip effect. Management Science, 1997, 43 (4): 546 - 558.

[116] Lee, M. K. O., Turban E. A trust for consumer internet shopping. International Journal of E-

lectronic Commerce, 2001, 6 (1): 75 -91.

[117] Levitt, B. and J. G. March. Organizational learning. Annual Review of Sociology, 1988, 14: 319 -340.

[118] Lin, J. C. C., Lu H. Towards an understanding of the behavioral intention to use a web site. International Journal of Information Management, 2000, 20 (3): 197 -208.

[119] Lindquist, J. D. Meaning of image—a survey of empirical and hypothetical evidence. Journal of Retailing, 1974/1975, 50 (4): 29 -38.

[120] Luarn P, Lin, H. H. A customer loyalty model for e-service context. Journal of Electronic Commerce Research, 2003, 4 (4): 45 -67.

[121] Martineau, P. The personality of the retail store. Harvard Business Review, 1958, 36 (1): 47 -55.

[122] Mcdougall, G. H. C, Levesque T. Customer satisfaction with services: putting perceived value into the equation. Journal of Service Marketing, 2000, 14 (5): 392 -410.

[123] McGoldrick, P. J., Retail Marketing. New York: McGraw-Hill Book Co., 2002.

[124] Mehrabian A. Public spaces and private spaces: the psychology of work. Play and Living Environments, New York: Basic Books, Inc, 1976.

[125] Mehrabian, A., Russell, J. A. An Approach to Environmental Psychology. Cambridge, MA: MIT Press, 1974.

[126] Messinger, P. R., & Narasimhan, C. Has power shifted in the grocery channel? Marketing Science, 1995, 14: 189 -223.

[127] Miller, J. Implementing Activity-Based Management in Daily Operations, New York, NY: John Wiley & Sons, 1996.

[128] Milliman, R. E. Using background music to affect the behaviors of supermarket shoppers. Journal of Marketing, 1982, 46: 86 -91.

[129] Moorman C, Deshpande R, Zaltman G. Factors affecting trust in market research relationships. Journal of Marketing, 1993, 57 (1): 81 - 101.

[130] Moorthy, K. S. Theoretical modeling in marketing. Journal of Marketing, 1993, 57: 92 -106.

[131] Morgan, R. M., Hunt, S. D. The commitment-trust theory of relationship marketing. Journal of Marketing, 1994, 58 (3): 20 -38.

[132] Mukherjee A, Nath P. Role of electronic trust in online retailing: a re-examination of the commitment-trust theory. European Journal of Marketing, 2007, 41 (9/10): 1173 -1202.

[133] Murray, K. B. A test of services marketing theory: consumer information acquisition activities. Journal of Marketing, 1991, 55 (1): 10 -25.

[134] Neilson, C. C. An empirical examination of switching cost investments in business-to-business marketing relationships. Journal of Business and Industrial Marketing, 1996, 11: 38 -60.

[135] Oliver, R. L. Satisfaction: a behavioral perspective on the consumer. New York: Irwin-McGraw-Hill, 1997.

[136] Oliver, R. L. Whence customer loyalty. Journal of Marketing, 1999, 63 (Special Issue): 33 - 44.

[137] Oliver, T. A., Oliver, R. L, Macmillan, L. C. A catastrophe model for developing service satisfaction strategies, Journal of Marketing, 1992, 56 (3): 83 - 95.

[138] Paddison, A. and Calderwood, E., Rural retailing: a sector in decline? International Journal of Retail & Distribution Management, 2007, 35 (2): 136 - 155.

[139] Palmer, M., Quinn, B. An exploratory framework of analyzing international retail learning. International Review of Retail, Distribution and Consumer Research, 2005, 15 (1): 27 - 52.

[140] Parasuraman A. The impact of technology on the quality-value-loyalty chain: a research agenda. Journal of the Academy of Marketing Science, 2000, 28 (1): 156 - 174.

[141] Parasuraman, A., Valarie A., Zeithaml, Leonard L. Berry. SERVQUAL: a multiple-item scale for measuring customer perceptions of service quality. Journal of Retailing, 1988, 64 (Spring), 12 - 40.

[142] Pfeffer, J. and Sutton, R. I. The Knowing-Doing Gap: How Smart Companies Turn Knowledge into Action. Boston, MA: Harvard Business School Press, 2000.

[143] Polanyi, M. Personal Knowledge: Towards a Post Critical Philosophy. University of Chicago Press, 1958.

[144] Porter, M. E. Competitive strategy: techniques for analyzing industries and competitors, New York: Macmillan, 1980.

[145] Pramataris, K., Doukidis, G. and Paul, R. J., Exploring Information Systems in the ECR Context, The 7th European Conference on Information Systems, Cork., 1997.

[146] Raju, J. S., Sethuraman, R., Dhar, S. K. The Introduction and performance of store brands. Management Science, 2001, 41 (6): 957 - 978.

[147] Ranaweera C, Prabhu J. The influence of satisfaction, trust and switching barriers on customer retention. International Journal of Service Industry Management, 2003, 14 (3/4): 374 - 395.

[148] Rao, A. R., and Monroe, K. B. The effect of price, brand name, and store name on buyers' perceptions of product quality: an integrative review. Journal of Marketing Research, 1989, 26 (3): 351 - 357.

[149] Reichheld, F. F. The loyalty effect: the hidden force behind growth, profits, and lasting value. Boston, MA: Harvard Business School Press, 1996.

[150] Reichheld, F. F. Learning from customer defection. Harvard Business Review, 1996, 74 (2): 61 - 70.

[151] Reichheld, F. F. Loyalty-based management. Harvard Business Review, 1993, 71 (2): 64 - 73.

[152] Reichheld, F. F., Schefter P. E-loyalty: your secret weapon on the web. Harvard Business Review, 2000, 7: 105 - 113.

[153] Reynolds, J., Howard, E., Cuthbertson, C., Hristov, L. Perspectives on retail format inno-

vation: relating theory and practice. International Journal of Retail & Distribution Management, 2007, 35 (8): 647 -660.

[154] Richardson, P., Dick, A., Jain, A. Extrinsic and intrinsic cue effects on perceptions of store brand quality. Journal of Marketing, 1994, 58 (4): 28 -36.

[155] Richardson, P., Jain, A. K., Dick, A. The influence of store aesthetics on evaluation of private label brands. Journal of Product & Brand Management, 1996, 5 (1/3): 9 -28.

[156] Rindfleisch, A, and Heide, J. B. Transaction cost analysis: past, present, and future applications. Journal of Marketing, 1997, 61 (4): 30 -54.

[157] Rosen, D. L. Consumer perceptions of quality of generic grocery products: a comparison across product categories. Journal of Retailing, 1984, 60 (4): 64 -80.

[158] Rotter, J. B. A new scale for the measurement of interpersonal trust. Journal of Personality, 1967, 35 (4): 651 -665.

[159] Salmon, K. Associates Efficient Consumer Response—Enhancing Consumer Value in the Grocery Industry. Washington, DC: Food Marketing Institute, 1993.

[160] Scattone, J. Factors Influencing Consumer Perceptions, Attitudes and Consideration of SBs. In: Barbara B. Stern and George M. Zinkhan (Editors). AMA Summer Marketing Educators' Conference Proceedings, American Marketing Association, Chicago, IL, 1995.

[161] Semeijn, J., van Riel. A, Ambrosini, A. Consumer evaluations of store brands: effects of store image and product attributes. Journal of Retailing and Consumer Service, 2004, 11 (4): 247 -258.

[162] Serken A, Ozer G, Aresil O. Customer loyalty and the effect of switching costs as a moderator variable: a case in the Turkish mobile phone market. Marketing Intelligence and Planning, 2005, 23 (10): 89 -103.

[163] Shaw, G. and Alexander, A. Interlocking directorates and the knowledge transfer of supermarket retail techniques from North America to Britain. The International Review of Retail Distribution and Consumer Research, 2006, 16 (3): 375 -394.

[164] Sherman, E., L. J., Mathur, A., Smith, R. B. Store environment and consumer purchase behavior: mediating role of consumer emotions. Psychology & Marketing, 1997, 14 (4): 361 -378.

[165] Simatupang, T. M., Sridharan, R. The collaboration index: a measure for supply chain collaboration. International Journal of Physical Distribution & Logistics Management, 2005, 35 (1): 44 -62.

[166] Simatupang, T. M. and Sridharan, R. The collaborative supply chain. The International Journal of Logistics Management, 2002, 13 (1): 15 -30.

[167] Simatupang, T. M., Sridharan, R. An integrative framework for supply chain collaboration. The International Journal of Logistics Management, 2005, 16 (2): 257 -274.

[168] Sinha, I. and Batra, R. The effect of consumer price consciousness on private label purchase. International Journal of Research in Marketing, 1999, 16 (3): 237 -252.

[169] Sirdeshmukh, D., Singh, J., Barry, S. Consumer trust, value, and loyalty in relational ex-

changes. Journal of Marketing, 2002, 66 (1): 15 – 37.

[170] Sirohi, N., Mclaughlin, E. W., Wittink, D. R. A model of consumer perceptions and store loyalty intentions for a supermarket retailer. Journal of Retailing, 1998, 74 (4): 223 – 245.

[171] Smith, E. R. Seven steps to building e-loyalty. Medical Marketing and Media, 2001, 36 (3): 94 – 102.

[172] Spangenberg, E. R., Crowley, A. E., Henderson, P. W. Improving the store environment: do olfactory cues affect evaluations and behaviors? Journal of Marketing, 1996, 60 (2): 67 – 80.

[173] Spears, N., Singh, S. Measuring attitude toward the brand and purchase intentions. Journal of Current Issues & Research in Advertising, 2004, 26 (2): 53 – 66.

[174] Spengler, Joseph J. Vertical integration and antitrust policy. Journal of Political Economy, 1950, 58: 347 – 352.

[175] Sprot, D. E. and Shimp, T. A. Using Product sampling to augment the perceived quality of store brands. Journal of Retailing, 2004, 80 (4): 305 – 315.

[176] Srinivasan, S., Anderson, R., Ponnavolu, K. Customer loyalty in e-commerce: an exploration of its antecedents and consequences. Journal of Retailing, 2002, 78: 41 – 50.

[177] Srinivasan, K., Kekre, S. and Mukhopadhyay, T. Impact of electronic data interchange technology on jit shipments. Management Science, 1994, 40 (10): 1291 – 1304.

[178] Steiner, R. L. The nature and benefits of national brand/private label competition. Review of Industrial Organization, 2004, 4 (2): 105 – 127.

[179] Stern, L. W. Distribution Channels: Behavioral Dimensions, Boston: Houghton Mifflin. 1969.

[180] Sullivan, M. W. Measuring image spillovers in umbrella branded products. Journal of Business, 1990, 63 (1): 309 – 330.

[181] Sullivan, P., Kang, J. Quick response adoption in the apparel manufacturing industry: competitive advantage of innovation. Journal of Small Business Management, 1999, 37 (1): 1 – 13.

[182] Sun-Joon, Y. The antecedents and consequences of trust in online purchase decisions. Journal of Interactive Marketing , 2002, 16 (2): 47 – 62.

[183] Sweeney C, Soutar N. Consumer perceived value: the development to a multiple item scale. Journal of Retailing, 2001, 77 (2): 203 – 220.

[184] Szymanski, D. M., Henard, D. H. Customer satisfaction: a meta-analysis of the empirical evidence. Journal of the Academy of Marketing Science, 2001, 29 (1): 16 – 35.

[185] Taylor, S. A. and Baker, T. L. An Assessment of the Relationship between Service Quality and Customer Satisfaction in the Formation of Consumers' Purchase Intentions. Journal of Retailing, 1994, 70 (2): 163 – 178.

[186] Thaler, R. Mental accounting and consumer choice. Marketing Science, 1985, 4: 199 – 214.

[187] Thang, D. C. L. and Tan, B. L. B. Linking Consumer Perception to Preference of Retail

Stores: An Empirical Assessment of the Multi-attributes of Store Image. Journal of Retailing & Consumer Services, 10 (4): 193 – 200.

[188] Titus, P. A., P. B. Everett. The consumer retail search process: a conceptual model and research agenda. Journal of the Academy of Marketing Science, 1995, Vol. 23, No. 2: 106 – 20.

[189] Turley, L. W., Milliman, R. E. Atmospheric effects on shopping behavior: a review of the experimental evidence. Journal of Business Research, 2000, 49 (2), 193 – 211.

[190] Urban, G. L., Sultan F, Qualls, W. J. Placing trust at the center of your internet strategy. Sloan Management Review, 2000, 1: 39 – 48.

[191] Vahie, A. and Paswan, A. private label brand image: its relationship with store image and national brand. International Journal of Retail & Distribution Management, 2006, 34 (1): 67 – 84.

[192] Vatanasombut, B., Stylianou, A. C., Igbaria, M. How to retain online customers. Communications of the ACM, 2004, 47 (6): 65 – 69.

[193] Vignali, C. Tesco's adaptation to the Irish market. British Food Journal, 2001, 103 (2): 146 – 163.

[194] Wakefield, K. L., Baker, J. Excitement at the mall: determinants and effects on shopping response. Journal of Retailing, 1998, 74 (4): 515 – 553.

[195] Washburn, T. Create win-win-win promotions. The Nielsen Solution Partnership, 1995: 8 – 9.

[196] Weitz, B., Wensley, R. Handbook of Marketing, London: Sage Publications Inc, 2002.

[197] Woodruff. Customer value: the next source for competitive advantage. Journal of the Academy of Marketing Science, 1997, 25 (2): 139 – 153.

[198] Yalch, R. F., Spangenberg, E. R. The effects of music in a retail setting on real and perceived shopping times. Journal of Business Research, 2000, 49: 139 – 147.

[199] Yang Z, Jun M, Peterson, R. T. Measuring customer perceived online service quality: scale development and managerial implications. International Journal of Operations and Production Management, 2004, 24 (11): 1149 – 1174.

[200] Yi Y. A critical review of consumer satisfaction. In: Zeithmal, V. A. Review of Marketing. Chicago: American Marketing Association, 1990: 68 – 123.

[201] Zahra, S., George, G. Absorptive capacity: a review, reconceptualization and extension. Academy of Management Review, 2002, 27 (2): 76 – 92.

[202] Zeithaml, V. A. Consumer perceptions of price, quality, and value: a means-end model and synthesis of evidence. Journal of Marketing, 1988, 52 (3): 2 – 22.

[203] Zeithaml, V. A., Parasuraaman, A., and Berry, L. L. . Problems and strategies in services marketing. Journal of Marketing, 1985, 49: 33 – 46.

[204] Zeithaml, V. A., Berry, Leonard L., Parasuraman, A. The behavioral consequences of service quality. Journal of Marketing, 1996, 60 (April), pp. 31 – 46.

[205] Zeithaml, V. A. Consumer perception of price, quality and value: a means-end model and

synthesis of evidence. Journal of Marketing, 1988, 52 (3): 2 -22.
[206] (德) 奥托·卡尔特霍夫等, 赵楠, 方小菊译:《光与影——企业创新》, 上海: 上海交通大学出版社 1999 年版。
[207] (美) 阿特拜克著, 高建、李明译:《把握创新》, 北京: 清华大学出版社 1999 年版。
[208] (美) 迈克尔·波特, 陈小悦译:《竞争优势》, 北京: 华厦出版社 1997 年版。
[209] (美) 巴里·伯曼, 乔尔·R, 埃文斯, 吕一林等译:《零售管理》, 北京: 中国人民大学出版社 2002 年版。
[210] (美) 菲利普·科特勒, 梅汝和等译:《营销管理》, 北京: 中国人民大学出版社 2000 年版。
[211] (美) 迈克尔·利维, 巴顿·A·韦茨, 郭武文等译:《零售学精要》, 北京: 机械工业出版社 2000 年版。
[212] (美) 托尼·肯特著, 爱丁译:《什么是零售》, 电子工业出版社 2004 年版。
[213] (美) 约瑟夫·熊彼特, 何畏译:《经济发展理论》, 北京: 商务印书馆 1991 年版。
[214] (美) 约瑟夫·熊彼特:《经济发展理论——对于利润、资本、信贷和经济周期的考察》, 北京: 北京商务印书馆 1990 年版。
[215] (英) 马尔科姆·沙利文, 丹尼斯·阿德科克:《零售营销精要》, 北京: 电子工业出版社 2004 年版。
[216] [日] 山本久义:《商业经营论》, 泉文堂, 1989: 128。
[217] [日] 川端基夫:《零售商业的海外投资与战略》, 新评论, 2000: 10。
[218] 包晓闻、刘昆山:《企业核心竞争力经典案例》, 经济管理出版社, 2005: 78 ~113。
[219] 鲍观明、叶永彪: "零售业态演变规律的综合模型构建",《财贸经济》, 2006 (4): 8 -51。
[220] 鲍宏礼、管竹笋: "我国农村零售商业发展战略研究",《中国流通经济》, 2006 (9): 58 -60。
[221] 陈春花、赵海然:《争夺价值链》, 北京: 中信出版社 2004 年版。
[222] 陈广:《欧尚全攻略》, 北京: 经济科学出版社, 2006: 31 ~39, 69 ~74。
[223] 陈广:《星巴克攻略》, 北京: 企业管理出版社, 2005: 171 ~183, 114 ~115。
[224] 陈晋、周永佳、张诚、黄丽华: "透视中国 C2C 电子商务市场—记对 eBay、淘宝的案例分析",《市场营销导刊》, 2006 (6): 19 ~22。
[225] 陈文化、彭福扬: "关于创新理论和技术创新的思考",《自然辩证法研究》, 1998, 14 (6): 37 ~41。
[226] 方虹: "零售业态的生成机理与我国零售业态结构调整",《商业经济与管理》, 2001 (10): 5 ~8。
[227] 费明胜、李社球、万后芬: "跨国零售企业在华扩张的业态选择——基于 21 家跨国零售企业的实证分析",《商业经济与管理》, 2008 (4): 27 ~32。
[228] 弗雷德·克劳福德, 瑞安·马修斯:《卓越的神话》, 北京: 中信出版社, 2002。
[229] 葛建华: "业态创新改变市场竞争格局——以我国家用电器市场为例",《财贸经济》, 2006 (4): 44 ~47。
[230] 洪涛: "我国百货店业态创新发展空间分析",《中国流通经济》, 2002 (4): 39 ~

42。
[231] 胡洪力："浅析零售商自有品牌建设的必要条件"，《商业时代·学术评论》，2006(1)：10。
[232] 胡松评：《向沃尔玛学供应链管理》，北京：北京大学出版社，2006.87，117。
[233] 黄昌富："国际零售业巨头在华战略布局与中国零售企业对策"，《商业研究》，2003(24)：4~6。
[234] 郎咸平：《模式：零售连锁业战略思维和发展模式》，东方出版社 2006 年版。
[235] 李定珍："关于我国农村零售组织创新的思考"，《湖南社会科学》，2007（6）：130~133。
[236] 李冬琴："论商业企业的创新特征"，《广东商学院学报》，2001（4）：20~22。
[237] 李飞、刘明葳、吴俊杰："沃尔玛和家乐福在华市场定位的比较研究"，《南开管理评论》，2005（3）：60~66。
[238] 李飞、宋刚："零售业对外开放：现状分析及对策建议"，《国际经济合作》，2004(2)：12~15。
[239] 李飞、刘明葳："中外大型零售企业竞争能力比较研究"，《市场营销导刊》，2005(4)：14~17。
[240] 李飞、汪旭晖："零售企业竞争优势形成机理的研究"，《中国软科学》，2006（6）：129~137。
[241] 李飞："零售业态创新的路线图研究"，《科学学研究》，2006（24）：654~660。
[242] 李飞等：《中国零售业发展历程》，社会科学文献出版社 2006 年版。
[243] 李飞等："中国成功零售企业定位点的实证研究"，《南开管理评论》，2006（4）：24~28。
[244] 李芬儒、宋榕："关于我国农村批零业态实现连锁经营的思考"《河北师范大学学报》(哲学社会科学版)，2006（6）：43~48。
[245] 李海舰、冯丽："企业价值来源及其理论研究"，《中国工业经济》，2004（3）：52~60。
[246] 李惠琴："国内零售企业核心竞争能力研究"，《北京交通大学学位论文》，2006 年版。
[247] 李婷："零售商业区位理论及其对零售业选址的指导"，《上海社会科学院学位论文》，2006 年版。
[248] 刘星原："促使零售业态和经营方式演变的因素与规律研究"，《当代经济科学》，2004（7）：80~86。
[249] 柳卸林："对服务创新研究的一些评论"，《科学学研究》，2005（6）：856~860。
[250] 柳卸林：《技术创新经济学》，北京：中国经济出版社 1993 年版。
[251] 陆弘彦："中国网络零售业未来走向研究——从当当网、淘宝网的经营模式比较分析谈起"，《广西经济管理干部学院学报》，2007（2）：65~69。
[252] 吕萍："宜家（IKEA）家居国际化市场营销的启示"，《商业研究》，2003（16）：134~135。
[253] 吕一林：《美国沃尔玛——世界零售第一》，北京：中国人民大学出版社，2000.74，

10，104～105。
[254] 牛全保："中国工商关系的演变历程与特点"，《商业经济与管理》，2006（4）：3～7。
[255] 芮明杰、李想："零售业态的差异化和演进：产业组织的视角"，《产业经济研究》，2007（2）：1～7。
[256] 桑辉："网上顾客转换成本的影响因素及其结果的实证研究"，《南开管理评论》，2007（6）：33～39。
[257] 沙振权、张亮："零售技术转移和跨国零售商业本土化策略研究"，《商业经济文荟》，2002（6）：38～39。
[258] 沙振权："中国零售企业对创新技术的认知度分析"，《北京工商大学学报》（社会科学版），2001（5）：22～25。
[259] 尚会英、张姝媛："淘宝网上商店的促销策略研究"，《商场现代化》，2007（31）：199～200。
[260] 宋亦平、王晓艳、许云莲："网上商店形象对网上购物者商店忠诚度的影响"，《管理评论》，2006（11）：31～38。
[261] 宋志红：《创新与企业的可持续竞争优势：一个引论．对外经济贸易大学学位论文》，2003：32～33。
[262] 汤定娜、万后芬：《零售业国际化营销》，北京：清华大学出版社，2004年版。
[263] 唐五湘：《创新论》，北京：中国盲文出版社1999年版。
[264] 汪纯孝、韩小芸、温碧燕："顾客满意感与忠诚感关系的实证研究"，《南开管理评论》，2003（4）：70～74。
[265] 汪旭晖、王高："零售商海外市场进入模式的新视角：吉尔恩斯—德克普假说及启示"，《北京工商大学学报》（社会科学版），2006（3）：4～8。
[266] 汪旭晖：《零售国际化：动因、模式与行为研究》，大连：东北财经大学出版社2006年版。
[267] 王超：《零售学》，北京：中国对外经济贸易出版社，2000：108。
[268] 王健："业态创新——中国本土零售业的出路"，《商场现代化》，2007（14）：1～2。
[269] 王洛林：《中国外商投资报告》，北京：中国经济管理出版社1998年版。
[270] 王新新、杨德锋："自有品牌与零售商竞争力研究"，《哈尔滨商业大学学报》（社会科学版），2007（6）：94～97。
[271] 巫开立：《现代零售精要》，广东：广东经济出版社，2004：230～232。
[272] 夏春玉、杨宜苗：《开拓农村零售市场研究——以辽宁为例》，中国流通业与新农村建设理论研讨会，2006：68～81。
[273] 夏春玉："零售商业国际化及其原因分析"，《商业经济与管理》，2003，（4）：4～9。
[274] 夏春玉："零售业态变迁理论及其新发展"，《当代经济科学》，2002（4）：70～77。
[275] 夏春玉：《流通概论》，北京：中央广播电视大学出版社2008年版。
[276] 夏春玉："PB商品与零售市场"，《市场营销导刊》，2003（2）：9～11。
[277] 肖怡："零售企业竞争优势来源分析"，《商场现代化》，2003（6）：23～25。
[278] 严莉："国内零售业七大战略创新构想"，《商场现代化》，2005（6）：1～2。

[279] 严怡瑾："大型跨国零售企业进军中国的市场分析"，《世界地理研究》，2004（2）：21～25。

[280] 杨波：《7－11 连锁业真经》，北京：北京工业大学出版社，2006：1～11，97～134，143～179。

[281] 袁安照、余光胜：《现代企业组织创新》，太原：山西经济出版社 1998 年版。

[282] 张传忠："零售商店如何实施名牌战略"，《商业时代》，2003（1）：47～48。

[283] 张歌燕："试析我国网上书店的优势、劣势及发展对策"，《图书情报知识》，2003（2）：91～92。

[284] 张华芹："论商业企业物流模式的选择"，《商业经济与管理》，2006（6）：26～30。

[285] 赵丽华："零售商建立自有品牌的原因、障碍因素及对策分析"，《江苏商论》，2004（10）。

[286] 赵卫宏："INTERNET 网上零售中顾客忠诚的构筑——关注价值感知、满意体验和信任的关系相对影响力"，《商业经济与管理》，2007（5）：40～46。

[287] 中国互联网络信息中心 .2006 年中国 C2C 网上购物调查报告，2006.5. http：//www.5ucom.com/downxx/kmzs/214668.shtml。

[288] 中国互联网络信息中心 .2008 年中国网络购物调查研究报告，2008.6. http：//www.docin.com/p－872732.html。

[289] 中国连锁经营协会：《零售创新案例》，中国商业出版社 2005 年版。

[290] 周筱莲："零售企业的物流模式及其影响因素研究"，《商业经济与管理》，2006（2）：15～23。

[291] 朱瑞庭："零售商自有品牌的功能和市场定位"，《北京工商大学学报》（社会科学版），2004（2）：38～43。

[292] 祝文欣：《卖场选址与布局》，北京：中国发展出版社 2008 年版。

后　记

在本专著杀青之际，并未有丝毫的轻松惬意，反而深感中国零售研究的任重道远。本书只是从不同角度对零售竞争优势培育进行了初步探讨，还有很多问题有待深入研究。

这本探究零售领域前沿问题的专著能够顺利完成，我必须感谢那些给过我重要帮助的人。

首先，我要感谢我的硕士生和博士生导师、东北财经大学夏春玉教授，他在生活、学习和工作中给予我的关爱与帮助是难以用言语表达的，在与老师相处的近十年时间里，我无时无刻不在感受着恩师严谨求实的治学态度、深厚精专的学术造诣、谦虚坦诚的处世哲学，是老师引领我迈入了零售研究的殿堂，我获得的每一个进步都离不开老师的辛勤教导与无私关爱。在此，我要向恩师致以最真挚的谢意！

其次，我要感谢我的博士后合作导师，清华大学经济管理学院李飞教授。在清华大学博士后流动站期间，李飞老师开明而严谨的治学风格、坦诚待人的处世风范、敏锐的学术眼光、对零售问题的真知灼见，深深地吸引着我，使我更加坚定了在零售领域进行研究探索的信念。

再次，我要特别感谢在营销、流通等相关领域的许多专家、学者对我始终如一的关注、提携与指教。他们是清华大学经济管理学院赵平教授、姜旭平教授、王高教授、胡左浩教授，北京大学符国群教授、涂平教授、江明华教授、彭泗清教授，中国社会科学院财贸经济研究所郭冬乐教授、宋则教授、荆林波教授，中国人民大学陈甬军教授、马龙龙教授，西安交通大学经济与金融学院文启湘教授，西安交通大学管理学院庄贵军教授，南京财经大学徐从才教授、高觉民教授，复旦大学范秀成教授，北京航空航天大学经济管理学院方虹教授，南开大学白长虹教授、李东进教授，北京工商大学何明珂教授、洪涛教授，湖南商学院柳思维教授，河北经贸大学纪良纲教授，吉林大学商学院吴小丁教授，上海财经大学晁钢令教授，大连理工大学管理学院董大海教授，淮海工学院晏维龙教授，中山大学管理学院王海忠教授，哈尔滨商业大学王德章教授，安徽财经大学陈阿兴教授，东北财经大学卢昌崇教授、赵宁教授、高良谋教授、林忠教授、李怀斌教授、李品媛教授等。还有很多学界挚友，如张群群教授、鲍观明教授、王永贵教授、徐振宇博士、陈荣博士、赵玻博士等都给予了我许多帮助与支持。应该说，没有这些前辈与挚友们的关爱，就没有我今日的学术之路。

同时，我还要感谢我的几名硕士研究生——张爽、李芳卉、李伟静、夏红凤、丁涛，他们承担了本书部分数据资料的采集以及部分章节案例的编写工作。

在全书撰写过程中，国内外许多专家学者和同行的有关研究成果给予我很多启发和帮助，书中也汲取了他们的一些研究成果，对于他们的劳动，也一并表示感谢！

最后，我要感谢中国财政经济出版社的大力支持，特别感谢蔺红英主任、杨东星主任为本书顺利出版提供的帮助，感谢编辑人员认真、严谨、出色的编辑工作。

文末，祝愿所有给予我关爱和帮助的人，生活美满、万事如意！

汪旭晖

2009 年 2 月于东北财经大学师言阁